浙江中医临床名家 宋欣伟

总主编 方剑乔

戴巧定 主编

科学出版社

北京

内 容 简 介

本书是"浙江中医临床名家"丛书之一,介绍了浙江名医宋欣伟。宋欣伟教授是第五批全国老中医药专家学术经验继承工作指导老师。本书共分六章:中医萌芽、名师指引、声名鹊起、高超医术、学术成就、桃李天下。宋欣伟教授经过多年的临证研究、潜心挖掘,对各类内科急症及风湿病的中医病因、病位、病性、病机、治则、方药等有了比较全面、准确的认识和理解。既充分吸收现代医学的"辨病"知识,又充分发挥中医学的"辨证"优势,根据"平脉辨证",找出脏腑经络气血的盛衰,选择相应的方药"补不足,损有余",逐渐形成了其在治疗急重症及风湿病中颇具特色的中医学术体系及诊疗方案。本书中药物剂量均系根据当时病情而投,读者在学习时须注意。

本书可供中医临床、科研人员及在校学生阅读使用,也可供中医爱好者参考。

图书在版编目(CIP)数据

浙江中医临床名家.宋欣伟/方剑乔总主编;戴巧定主编.—北京:科学出版社,2019.8

ISBN 978-7-03-061903-7

Ⅰ.①浙… Ⅱ.①方…②戴… Ⅲ.①宋欣伟-生平事迹②中医临床-经验-中国-现代 Ⅳ.①K826.2②R249.7

中国版本图书馆CIP数据核字(2019)第147787号

责任编辑:陈深圣 刘 亚 李敬敬/责任校对:王晓茜
责任印制:徐晓晨/封面设计:黄华斌

科 学 出 版 社 出版
北京东黄城根北街16号
邮政编码:100717
http://www.sciencep.com

北京捷迅佳彩印刷有限公司 印刷
科学出版社发行 各地新华书店经销
*
2019年8月第 一 版 开本:720×1000 B5
2019年8月第一次印刷 印张:11 3/4 插页:2
字数:199 000
定价:58.00元
(如有印装质量问题,我社负责调换)

浙江中医临床名家

丛书编委会

总　序

中华医药，博大精深，源远流长。灵兰秘典，阴阳应象，穷万物造化之妙；《金匮》真言，药石施用，极疴疾辨治之方。诚夷夏百姓之瑰宝，中华文明之荣光。

浙派中医，守正出新，名家纷扬。丹溪景岳，《格致》《类经》，释阴阳虚实之论；桐山葛岭，《采药》《肘后》，载吴越岐黄之央。固钟灵毓秀之胜地，至道徽音之华章。

浙中医大，创业惟艰，持志以亢。忆保俶山下，庠序进修，克艰启幔；贴沙河干，省立学府，历难扬帆；钱塘江畔，名更大学，梦圆字响。望滨文南北，富春秋冬，三区鼎足，一校华光；惟天惟时，其命维新，一德以持，六艺互襄；部省共建，重校启航，黾勉奋发，踵武增华。

甲子校庆，名医辈出，几代芳华。值此浙江中医药大学建校六十周年之际，特辑撰"浙江中医临床名家"丛书，以五十二位浙江中医药大学及直属附属医院名医为体，以中医萌芽、名师指引、声名鹊起、高超医术、学术成就、桃李天下为纲，叙名家成长成才之历程，探名家学术经验之幽微，期有益于同仁之鉴法、德艺之精进。

时己亥初夏

目　录

第一章

中医萌芽

第一节　稚子开蒙萌医心

东关镇是坐落于浙东杭州湾南岸、宁绍平原的一个小镇，风景秀美、物产繁茂，素有"银东关"之美誉。小镇历史悠久、文化昌明、名人辈出。早在春秋战国时期，越王勾践在此卧薪尝胆，铸剑备械，存留"炼塘"遗址至今；宋朝时建有名为"东关驿"的驿站；清朝乾隆年间还曾出过一位殿试状元梁国治；到了近现代，著名地理学家、气象学家、教育家竺可桢从这里走向世界，为我国的气象科学做出重要贡献。东关镇东侧有一条自南向北蜿蜒流淌的曹娥江，江水在这里划了一个弧而过，这条因"孝女曹娥"而得名的江，从主产"浙八味"（白术、元胡、玄参、白芍、白菊、麦冬、郁金、浙贝母）中的五味药材（白术、元胡、玄参、浙贝母、白芍）的浙江磐安县发源，流经新昌、嵊州、上虞，最后注入钱塘江汇入杭州湾，流动的江水为这个小镇带来了财富，也带来了医药的灵气。东关镇的西侧是古绍兴会稽政治、文化、医学中心，历代名医辈出，流派纷呈，有以张景岳为首的"温补学派"和以俞根初为首的"绍派伤寒"，学派源于经典，远承仲景《伤寒论》，结合绍兴地区的特定地理、气候和人文环境而形成，既推陈出新，又著述宏富，此地还诞生了最早的中西医会讲沙龙，极大地丰富了祖国医学理论宝库，为平息伤寒、温病学派之争做出了重要贡献，而其医药之氤氲也自然流入东关这一小镇。历朝历代深厚的文化底蕴，加上繁华的经济，推动着小镇的中医药发展。

宋欣伟出生在东关镇的一个普通家庭，从出生直至16周岁时外出求学，

他从未远离过这个浙东小镇。他的舅公在当地曾经开过一家小药店，名叫同和堂，堂里当时只有舅公及一位老伙计，整天忙着配药、拣药、晒药……其名气和轶事至今还会被年事已高的人津津乐道，但由于世事变迁，到宋欣伟记事时，这家药店已不存在了。到了大约七八岁光景记事起，每年夏天去外婆家过夜后，宋欣伟身上皮肤总会出现一个个小红疙瘩和风团，奇痒无比，当时认为是"水土不服"，现在看来应该是荨麻疹之类的疾病。那时年纪小，总忍不住要去抓挠，致使多处皮肤破溃、渗液，尤其是小腿处的皮肤伤痕累累，同龄的小伙伴总会嘲笑他是"烂脚"。每到这个时候，外婆就会领着他去邻近的长桥卫生院抓几副中药来吃，那时的中药被外婆称作是"guan liao yao"，宋欣伟一直不解这"guan liao yao"是哪几个字，直到宋欣伟从事中医药行业 20 多年后才顿悟应该是"官料药"这三个字。褐色的汤药可不是甜甜的糖果味，苦到舌根的滋味令人印象深刻，宁可让人叫"烂脚"也不愿咽这汤药，但身上的奇痒却使得他每次不得不由着外婆把药灌进嘴里去，大概是因为卫生院没有名医舅公的灵气，吃过药后皮肤还是那么瘙痒，尽管还会配合外用的中药擦洗，但皮肤破溃处总是要很久才会收口结痂，瘙痒的这种感觉始终萦绕在宋欣伟的脑海中，所以最初中医药给宋欣伟留下的第一印象是"无效"。

外婆家边上还有一位舅舅，当时是大队的赤脚医生，因为较别人多些文化，后来也由代课老师一直做到国家编制的老师，曾参加过政府组织的中草药培训，回来后告诉宋欣伟，草药的叶往往是对生的，叶互生的植物是草药的可能性就比较小。这位舅舅自采的一些草药治好了一些发热生疮的病人，不经意间这些事在宋欣伟年幼好奇的心里留下了深刻的印象，中草药能治病的事曾几何时也给宋欣伟带来一些莫名的兴奋，也逐渐改变了他当初"中药无效"的印象。

上小学会识字后，镇上的新华书店成为消磨课余时间的最好去处，《三国演义》是男生最痴迷的书籍之一，许褚、张飞、马超之勇猛，刘备、关羽之明义，诸葛孔明、司马仲达之排兵布阵、善用智谋等，都给宋欣伟留下了深刻的印象，若是加上后来宋欣伟读到的"用兵如用药"论，更是对其后来在中医上孜孜不倦的钻研及发展产生了莫大的影响。那时的新华书店还有借书的服务，花几分钱可以把书借回家看。有时家里没给零花钱，只能在放学后跑到书店里"蹭书看"，一旦沉浸在英雄人物的故事里，就忘了时间与饥饿，常常要等到书店关门或母亲来寻人吃晚饭时，才从书前抬起头来。若是在私人的书摊里，对这种"只看不买"的小孩，老板早就出言训斥了，还好是在新华书店，对爱书之人始终是敞开大门的。由于江浙一带气候温暖潮湿，尤其是闷热的夏季，毒蛇毒虫出没频繁，常听说有人被毒蛇咬伤不治而亡。恰巧书店里摆出了一本关于用中草药治疗毒蛇咬伤的书籍，书中还有各种治疗毒蛇咬伤的中草药图谱，这引起了宋欣伟的注意，当时书价大概是三毛钱，这三毛钱对宋欣伟来说可是个天文数字，可能需要积攒一个学期的零花钱才能凑得齐。可能是真心喜欢，到最后还是咬咬牙，斥"巨资"买下这本中药图谱，得了这本图谱后，宋欣伟便"按图索骥"——对着书上的草药图谱去田间路边、家中后院的菜园子，还有父亲单位的后院找相似的植物，那时只要自认为找到了书中所画的半边莲、半枝莲，就会到镇上的药店问问师傅找的对不对，若是对了，那必定是要高兴好一阵子的。

虽然很多中药名都没记住，但潜移默化之间，中药的气、味可能已慢慢根植在宋欣伟的心里，这颗小小的中医种子，似乎已经在等待萌发的时机。

第二节 文体双优助医路

课外阅读帮助宋欣伟打下良好的语文基础，进入中学学习后，他的习作常被作为范文在课堂上点评，也曾多次被选登在学校的壁报上供大家传阅。文学功底好，加上字也写得工整漂亮，曾在班级里担任过宣传委员，负责班级黑板报的策划撰写，每期黑板报的内容必定是经过宋欣伟的精心编排，其版式不落俗套，内容不落窠臼，每期板报一出炉必定吸引同学们驻足围观。

除了读书，还有一件让宋欣伟痴迷的事情是体育，在小学，他曾是校少年甲组或乙组400米跑校纪录保持者。升到初中，又爱上了篮球运动，因入学早，年纪小，在同级学生中个子就显得矮小，但远投、带球过人、抢篮板球，样样都不落下风，是学校里有名的篮球健将。到了高中，他也因体育成绩出色，担任过体育委员，是班级里参加校运动会的主力成员，常常报名参加多个田径项目，都能拿到不错的名次。

在宋欣伟的记忆里，东关中学里有一棵枝繁叶茂的大樟树，树边不远处是篮球场，每当打完球，就坐在树荫下休憩乘凉，期间与好友嬉笑玩耍，与同学探讨感兴趣的问题。那时的日子感觉是那么的悠远漫长，抬头便是辽阔

的蓝天白云，阳光从大樟树的树叶间隙中透射出来，在地上形成斑驳的光影，年少的学子尚不知愁滋味，也不觉得时光如白驹过隙、刹那芳华。如今回忆起当年，朗朗的读书声和"砰砰"的运球声仿佛还在耳边回响。宋欣伟昔日对语文的热爱，对后来研读医古文及撰写学术论文都有极大的帮助，强健的体魄也保证了充沛的体力应对繁重的学业及工作。许多年后，宋欣伟能对临床和科研中所遇到的材料、现象进行正确的归纳总结，实际上完全得益于当年语文书写能力的培养，能长时间坚持查房、门诊也完全得益于当年对体育运动热爱所塑造的强健体魄。

第三节　机缘巧合入医门

　　1978年的夏天，骄阳似火，宋欣伟迎来了人生中极为重要的一场考试——高考，这是"文革"后恢复高考的第一次全国统考。实际上对宋欣伟来说这是一场稀里糊涂的考试，他似乎知道高考非常重要，但只是就读于小镇的中学，初中2年加上高中2年的学习，他学到的知识十分稀少，甚至他的物理知识只是来源于他刚捧出的某套数理化丛书中的内容，而两个月前他才刚把当作"物理"来学的《机电》这本教材扔掉。高考前，宋欣伟在志愿填报书上填写了自己当时所知道的几所大学，现在回想起来竟然都是名声卓著的大学。最后，宋欣伟虽然高考上榜，但高出的分数不多。当年高考上榜的学子都是欢天喜地，但宋欣伟这个成绩虽已超过当年的高考录取分数线，但与所填报的知名大学的录取分数线还有一定的距离。这时候全国的学习气氛已经很浓厚了，"学会数理化，打遍天下都不怕"的口号又在神州大地响起来了，不甘心就此与大学错过的宋欣伟，在国庆节后进入上虞春晖中学的高考补习班，在白马湖畔、经亨颐先生的小楼前，他沉下心复习，准备再次备战高考。但这期间国家开始了由"废"向"兴"的急剧发展，高校开始了扩大招生，各行各业也扩招人员，到这年年底，可能是与中医有缘，父亲告知他有个学习中医的机会。当时国家为了解决中医后继乏人的问题，做出了扩大中医人才培养的战略决策，当时浙江省卫生厅正在从高考上线人员中统招有志于学习中医的人才，培养目标是中医师。最初宋欣伟的内心是强烈拒绝的，觉得自己年纪小，对当医生这件事非常惶恐，还是希望进入大学学习，但父亲的同事，也就是宋欣伟非常尊重的一位伯伯，认为目前正值国家大力提倡中医，于是鼓励宋欣伟把握住这次学中医的机会。由于父亲的坚持，再联想起小时候对中草药点点滴滴的感觉，宋欣伟觉得似乎中医中药并不是那么陌生遥远、触不可及，他在懵懵懂懂中接受了父亲的提议。

宋欣伟在刚满 16 周岁的青葱年代，成为浙江省卫生厅统招学习中医的学员，从此走上了学习中医的道路，与中医结下了不解之缘。年少的宋欣伟感觉似乎前面有美丽的玫瑰花在向他微笑，但此后几十年的事实证明这是一条满布荆棘与泥泞的道路。

第二章

名师指引

　　宋欣伟开始了中医的学习，政府每个月给予20余元的工资作为补贴，这在当时也算是一笔不小的收入，虽然宋欣伟年纪还小，对金钱的概念体会并不深刻，但是知道这笔收入用于买书和生活必需品已是绰绰有余，因此也格外珍惜这宝贵的学习机会。当时正值"文革"结束后，百废待兴，教师资源匮乏，可供教学的中医学类资料也非常有限，开学后的前3个月，大家只是自行阅读中医经典，如《黄帝内经》、《金匮要略》、《伤寒论》等来作为自己学习中医的敲门砖。凭借自己良好的文学基础，艰涩的医古文宋欣伟也能读得津津有味，并不觉得枯燥乏味，当读到书中诸如"夫道者，上知天文，下知地理，中知人事，可以长久""阴阳者，天地之道也，万物之纲纪，变化之父母，生杀之本始，神明之府也，治病必求于本"等语句也能似有所悟，读到"人受气于谷，谷入于胃，以传与肺，五脏六腑，皆以受气，其清者为营，浊者为卫，营在脉中，卫在脉外，营周不休，五十而复大会。阴阳相贯，如环无端"就大抵颇有融会贯通之意。3个月后，老师配备到位，学生们终于开始了正式的中医学习。

　　有位名叫陈亮的老师，鹤发童颜，当时教授《黄帝内经》，此时的宋欣伟通过前3个月对中医经典的自学，自认为对中医已小有心得，心性也高，常与陈老师讨论、辩论，有时甚至对陈老师在试卷中所做的批改提出异议，真可谓初生牛犊不怕虎，但他学习中医的热情也可见一斑。在中医学的求学之路上，阶段性地给宋欣伟带来巨大影响的有三位老师，恰巧每位老师的名字中都带了一个"仲"字。宋欣伟后来常对其学生说，求学路上我有"三仲"指点迷津、传道授业解惑。

第一节 满腹诗书张仲信

张仲信老师是宋欣伟初入杏林的启蒙老师。张仲信老师瘦高个，外表斯文，戴着黑框眼镜，话不多，但对中国古代的文史野话颇为熟悉，诗书满腹，常常信手拈来讲给学生听，多喜欢讲当地前代名贤徐文长（徐渭）轻狂不羁的故事，每每令人捧腹。张仲信老师师从邵佐清先生，邵先生曾为浙江省政协委员，1962 年被推举为浙江省名中医，邵先生出生于五世行医之家，是治疗伤寒的名家，日诊 100 余人。张仲信老师回忆说："邵先生曾治一患者，寒战高热，四肢骨节酸痛，苔见灰，先生即拟出病案'湿聚热蒸，蕴于经络，寒成热炽，骨骱烦痛，舌色灰滞，面目萎黄，病名湿痹，宣痹汤主之'。二剂中药后复诊，病势已减大半，诊后对其弟子说：'本病理法可在《温病条辨》65 条中找'，一经查对，从案例分析及用药竟无一字之差。"邵先生诊病尤重望诊和闻诊，他说这种诊法由表及里，是探索病灶病根的关键，所以治愈率明显高于他人。张仲信老师临证诊治很好地继承了邵先生的传统，擅治俗称"大、小伤寒"之病。古之伤寒多系今之传染病，伤寒病多因湿与热邪合体而为病，或因湿邪久留不除而化热，或因"阳热体质"而使湿"从阳化热"，使脾胃运化水湿功能失常而变生病证，临床多见肢体沉重，午后发热明显，汗出而热不减，舌苔黄腻，脉数。若湿热深入脏腑，尤其是脾胃蕴结湿热，可见脘闷腹满，恶心厌食，尿短赤便稀溏，脉濡数；其他如肝胆湿热可见肝区胀痛，口苦食欲差，或身目发黄，大便湿热而见腹痛腹泻，甚至里急后重，泻下脓血便，肛门灼热等。张仲信老师善用一枝黄花、清水豆卷取效。一枝黄花农村乡间多见，清水豆卷又名淡豆豉，功能疏风泻热，解毒消肿，治疗风热感冒、头痛咽痛、肺热咳嗽、黄疸、热淋诸疾，药廉而功专。临证诊治外感发热，张仲信老师多有"肌寒焦热"这四字脉案，是说病人外感之后，出现恶寒发热、口胸烦热表现，十分恰当地描述了患者当时内热外寒的临床表现，临床用药也多用一枝黄花、清水豆卷取效，但令宋欣伟十分不解的是在医典、医案中竟查不到这一句中医用语。

最让人记忆犹新的是老师的办公室里有个几乎占满一面墙的书架，书架上的书放得满满当当，颇有汗牛充栋的味道。在那个年代，一个人拥有如此多的藏书还是罕见的，也令宋欣伟羡慕不已，只要有机会，就跑去老师的办公室蹭书看。张仲信老师是一位豁达开明之人，非常乐于与学生分享自己的藏书。张仲信老师也擅长启发及引导式教育，他认为"授之以鱼，不如授之

7

以渔"，在熟读并能背诵经典的基础上，并不一味地逐字逐句释义，而是通过大量介绍历代名家对经典的注释及解读，让学生形成对中医经典的自我理解，这点显著激发了宋欣伟对中医基础理论的学习兴趣，他的思维与眼界在这样的教学过程中迅速地开阔起来，一扫入学前的迷茫与惶恐，求知若渴，徜徉书海，不亦乐乎！

第二节　绍派名医范仲明

经过 4 年的学习，这时候的宋欣伟已初懂中医基础理论，完整地学习了中医诊断学、中药学、方剂学、中医内科学等课程，深深体会到了中医的博大精深，学习中医需博闻强识，非一朝一夕背得几张方子或识得几味药就能行医的，中医真正注重的是临证，将理论用于实践，如果不能将书本上的内容融会贯通，面对病人时就会很茫然，脑子里那么多歌诀脉赋，根本无从选择。宋欣伟这时候有幸碰到了范仲明老师。宋欣伟回忆那时因深深折服于范仲明老师的气度、风范，跟师学习期间始终都只以"老师"两字来尊称范仲明老师。

范老师出生于一个烈士家庭，在学习美术一年后进入浙江中医学院，是浙江中医学院中医系第一届毕业生，读书期间家境一度困难，范老师说那时不知道是哪位好心人常常会在自己的枕头底下悄悄放一些饭菜票，帮他渡过难关。那时候浙江中医学院在火车站旁边，星期天范老师常去杭州火车站扛煤来赚取生活费，多年后，范仲明老师回忆往事时说，过早的生活磨难充实了他的人生阅历，锻炼了他的体质。所以，毕业后，他始终怀着一颗感恩之心对待每一位病人，后成为绍兴（地区）人民医院中医科科主任、主任中医师，并担任绍兴（地区）中医学会会长，是第一批浙江省名中医。追根溯源，绍兴地区中医风气自古便浓厚，明代有张景岳师古而不泥古，强调因地制宜，重视温补调理，被后世推为"绍派伤寒"之开山鼻祖；后有清代俞根初著成《通俗伤寒论》，再有何廉臣、邵兰荪、何幼廉、何筱廉、曹炳章等阐发、修订，推陈出新，与其他的浙派中医相互辉映，造就了江浙一带中医学术思想极其活跃的繁荣局面。曾几何时，绍兴竟是全国中医的中心之一，曹炳章主编的《绍兴医药学报》闻名全国，何廉臣先生以医术名动天下，当时他以一己名声号召全国各地名医寄一份自己的名方名案，竟也应者如云，后来辑成《全国名医验案类编》，流传海内外。20 世纪 80 年代，绍兴（地区）人民医院中医科集中了当时绍兴中医的中坚力量，除了范仲明老师，内儿科有陈祖皋，妇科有杨国华，中西医结合有归再春，还有针灸科等名医，人人握灵蛇之珠，家家抱荆山之玉，一时绍兴杏林大有重启新时代绍派医学之势。众多病人慕名而来，门诊诊室均无空闲，诊室外常有担架抬着的候诊病人，这些往往都是危重、被西医宣判"回天乏力"的病人，寄希望于中医开一两帖"扳药"起死回生。所谓扳药是指能够"逆流挽舟"抑制病势、挽回病人生命的药物。经范仲明老师之手，很多昏迷不醒的、高热持续不退的、反复消化道出血的病人竟奇迹般地得到了挽救！老师早上7点便到医院坐诊，往往延诊至下午3点多，中午不休息，仅以馒头充饥，日诊100余位病人，周六日均是如此。宋欣伟跟老师抄方，前后约3年，实习的时候抄了1年多，毕业工作了以后又跟老师抄了1年多，耳濡目染，以致后来老师稍微有点什么动作，宋欣伟就知道这个动作是什么意思，方子要开什么。在实习的时候，老师有时要去开会，他就会把诊室让给愿意看病的学生们（那时候不像现在要求有医师执业证），宋欣伟很喜欢这个机会的。那时候就算是实习医生看门诊，病人也是非常信任的，病人认为给他们看病的是大学生，大学生在那时是非常受欢迎的。有一次宋欣伟给一个患腰疼的病人治疗一次后，病人来复诊，复诊的时候老师在坐诊，但那个病人竟然一定要求宋欣伟给她看病，这时老师马上站起来，让宋欣伟坐他的座位给病人看病。当时有很多病人都围在边上，老师站起来让座，可能也是认为他所培养的学生能够得到病人的信任，是非常令人欣慰的，作为老师理当高兴，"让座"也显示了老师的大医风度。

当时宋欣伟是一边按照望闻问切看病，一边运用范仲明老师的经验治病，老师的经验、效方只有亲自用过才知道什么病症要用什么方。有几个片段印象比较深刻，第一个是老师喜欢用麻黄、苍术、生石膏这些药，用麻黄、苍术、生石膏治疗渗出性胸膜炎的胸腔积液，痛风、赖特综合征的关节积液等。老师写过一篇文章，关于赖特综合征的治疗。麻黄、苍术、生石膏起到的作用是消炎、消肿、止痛，用于关节炎的红肿热痛。宋欣伟在明晰了这组药的临床适应证后，在实习的时候，临证施用，并且扩大了用药范围，比如用到中心性浆液性视网膜脉络炎，因为中心性浆液性视网膜脉络炎也会出现局部水肿，病人复诊的时候去眼科检查指标好转，视力提高，眼底水肿也减轻了。另外将三味药用到胰腺炎，治疗局部炎症水肿，再后来把它用到胆囊炎，胆囊炎发作时胆囊壁也出现水肿，麻黄、苍术、生石膏运用到这些疾病上都是有效的。第二个就是治疗昏迷的病人，用的方子是生半夏、生南星、蜈蚣、

全蝎、蜂房等，还有大承气汤中的大黄、枳实、厚朴、芒硝，方中大黄用到45克，再加上安宫牛黄丸。这类病人用了泻下药后往往泄下状如豆瓣酱且极为臭秽的大便，另外病人泄后，包括中风昏迷病人等会流眼泪。老师会说昏迷的病人如果有了眼泪，基本上就有救了，这是"通窍"了，是"七窍开通"的表现。老师用这样的方法治疗了很多昏迷病人，其中有个病人诊断为病毒性脑炎，昏迷两个多月，后经治疗醒过来，病人家属为此表达感谢时的情景令人难忘。临床用药中还有一些趣事，如宋欣伟刚开始治疗眩晕，分不清用滋阴潜阳法还是用涤痰开窍法，结果既用上了杞菊地黄汤，又用上了导痰汤之类，再加上许多虫类药，结果一张方子用了25味药，后来经范仲明老师一点拨茅塞顿开。跟师抄方的时候，可以长见识，老师有事不坐诊的时候，就轮到学生看病，把学到的东西用到临床，然后通过病人反馈的效果获得经验。在范仲明老师身边学习时，宋欣伟看到了中医的有效性。这点恰恰是非常重要的，中医的有效性深深地植入了宋欣伟的心中，后来宋欣伟反复讲"中西结合，能中不西"的底气实源于此，也决定了宋欣伟今后的道路。

范仲明老师在学术上也有显明的特色。第一点是在处方用药上非常讲究，集中优势"兵力"打歼灭战，直捣敌巢，一鼓作气取胜，"数病而合治之，则并力捣其中坚，使离者而无所统，而众息溃。"如治疗中风昏迷既用羚羊角、蜈蚣、全蝎、蜂房、白僵蚕这些虫类药息风通络，又用生半夏、生南星涤痰开窍，还用大承气汤通腑泻热，引痰热下行，再加安宫牛黄丸清热开窍，配上葛根作为引经药。目的是一鼓作气，迅速扫荡病邪之据点。且在用大承气汤时以大黄攻积导滞，配伍芒硝润燥软坚泻下，为了保证导泻作用又必加大量枳实、厚朴，目的的只是为了确保达到泻下作用。宋欣伟似乎看到了《三国演义》中汹涌澎湃的铁骑奔驰——中医的用药，犹如三国中的排兵布阵，先锋的斩关夺将，主帅的运筹帷幄，三军将士的齐心协力，粮草官的艰难维持，而这一切均是为了一个目标而运作，这一切竟让宋欣伟渐渐地痴迷其中而不能自拔。

第二点是逐邪之外，也擅用补剂，范仲明老师认为"病久而不除者当责之正虚，唯有补之益之方可冀气旺祛邪外达"，很多内科疾病，如肝硬化引起的水肿，肾脏病引起的水肿，老师喜欢用补法，认为补可祛实，正气来复，才有施用攻逐法之机会。

第三点是范仲明老师喜用药对。常用者如辛温发汗：羌活、独活、防风，荆芥、苏叶；辛平发汗：淡豆豉、葱白；辛凉发汗：桑叶、菊花，蝉衣、薄荷；利尿泻热：鸭跖草、车前草、鲜芦根、滑石；利尿除水：泽泻、茯苓皮、车前子、虫笋、地骷髅、葫芦壳，蟋蟀、蝼蛄，通腑攻下：大黄、枳实；破血逐瘀：三棱、莪术，留行子、鬼箭羽、桃仁、红花；温经通阳：附子、桂枝；亦喜以大黄、甘草和胃降逆，乌梅、硼砂降逆止呕，丹皮、焦山栀清肝泻热，海风藤、海桐皮通经活络，猫人参、藤梨根清热开胃，肺形草、鹿衔草养阴润肺，生石膏、知母清泻胃热，龙胆草、黄连泻肝清心，生半夏、生南星化痰散结，白芷、白附子、白僵蚕息风化痰。

第四点是范仲明老师擅用丸药、成药。在绍派医学当中，常用丸药来担任急重症治疗的主角。贵重的中药丸药里，如安宫牛黄丸、苏合香丸、猴枣散、紫雪丹、琥珀抱龙丸、保赤散、万氏牛黄清心丸等，主要成分都是由动物药组成，如麝香、犀牛角、羚羊角、安息香、苏合香，因为动物药含有动物蛋白所以疗效较强，植物药的作用力度是无法与其比拟的。因此这些贵重丸药在治疗时所起的作用，是其他普通植物药物无法替代的：小儿高热抽搐用琥珀抱龙丸，成人高热用安宫牛黄丸。冠心病的治疗，当时没有复方丹参滴丸，也没有麝香保心丸，那时候是用神犀苏合香丸，因用神犀苏合香丸可宽胸理气。其他还有通腑攻下涤痰的药物，如当时绍兴中药厂生产的龙虎丸，由极毒之品砒霜、巴豆二味组成，攻积导滞，泻火清热，专治痰火，龙虎丸配木香槟榔丸或沉香化气丸导滞开窍，礞石滚痰丸配控涎丹逐泄痰饮，临证每获良效。绍派中医还常选用中药汤药送服这些丸药，比如安宫牛黄丸是红枣汤送服，适合体虚之人陡然昏迷，老师很好地继承了中医药中的这一用药特点。现在中医临床治疗中对老祖宗的部分宝贵经验忽视了，对中药如汤、丸结合的多层次治疗方法忽视了。

宋欣伟出师后进入绍兴（地区）人民医院工作，在老师的言传身教下，从一个懵懂的中医学生，成长为一名面对病人胸有成竹、临证不乱的中医师，"辨经络而无泛用之药，此之谓向导之师；因寒热而有反用之方，此之谓行间之术。一病而分治之，则用寡可以胜众，使前后不相救，而势自衰……病方进，则不治其太甚，固守元气，所以老其师；病方衰，则必穷其所之，更益精锐，所以捣其穴"。但宋欣伟一直有个心病，是他学习中医结束后虽然获得了中医师职称，但并没有获得教育部门颁发的正式学历证书，对于一个对中医已萌发极大热情，内心怀着远大理想的热血青年来说，这是难以接受的。因此，宋欣伟暗下决心，决定再进一步读书深造，就此与他中医之路上

的第三位导师结下师生缘分，迈上了学习中医的又一个台阶。

第三节　国医大师周仲瑛

周仲瑛老师是中医界的资深专家。1928年出生于江苏省如皋县马塘镇（今属如东县）的一个中医世家。祖辈几代以医为业，到其父周筱斋先生业医已逾五世。1921年，年方22岁的周筱斋先生便受聘于马塘"济生会"任施医主席，设案施诊。1941年小学毕业，周老师正式随父研习中医，1945年开始跟随父亲出诊。1947年，适逢上海新中国医学院中医师进修班招生良机，已经有一定临床实践经验的周老师遂报考并被录取，在此深造期间，他对中医学进行正规系统的学习，四大经典、各家学说，莫不博览精研，并得到章次公、朱鹤皋、蒋文芳、钱今扬、黄文东、盛心如等许多任教的著名老中医的指点。1949年，完成学业的周老师回乡独立行诊，初施医技，病患每获良效，乡邻间口口相传，声名鹊起。1955年，国家出台了新的中医政策后，江苏省建立了江苏省中医进修学校（南京中医药大学前身），周老师是第一批通过考试参加学习的学生。1956年进入江苏省中医院工作，历任住院医师、讲师及内科教研组组长等职。他在临证、教学和科研第一线，辛勤耕耘，勤于探索，医术精进，直至晋升为副教授、教授、主任中医师、博士生导师，并先后走上南京中医学院附属医院业务副院长、南京中医学院教务处副处长等领导岗位，从1983年起出任南京中医学院（现名为南京中医药大学）院长兼中医系主任。2009年6月19日，人力资源和社会保障部、卫生部和国家中医药管理局在北京联合举办首届"国医大师"表彰暨座谈会，30位从事中医（包括民族医药）临床工作的老专家获得了"国医大师"荣誉称号，周老师荣列其中。深厚的家学，名师的指点，个人的勤奋，这三个不可或缺的条件，使周老师终成一代名医。

中医的有效性已深深地植入了宋欣伟的心中，当时宋欣伟决定报考周老师的硕士研究生，不仅仅局限于仰慕周老师的学术威望，更重要的是想今后在用中医治疗急危重症的工作上有所建树。1982年4月16日至22日，卫生部在衡阳市召开新中国成立后首次全国中医医院和高等中医药院校建设工作会议，明确提出"突出中医特色，发挥中医药优势，发展中医药事业"的指导方针。这次会议明确中医、西医、中西医结合三支力量都要大力发展、长期并存的基本方针，这是新中国成立以来首次召开的全国中医医院和高等中医院校建设工作会议，开启了中医复兴的新征程，对中医药事业的发展影响深远，具有里程碑意义，成为中国中医药事业迈过"生死存亡"门槛、迎来迅猛发展的转折点。这次会议也提出要积极开展中医治疗急症工作，突破中医治疗急症的困境。当时中医界针对热、厥、血、痛及"五衰"（心、肝、肺、肾、脑功能衰竭）等危重病的中医治疗及研究热潮可谓是方兴未艾，触动着宋欣伟的心弦。在这样的中医界的大背景下，再加上当时在绍兴（地区）人民医院工作期间，目睹范仲明老师用中药"扳药"屡次挽救病人生命的实例，中医能有效治疗急重症早已植入宋欣伟心中，但宋欣伟认为中医药治疗急症的疗效需要进一步深挖，用现代的科学技术手段加以证明。当时周老师恰巧招收硕士研究生研究方向之一便是"中医内科急症的临床与实验研究"，因此便定了报考周老师硕士研究生的志向。当时报考临床型研究生有工作年限的要求，宋欣伟在参加工作的第 5 年，也就是 1988 年顺利被南京中医学院录取。

那时候的研究生入学考试是先选定导师，选定自己喜欢的研究方向，然后再参加统一考试，如果考生多于导师招生人数，那么分数排后的学生即使达到了录取分数线也只能接受调剂，甚至有很高分数的考生因排名在后而无法被录取。周老师当时是南京中医学院的院长，是第一批全国老中医药专家学术经验继承工作指导老师，在国内享有很高的名气，很多中医内科教材都是他或他的学生作为主编的，被誉为"中医内科学第一人"，因此报考周老师的人只多不少，难以被老师轻易招入门下。在考周老师研究生的学生中，宋欣伟是以第一名的成绩被录取的，这也是令他引以为豪的事情。周老师招了宋欣伟这批（共两人）硕士研究生之后，就只招博士生了，所以宋欣伟是他最后一届硕士研究生。

在跟随周老师学习的过程中，可能是受到范仲明老师影响过深之故，很多方面出现"水土不服"，什么叫"水土不服"呢？范仲明老师治病好像拿着把大刀砍，而周老师讲究辩证思维缜密准确，好像是庖丁拿了一把解牛刀在解牛。周老师的思路方法与范仲明老师的不同，宋欣伟当时觉得不太容易接受。过了很长的时间，大概是硕士研究生毕业很久且都已经晋升上副高职称之后，宋欣伟才慢慢领悟周老师的用药思路、方法。不同的医生所处的环境不一样，南京和绍兴，一个是大都市，一个是水乡小城，城市不一样，水土不一样，人物不一样，人的体格不一样，换言之连疾病谱也不太一样，可能治疗方法就不一样，中医治病用药强调"三因制宜"，就是要因人因地因

时而确定不同的治疗方法。另外，除了学习周老师对具体药物的使用，宋欣伟印象、体会最深的还是周老师思考问题全面、准确。周老师学识渊博，尤其是辨证切中肯綮，后来他写了一本《中医病机辨证学》，对中医内科很多疾病的病机病证做了十分详尽的论述，书中尤其指出辨证之入细入微、辨证之切中肯綮是提高中医诊疗水平之关键。

第一次拜访周老师是在研究生复试之前，学生第一次拜访老师，总希望给老师留下知书达理的好印象。那时候宋欣伟带了自己写的一篇文章请周老师指正，文中谈到附子配石膏、人参配石膏的运用体会。附子大热，石膏大寒，药性截然不同，按常理无同用之可能，虽在《金匮要略》《千金方》中有这样的配伍，但后世附子、石膏同用鲜见论述。宋欣伟认为以附子温阳，以石膏清热，可用以治疗寒热错杂之证，如见于感染性疾病的热盛阳脱证，还有上热下寒证。人称"祝附子"的沪上名医祝味菊，曾曰：附子性热，可以扶阳而固阴，石膏性寒，既可制炎而解热，又能中和附子之性。阳气不足，炎热不过盛，可重附子而轻石膏，阳气略亏，炎热颇盛，又可重石膏而轻附子，可见祝氏寒热并用之妙。小儿肺炎，高热神昏，唇焦色蔽，息促脉数，西医诊断是肺炎合并出现中毒性心肌病，炎症的毒素累及心肌，出现急性心力衰竭。祝味菊对此力主用附子，就是抓住了热病耗伤心力这个要害，使许多重笃病人转危为安。当然，由于当时条件限制，祝味菊老先生的这段话宋欣伟是很久以后才有幸读到。石膏配人参也同此理，譬如白虎加人参汤，治疗热甚气虚，热甚后阳气亏损，仅以补气不够，还需加附子温阳。周老师读了宋欣伟这篇小文章，脸上还是有赞许之色的，说这个思路不错。与附子相关的还有一个小插曲，那是宋欣伟后来考上周老师的硕士研究生后，跟师过程中的一个病人，有精神分裂症病史，人反应很迟钝，望舌时，他只能慢慢地将舌头伸出来，舌苔白腻。宋欣伟在绍兴时曾碰到过这类病人。那时来中医科就诊的有些是精神分裂症患者，那时候治疗精神分裂症往往使用氯丙嗪，长期用氯丙嗪治疗的病人往往就是这种舌象。宋欣伟用附子配半夏温化寒痰再加麝香类药物可温化寒痰开窍醒神，屡用屡效。周老师对这个病人四诊合参后，果断想到用附子温阳，半夏化痰，看到周老师居然也如此用药，宋欣伟自觉师生有缘，拜师恨晚。但当时宋欣伟觉得附子剂量可以用得更大一些。现在宋欣伟回想起来仍觉得附子用量可以用得更大一些，但是在慢性病治疗中，一次附子剂量大小可能并不是最主要的，可以用得更大一些也可以用得更小一些，关键是中医用药如同下围棋，讲究下子次序，前后进退有序，必须要有一个通盘考虑。

前几年去看望周老师的时候，他还讲到附子与半夏的事，十八反中附子反半夏，周老师则认为，附子不反半夏，在传统治风名方青州白圆子中二者就是配伍使用的。

宋欣伟在周老师这里学到了辨证。周老师是"学院派"，非常重视辨证。中医的"证"相当于西医的诊断，它是中医关于疾病发生、发展过程中把握疾病某阶段本质的一种概念。其重要性正如《临证指南医案》所说："医道贵乎识证、立法、用方，此为三大关键……然三者之中，识证尤为紧要。"辨证对了，用药方可恰到好处。辨证的思维方法主要是应用中医基本理论对四诊素材进行分析筛选、分类排比。从认定主证开始，深入剖析其特点，理出证的初步线索，识别疾病的证候。然后全面回顾四诊所得，扩大思路，寻求对初步印象的支持。出现不符合初步印象的证候也要认真推敲，或扩大内涵，或相互排除假象。主证无典型线索可辨时，可采用反面论证、逐一排除的方法。必要时还可通过试探治疗，待稍后再做进一步结论。要明确疾病、证候与症状三者间的关系，一般说，有病始有症，有症方可辨证，有证乃知病，一病或有数证，一证每有多症。症是外部表现，证是内在本质的时相概括，病是证沿着一定规律进行转化的总体轨迹。辨病有利于认识疾病的个性，掌握疾病发生、发展的特殊规律，把握疾病的重点和发展趋势，有利于制订总的治疗原则，也有利于治疗没有症状的疾病。证比症深刻，比病具体，证是一种倾向于重点揭示某一阶段特定人体病理生理功能状态的综合性诊断概念。故曰病不变而证常变，病有定而证无定。不同的病却可有相同的证。总之，病、证、症三者既有区别又有联系，临诊时必须处理好它们之间的关系，一般是在分析症状的基础上认识疾病和辨别证候，在识病的同时辨证，辨证是中医理论指导临床治疗的核心，是灵魂。宋欣伟日后觉得临床时间越长就越体会到周老师辨证思想的重要性。

周老师常说："古为今用，老枝发新芽"，比如他把《伤寒论》里面的蓄水证和蓄血证的治疗方法灵活运用到治疗现代疾病中。当时江苏连云港是流行性出血热高发地区，该病是由流行性出血热病毒（汉坦病毒）引起，多由野鼠及家鼠传播，西医上将其典型临床过程分为五期：发热期、低血压休克期、少尿期、多尿期及恢复期。流行性出血热冬季大流行的时候，宋欣伟他们有三个月时间待在连云港，专门负责管理休克期病人。周老师发现流行性出血热进入休克期，往往会出现神志改变，他认为是热与血结，

热入血分，蓄血发狂的蓄血证。而后病人进入少尿期，出现水肿，后再进入多尿期，他认为这是蓄水证。除了西医的支持疗法，可以用中医桃核承气汤，清热通瘀法治疗蓄血，用五苓散清热利水治疗蓄水。那时候周老师已经制成几个中药合剂来治疗流行性出血热，很多的病人度过了休克期和肾功能衰竭期。后来"中医药治疗流行性出血热的临床和实验"这一项目获得了国家中医药管理局（部级）科技进步一等奖。周老师把《伤寒论》中蓄水证、蓄血证的治疗运用于流行性出血热，这在理论上有所创新，令宋欣伟很钦佩。

周老师提出要知常达变。他指出证是具有时效性的诊断概念，随着时间推移，证之间可以相互转化。相比较西医的诊断而言，证的时相概念要强烈得多。在急性病中，证旦夕可变。即使慢性病，随着患者的体质内环境、治疗等条件的不同，也可错综演化。注意掌握证势、病势，对证的可变性也是可以预见的。治疗疾病的时候，要熟悉疾病的常，要知晓疾病的变。达变就是知道更多的常，掌握疾病可能出现的变化，并知道为什么会出现变化，抓住疾病的本质。

周老师对学生的要求非常严格，每周必须跟诊 2～3 天，每学期必须写临证医案心得体会，跟师 3 年，是磨炼意志与锤炼心性的 3 年，一分耕耘，一分收获，收获的不仅仅只是一张硕士学位证书，而是名师所期许的中医栋梁之材所应有的扎实基础。在随后的日子里，宋欣伟又说"老师真是一辈子的老师，一辈子的指路明灯"，是指即使学生毕业以后老师还在为他指点迷津。2004 年宋欣伟刚开始搞风湿免疫科，当时面对风湿性疾病的严重性、复杂性，他感到颇为棘手，产生畏难情绪，恰巧 2006 年周老师来杭州讲课，周老师说了一句：慢慢磨。周老师的话使宋欣伟体会到风湿病是一个慢性病，对其治疗产生疗效要有一个过程，任何目标都不可能一蹴而就，必然要靠不断地努力才能达到。此后宋欣伟谨遵师命，与病魔纠缠，逐步积累经验。面对病情凶残如狼的红斑狼疮，可致多脏器损伤的血管炎，让人"改头换面"的硬皮病，还有被称为"不死的癌症"的类风湿关节炎和让青壮年抬不起头的强直性脊柱炎，不再退缩，在这个痛与泪交织的病房里，努力用他那精湛的医术、宽厚的仁心，为病患修补命运的残缺、架起生命的桥梁、树立人生的信心。

1991 年，宋欣伟进入浙江省中医院工作，由此翻开了人生的新篇章。

第四节　博采众长砥砺情

　　书山有路，学海无涯，如果说前述三位老师是宋欣伟学习中医道路上的引路人，那么中医班上与宋欣伟朝夕相处、互相砥砺的同学，曾与之面对面交流探讨或有书信来往的中医名家，还有曾经共事的前辈，如同海上的繁星照亮了他的前程、指引他前进的方向，让他不再彷徨与迷惘。

　　在中医班学习时，宋欣伟还常与同学一起交流探讨，互相批改论文，互相交换写好的小文章评阅，他们对中医学上某个问题各抒己见，常为寻找论据去图书馆翻阅资料。读书期间能有这样志趣相投的好友，也是一件幸事，中医并非一家之言，只有不断地切磋交流，才能碰撞出思维的火花，激发出创新的灵感。宋欣伟说，砥砺之情永难忘。

　　名师名家的点滴指点亦让后生受益无穷。姜春华先生是中医"截断扭转学说"的倡议者。1982年前后，上海市第一医学院附属中山医院中医科姜春华主任受绍兴中医学会邀请来绍兴讲课，就他所提出的"截断扭转学说"做了报告，针对当时的温病（泛指各种传染病）如急性肺炎、流行性乙型脑炎、流行性出血热、伤寒等的中医治疗，他提倡"重用清热解毒""早用苦寒泄下""不失时机地清营凉血"，指出对于温病，必须早期治疗，不必因循等待，必要时可以早期截断卫气营血的传变，认为"尾随不行，药先于病"，将卫气营血辨证施治和截断病源、辨病用药有机地结合起来。"截断扭转学说"给年轻的宋欣伟不只带来了学术上的启迪，更令宋欣伟期望着在这种创新精神推动下，中医有朝一日在治疗疗效上能够做得跟西医一样立竿见影，而不像现在这样只是在某些方面能取得较为迅速的疗效。姜春华教授年轻时读书就喜欢独立思考，不是"纯信"，而是"索疑"，身边备有一本簿子，题为"医林呓语"，专门摘录医书中不切实际的记载。他常说："学而不思则罔，对于前人的理论，要思索哪些是对的，哪些是错的，这才对学习有益，我不喜欢跟人家脚跟转，古云亦云"，有同样精神的宋欣伟在开会期间向姜春华教授请教，对仍遗留的问题在会议结束后再写信给姜春华，就"截断扭转学说"发表了一些自己的"见解"。姜春华读了宋欣伟的来信后，很快给他回信，信中说到"年轻人能有这种思想和精神是很可贵的，我很钦佩您。不管是与非，有这种独立思考精神是不容易的！我们研究学问要有这种精神，最后向您表示敬意！"这封回信字里行间所透露出来的赞许让宋欣伟备受鼓舞与启发。

国医大师朱良春先生，国内临床使用虫类药物的大家，曾获雅号"五毒医生"。早年创办南通中医专科学校，后又任南通市中医院院长，务实求真，医术精湛，虽偏居东南一隅，但声名远播海内外。1990年被国家确认为首批全国老中医药专家学术经验继承工作指导老师，2009年被评为国医大师。在跟随范仲明老师学习时宋欣伟就十分了解和肯定了虫类药的疗效，此后有缘多次向朱良春先生当面请教，更有诸多收获。朱良春先生给他留下的印象是重实干、重实效，以诚待人、以德服人。朱老先生认为"世上只有'不知'之症，没有'不治'之症"，其擅治疑难杂病、肿瘤顽疾等，其心得便是"怪病多由痰作祟，顽疾必兼痰和瘀""久病多虚，久病多瘀，久病入络，久必及肾"，找到疾病的本质——"证"，采取相应的扶正、培本、涤痰、化瘀、蠲痹、通络、息风、定痉等法，再配合虫类药，则效如桴鼓。朱良春先生也精于治疗强直性脊柱炎、类风湿关节炎等风湿痹病，该类疾病曾被称为是"不死的癌症"，患者求医问药数载，收效甚微，缠绵病榻。朱良春先生独创"益肾蠲痹丸"，许多沉疴难起的病患，经其妙手医治，犹如重获新生。多年后，宋欣伟专注风湿免疫病的治疗，进一步认识到痹病病机固然由于风寒湿热诸邪所致，但气血壅滞，痰瘀胶结深入经髓骨骱，如油入面，难以化解，以致病情反复缠绵，绝非一般祛风、散寒、燥湿、清热、通络、止痛之品所能奏效，必须采取虫类药透骨搜络、涤痰化瘀，始可搜剔深入经隧骨骱之痰瘀，以蠲肿痛。

国医大师任继学先生。1994年，宋欣伟在浙江省中医院急诊科工作已3年，参加了长春中医药大学附属医院即吉林省中医院举办的中医急症诊治学习班，主讲者是长春中医学院（现为长春中医药大学）终身教授、国医大师任继学。当时在学习班上还发生了一个小误会，宋欣伟在课间休息时有事离开教室，后因不熟悉环境，绕了远路，回到教室时下一节课已经开讲，其被任老误以为是迟到，不准其入教室，后经解释才解开了这个误会，课后任继学老先生专门找到宋欣伟，使宋欣伟十分感动。后来学习期间宋欣伟多次去任老家拜访，在任老的书房看到了他在《黄帝内经》书上认认真真所做的笔记，让宋欣伟震惊的是任继学教授居然统计了《黄帝内经》中"之"字的使用次数，可见其做学问之细……临行前任老将《任继学经验集》赠予他，告诉他"医生是执行活人之术""学习中医重在循序而渐进，熟读而精思"。可能这就是所谓的"不打不相识"吧，由此宋欣伟也了解到任老对待学生非常严格，治学相当严谨。任老是一位铁杆中医，对于急性缺血性中风、急性出血性中风等脑病急症，提出"气血逆乱、痰瘀内结、水毒伤害脑髓元神"的病机观，创立了"破血行瘀、泻热醒神、化痰开窍"的治疗原则，建立了较为完整的中医急诊医学体系。他主编我国中医急症第一部规划教材《中医急诊学》。强调中医要本源于中医，反对中医简单西化，他治疗中风病人坚持以中医药为主，据说有一次他自己的亲戚中风，他担心其他人妄施西药，便在病床边守着给他用中药调理直到病愈。任老通过应用长白山区、吉林西部的道地药材治疗急症，取得了一系列科研成果，其中"中医药治疗出血性中风的实验研究"获国家"八五"科技攻关重大科技成果奖，"破血化瘀、泻热醒神、化痰开窍治疗出血性中风的临床与实验研究"获国家中医药管理局中医药科技进步一等奖，也为中医药治疗急症提供了有效的治疗药物。通过这次学习班，宋欣伟对中医治疗急症信心倍增，后在浙江省中医院急诊科工作期间也研究开发了一系列中药制剂治疗厥脱证、急性痛证、血证。

在跟随周老师攻读硕士研究生期间，宋欣伟多次有幸陪同过前来参加博士生答辩的国医大师们，如北京中医学院董建华教授、皖南医学院李济仁教授、陕西中医学院张学文教授，老师们见面谈的多是中医学，虽然回忆已经模糊，但那时"听大师一言，胜读十年书"的醍醐灌顶之感仍记忆犹新。这些中医大家对中医返璞归真的认识，认为中医是朴素的而非神奇的，对中医疗效切实中肯的评价，在众说纷纭的中医界尤其重要。

据宋欣伟回忆，他还受教于"绍派伤寒"后期代表人物徐荣斋先生，他认为中医自古以来就不是一家之言，流派纷呈，百家争鸣，跟师抄方是学习中医的传统模式，但若只流于表面，执方而昧法，就易得形而失神。师古而不泥古，学习老师遣方用药之心法，揣摩体会，勤于思辨，才能磨出自己的真才实学。

宋欣伟在浙江省中医院工作期间，当时急诊科与中药房仅一墙之隔。在学生时代每个中医院校的学生是必定要去中药房实习的。中药房散发出的中药味也无时无刻不吸引着一墙之隔的宋欣伟。所以宋欣伟在夜间急诊清闲时常去中药房，细细观察每味中药，了解其性味特点，好似要从中药的气味、药物的纹理中探出每一味中药的药理作用。宋欣伟就中药药材的炮制、鉴别、配伍等经常要向当时的中药房主任钱松祥请教，遣方用药中的困惑之处，经这位稍为年长的颇有实践经验的"学长"一点拨，对药物性、味、归经、剂量选择就有了更深的理解。一张方子，调整几味药，或者只是调整药物的剂量，

就能收到画龙点睛的效果。宋欣伟回忆,去中药房还有一个益处,是能看到当天医院里的名医所开的药方,值得揣摩、师法。

他还拜访过颜德馨、邓铁涛等国医大师。虽没有随师临证抄方,但见缝插针、管中窥豹、只言片语的交流,有时就能产生振聋发聩的影响。看得高远,是因为站在了巨人的肩膀上,对于当时年轻的宋欣伟来说,他要做的就是脚踏实地,博采众长,砥砺前行。

附 1　范仲明临证特色撷要

【摘要】　范仲明主任中医师系浙江省名中医,治疗内科杂病经验丰富,治法处方颇有独到之处。本文从首重逐邪,路分三途;擅用补剂,补可祛实;杂病重气,开通为先;药对联用,复法力宏四个方面,介绍范仲明先生临证特色经验。

范仲明主任中医师是浙江省绍兴市人民医院中医科原主任、浙江省名中医。范师从事中医临床工作 40 年来,在治疗内科急症及疑难杂病方面积累了丰富的经验,临证投方用药颇有独到之处。宋欣伟曾有幸侍诊范师左右三年余,之后又多获其赐教,对范师的学术经验有所承传,今撷其临证特色之要,并佐以验案,介绍如下。

1. 首重逐邪,路分三途

范师治病首重逐邪,推崇子和"夫病之一物,非人身素有之也,或自外而入,或由内而生,皆邪气也。邪气加诸身,速攻之可也,速去之可也"之说,认为病邪无论外感、内生均应迅速去除,驱邪既可截断病情进一步发展,又可使正气得以渐复,并为其他治法创造条件。

其逐邪强调使邪有出路,归纳临床实践经验,认为逐邪途径有三,或发汗散邪从肌表而出,或利尿导邪从前阴而除,或攻下逐饮利水从后阴而排。同时又极力主张逐邪宜早,务须尽净。范师于攻下一法,尤有心得。认为攻下法通解大便仅为一种治疗手段,应摒除单一"大便秘结"的约束,而要以逐实热、祛瘀生新、祛邪攻逐为治疗目的。大黄为攻下法的主药,其通便作用并非与剂量成正比,轻剂通便作用可靠,重剂反而亦不过日解 4～5 次而已,并不形成通下成脱,相反其清热解毒逐邪作用则与剂量的增损有着直接的关系。临床泻法不仅应用于实热内结之痞满燥实,而且广泛应用于痰热壅肺,肺气不降;痰迷清窍,癫狂昏迷;瘀热壅滞,蓄血蓄水;血热伤络,迫血妄行等证。具体治法：①清热攻下法。以杨粟山解毒承气汤为代表方，主治"三焦大热"，或实热积滞之阳明腑证，或湿热蕴阻，郁久化火，腐肉化脓之乳痈、内痈等。②活血攻下法。遵"血实宜决之"之旨，以生化汤、桃核承气汤为代表，主治血瘀蓄血发狂类病证。③泻热凉血法。适用于热势暴急之血证，以大承气汤加羚羊角为代表，此时若专持凉血无异于扬汤止沸，惟攻下泻热可求釜底抽薪之效。④导痰攻下法。主治痰迷清窍，癫狂昏迷，以指迷茯苓丸加大承气汤或龙虎丸为代表。

例一：刘某，男，35 岁。触冒风寒，发热 1 周不解。诊见恶寒甚则寒战，继而发热，体温 39.2 ～ 40℃，无汗，骨节酸楚，咽喉肿痛，烦躁，尿赤，便结 3 天，舌红、苔黄，脉浮数。证属风寒外束，入里化热。处方：羌活、独活、防风、荆芥、苏叶、午时茶（包）各 10g，白僵蚕、金银花、连翘各 12g，鸭跖草、车前草、鲜芦根各 30g，生大黄（后下）5g。药服 1 剂，身汗得出，大便得通，发热诸症随退。

按：此例系外感风寒之邪，束于肌表，太阳经邪不解，且有入里化热，《黄帝内经》曰："其有邪者，渍形以为汗""其下者引而竭之"。故以羌活、独活、防风、荆芥、苏叶辛温发汗解表，鸭跖草、车前草、芦根清热利尿，因热而见便秘则可用大黄通便泻热。汗、尿、便三途祛邪，双解表里而收功。

例二：余某，女，35 岁。病起身热，体温 39℃，恶寒，次日左下腹痛甚，拒按，可触及条索状物，带下量多，黄白相间，秽臭异常，口干引饮，面赤气粗，虽日圊 1 次，但状如糨糊，舌苔黄腻，脉浮数。血白细胞 15×10^9/L，中性粒细胞 84%，淋巴细胞 11%。西医诊为急性盆腔炎。证属湿热蕴结，化火内炽，热壅血瘀，急当清热攻下。处方：生大黄（后下）、枳实、厚朴各 15g，黄连 3g，黄芩 9g，栀子 10g，红藤、败酱草、金银花、紫花地丁各 30g，益母草 20g。药服 1 剂，便下增多，体温恢复正常，下腹疼痛减，但腹块尚存。方既效，效不更方，续服 3 剂，腹块消匿，疼痛若失，带下如常。

例三：陈某，女，29 岁。产后高热 2 天，诊为产褥感染（败血症），经抗菌、物理降温未效而邀范师会诊。询患者产后次日寒热骤作，寒甚作战，体若燔炭，遍身无汗，皮肤干燥，神志昏迷，时作呓语，舌燥无津，脉浮数有力。时值炎暑当令，疑为暑热挟湿，投以白虎汤加清暑渗湿药 2 剂，竟无寸效。次诊得知恶露多且臭秽，色如败酱，大便 5 日未解，下腹作痛，痛甚不可近手。

浙江中医临床名家·宋欣伟

《伤寒论》之热入血室所述与此症甚为吻合，急拟清热攻下，方用解毒承气汤加减。处方：白僵蚕、黄连、栀子、芒硝（冲）各9g，蝉衣20个，黄芩、地鳖虫各10g，枳实、厚朴、生大黄各15g，安宫牛黄丸1丸。药服1剂，便下数次，尽为燥屎，随之热退，余症悉见轻减。

按：例二、例三均系实邪致病，邪不从外解，势必入里化热。例二邪热内结，久郁化火，腐肉化脓，故见腹块作痛；例三热入血室与恶血相结，故均以承气泻下，急逐其邪，邪去则安。

例四：李某，女，37岁。停经2个月，突发左下腹疼痛，压痛明显，可触及4.5cm×5cm大小包块，阴道少量出血，诊为宫外孕（不稳定型），邀范师会诊。诊见形神失常，舌脉无殊，证属血瘀，以桃核承气汤加减。处方：桃仁、红花、当归、赤芍、川芎、三棱、莪术、蒲黄、五灵脂、乳香、没药、玄明粉（冲）各10g，穿山甲12g，蜈蚣4条，丹参、生大黄各30g，广木香15g，连服12剂，病除块消，告愈出院。

按：此例系血结于血海。气血留滞不畅，冲脉为之不调，气血胶凝日久不化而为邪。病位于下焦，若专持活血恐难以取效，非攻结则瘀血不散，攻下可助散瘀，沈金鳌谓"形气强壮而瘀血不行，或大便结闭，或腹胀痛甚有非下不可者，宜良方桃仁承气汤下之最捷"，故取其方急下以去瘀血。

2. 善用补剂

补可祛实攻逐以祛邪，补益以养正，范师每日临证，用补法者约四成。尚谓补可祛实，病久而不除者当责之正虚，唯有补之益之方可冀气旺祛邪外达，所谓"甘温除大热"治法，亦无非是扶正达邪之法。若病尚不去，因正气渐复，便有施用各种攻逐法之机会。其用药每以大剂滋补之品投之，认为既虚补之即宜峻而有力，以激发其正气之恢复，不必过分注意是否滋腻过度。补益是否得当可验之大便，因大便为胃气之外标，若药后便结腹胀或腹泻连连是滋腻呆胃或虚不受补，若药后矢气频繁但不臭秽，或药后便下几次，继而纳增，为补益得法，胃气渐旺，气机得通，正复有望。

例一：吕某，女，54岁。早婚多育，体质素亏，又患高血压病10余年。眩晕动则尤甚，面色㿠白，唇淡，神疲懒言，平素动则气短，舌淡嫩多齿印、苔薄黄，脉细数。血压180/120mmHg。证属脾肾两亏，虚阳浮越，治宜益气养阴填精，佐以潜阳。处方：生黄芪40g，熟地、制玉竹、制黄精、炙鳖甲、炙龟板、代赭石、怀牛膝各30g，山萸肉、女贞子、墨旱莲各12g，怀山药、杜仲各20g。4剂。复诊：药后血压下降：140/80mmHg，自感精神转振，眩晕基本消失，仍以前方调治 10 余剂后停药。

按：此例病人早婚多育，先后天俱亏，虚阳无以恋系而浮越，故见眩晕、神疲、气短等，治疗以峻补肝肾为主，佐以赭石、牛膝，一降一引，使虚阳归元而诸症得消。

例二：韩某，男，28 岁。右大腿内侧肿痛伴发热 45 天。周围血象：白细胞偏高，中性粒细胞 85%，嗜酸性粒细胞 6%，淋巴细胞 9%。大腿内侧肿痛局部穿刺得脓肿液体。西医诊断：右大腿深部脓肿，脓毒血症。经抗感染及局部手术切开排脓等治疗有效，但患者因经济困难，每等病情稍好即停止治疗，且每日体力劳动较重，近半个月来发热明显，体温波动在 39℃～39.5℃之间，再予抗感染治疗 10 天竟无寸效，故向中医求治。诊见形肉羸瘦，面色苍白，神疲懒言，频频自汗。术后疮口不愈，疮面苍白，渗流脓液，色淡红质稀。舌淡、苔薄，脉沉细无力。证属阴疽，治宜温阳补血，托肉生肌。处方：炙黄芪、熟地、怀山药、炙鳖甲、炙龟板各 30g，党参 20g，生白术、山萸肉、阿胶（烊冲）、淡附子、桂枝、炮甲片各 12g，白芥子、肉桂粉（冲）、炮姜、五味子、麻黄各 5g。2 剂。复诊：药后自汗止，精神振，纳食增，高热骤然而退，血象复查正常，惟疮口尚未痊愈，再原方加生黄芪 50g 收功。

按：此例阴疽，由营血虚寒，寒凝痰阻，痹滞于肌肉、筋骨、血脉而成，营血虚寒则阳无所依倚，虚阳外浮，发为自汗，高热，经用大剂补气助阳益血后，营血得补，血脉得通，浮阳得敛，诸症得消。

例三：王某，男，35 岁。劳作之人，夏季湿热为患。诊见脘痞，自觉腹胀如鼓，口不渴，动辄汗出，面色淡黄，苔腻而干，脉缓。证属气阴两亏，湿滞中焦。治仿生脉饮意。处方：太子参、黄芪、制玉竹、制黄精各 30g，党参、麦冬、鲜石斛各 20g，生白术、藿香、佩兰各 10g，女贞子、墨旱莲各 12g。服药 4 剂告愈。

按：夏季湿热当令，但暑多耗气。此例患者系劳作之人，夏日汗出过多，气随汗泄，故见气阴两虚，正虚则邪易留恋，故见湿邪缠绵。虽有暑无补法之说，但既属汗出气阴亏虚，仍应治以培补气阴为主，少佐芳香化湿，待正气得复，湿邪自去。

3. 杂病重气，开通为先

一身气机贵于流通，脏腑因之能正常气化，反之则郁闭生病。范师对"气血冲和，万病不生，一有怫郁，诸病生焉，故人身诸病，多生于郁"之说颇为赞同。每言先秦时对人体内出现的一切积聚、蓄积、郁闭之象均称之为郁，

后世因七情为病较为突出，故有"郁不离乎七情"之说(《三因极一病证方论》)。此外，外感亦可致郁，赵献可明言"伤风、伤寒、伤湿，除直中外，凡外感俱作郁看"。范师又进一步认为，尚有气虚、血虚、阴虚可以致郁，脏腑功能失调可以致郁，瘀血、痰饮、热邪内阻可以致郁，将气机郁阻之因更为推广，并认为"妇人多气"，临证气机郁闭者以妇人为多。

范师治杂病之所以重气，与其推崇张景岳因郁致病和因病致郁之说有关，认为气为血帅，气行则血行而不瘀；气能行水，气行则津布而无痰气能御邪，气行则卫固而能逐邪，人体一身气血阴阳赖气在其中运行而得以平衡。若气机闭阻则脏腑出入机废，既不能将外感之邪驱逐，内生之血瘀、痰饮消除，又不能使亏虚之气血得到恢复，结果虚者更虚，实者更实，其为害颇大。总之，气郁则病，病重则气更郁，只有气机条畅，才能使邪有出路，才能使脏腑气血阴阳生化，故杂病见气郁气滞莫不以治气为先。治疗上不喜用四逆散类，而以瓜蒌薤白郁金汤、丹参饮、越鞠丸合而为方，再随证加用芳香走窜之成药，如气机阻滞偏寒用大苏合香丸，偏热用局方牛黄清心丸，痰多加生半夏、生南星、滚痰丸。

例一：王某，女，40岁。虚人劳累过度，遂致气滞。诊见胸闷太息频频，胃脘、少腹、胁肋胀痛，心悸怔忡时作，舌淡、苔薄，脉细弦。证属气虚气滞，治以理气为先。处方：瓜蒌皮、越鞠丸(包)各12g，薤白、郁金各10g，青皮、陈皮、甘松、白檀香、降香各5g，砂仁(冲)、白蔻仁(冲)各2g，丹参30g，苏合香丸(吞)1丸。药服1剂，即嗳气频作，随即胸闷得舒，心悸怔忡消失，再服7剂调理收功。

按：此例属虚人而病气滞，气虚致气滞难行，脏腑生化之机受碍。临床见胸宇、胃脘、少腹、胁肋胀闷疼痛，为三焦气机阻滞之象，治疗唯有疏通气机，方有望一身活泼之生机恢复。

例二：张某，男，17岁。高考时精神紧张过度，下午考毕即感头重昏浑，胸中烦闷，精神呆滞，喃喃自语，舌苔无殊，脉弦。证属气火闭阻，清窍失灵。处方：羚羊角(代，另煎)3g，苏合香丸(化服)1丸。药后频见嗳气，随即胸闷得解，头脑清醒，次日继续参加考试。

例三：刘某，男，40岁。暴发性耳聋，两耳无所闻，烦闷不已，舌苔薄腻，脉实。证属清窍闭阻，耳络失养。急予安宫牛黄丸化服1丸。药后不久，突发一喷嚏，听力即得慢慢恢复。

按：例二、例三均属气机闭阻，清窍失灵之疑难病症，苏合香丸与安宫牛黄丸同系开闭之剂，前者偏于理气，药后或见喷嚏，或见嗳气，此即俗称"七窍开通"之象，芳香走窜之品通气开闭而获捷效。

4. 药对联用，复法力宏

范师喜用药对，常用者如辛温发汗：羌活、独活，防风、荆芥。辛平发汗：淡豆豉、葱白。辛凉发汗：桑叶、菊花，蝉衣、薄荷。利尿泻热：鸭跖草、车前草、芦根，滑石、芦根。利尿除水：泽泻、茯苓皮、车前子，虫笋、地骷髅、葫芦壳，蟋蟀、蝼蛄。通腑攻下：大黄、枳实。破血逐瘀：三棱、莪术，留行子、鬼箭羽，桃仁、红花。温经通阳：附子、桂枝。亦喜以大黄、甘草和胃降逆，乌梅、硼砂降逆止呕，丹皮、焦山栀清肝泻热，海风藤、海桐皮通经活络，猫人参、藤梨根清热开胃，肺形草、鹿衔草养阴润肺，生石膏、知母清泻胃热，龙胆草、黄连泻肝清心，生半夏、生南星化痰散结，白芷、白附子、白僵蚕息风化痰。亦有用成药组成药对，如礞石滚痰丸配控涎丹逐泻痰饮，龙虎丸配木香槟榔丸或沉香化气丸导滞开窍，临证每获良效。

范师善用药对，尤善联用药对，组成复法大方，既简练明快，又势专力宏。认为按照"君臣佐使"配伍成方这种原则，不仅适用于单味药物间的配伍，而且亦适用于对药间的配伍，古人就有联用药对组成方剂之经验，如大承气汤以生大黄、芒硝药对配枳实、厚朴药对。药对按照君臣佐使原则配伍成方剂，可更适合千变万化的复杂病机，达到更好的效果。具体讲，其优点：①既能突出药物共性，又能照顾诸多方面，适用于寒热错杂、虚实夹杂等复杂病机；②势专力宏，或能迅速捣除病巢，或能迅速恢复正气；③由于药物相互配合，互有督制，又可减少不良反应和副作用。

例一：李某，女，56岁。宿疾高血压病10余年。3天前突然昏仆，不省人事，两手握固，肢体强痉，遗尿，面色潮红，口气臭秽，喉中痰鸣，舌红、苔黄腻燥，脉弦滑数。血压180/110mmHg。病为中风，证属风痰火上扰，阻络蒙窍无疑，治拟清热息风，化痰开窍。处方：羚羊角（代，另炖）、黄连各3g，钩藤（后下）、生石膏各30g，知母、龙胆草、全蝎各10g，生半夏、生南星、玄明粉（冲）、蜂房各12g，生大黄（后下）20g，蜈蚣4条，安宫牛黄丸（化服）1丸。药服1剂，便下五六次，神志转清，余症均见好转，效不更方，继以前方加减10余剂出院。

按：此例中风以风、痰、火立论，治疗紧紧扣住这三个环节，方中羚羊角（代）、钩藤，生石膏、知母，生大黄、玄明粉，分别为羚角钩藤汤、白虎汤、大承气汤主药，再配以龙胆草、黄连，共同清心泻肝，清泻肝胃之火，

泻火又可以息风，"抑降其气火上浮，使气血不走于上，则脑不受其激动，而神经之功用可复"（《中风诠释》），生半夏、生南星治痰圣药，蜈蚣、全蝎、蜂房既能息风镇痉，又能走窜以逐胶痼之痰，安宫牛黄丸着意开窍醒脑。处方联用诸多药对，多层投药，复法力宏，合奏息风、化痰、泻火、开窍之功。

例二：赵某，女，23岁。咳嗽月余不已，咽痒则咳，咳则痰少，胸肋隐痛，舌淡、苔薄，脉细弱。证属肺气不足，邪恋于肺，治拟培土生金，佐以化痰止咳。处方：党参、白术、茯苓、当归、白芍、紫菀、款冬花、桑白皮、浙贝、杏仁各10g，川芎、五味子、青皮、陈皮各5g。药服4剂，咳嗽顿减，续4剂而愈。

按：此例久咳不已，子病及母，每致脾虚。若气血生化乏源，正虚无力祛邪，更易致咳嗽缠绵难已。方中参、术、苓取之四君，长于补气；归、芍、芎取之四物，长于补血，气血又可互补；余药取自款冬花散，以紫菀、款冬花润肺止咳，青皮、陈皮行气化痰，桑白皮、五味子清肺敛肺，再加浙贝、杏仁降气化痰。联用诸多药对，照顾病变痰热虚实，要之在于培土生金，扶正祛邪，而后终收其功。

附2 厥脱气阴两脱、气滞血瘀证辨治

现代医学的休克相当于中医学的厥脱。厥脱所见气阴两脱证，是指厥脱时气脱与阴（血）脱并见，其中医描写散见于"气脱""血脱""亡阴""气液脱"等证中，常由大汗、大吐、大泻、大失血致阴（血）液急剧亡失，以致气亦随脱；或外感、内伤久病重病，气阴极度耗竭而成。从历代文献描述来看，多注重于气、阴之急剧向外亡脱，古代医家据此创立独参汤、两仪膏、生脉散、参附汤等用以急救治疗，主旨在于固脱，成功地抢救了不少病人的生命，但失败的病例亦多。中医学的厥脱相当于现代医学的休克，即使在目前，感染性休克和心源性休克的死亡率仍分别高达65%～80%和80%以上。

为了挽救更多病人的生命，历代医家对厥脱的病机、治则等进行了不懈的探索，每代皆有发展，尤以晚清最有成果。王清任认识到厥脱在正气亡失的同时，存在着血瘀的病理变化，首创急救回阳汤，取法扶正救脱和活血化瘀相结合，抢救瘟疫、霍乱、吐泻所致的四肢厥冷、皮肤青紫、血色紫黑的厥脱病证。绍派伤寒著名代表俞根初明确提出了脱证"乃由脏腑窒塞,而不尽关乎元气之虚脱""总由邪热郁火熏蒸,血液胶凝、脉络阻塞"所致的观点,认识到厥脱不尽属虚,理论上别树一帜,临床亦富验证。

近代随着对活血化瘀的进一步研究,运用具有活血化瘀作用的654-2针剂治疗属于中医厥脱的感染性休克,取得了重大成果,已为众所周知。陈汝兴等通过对休克的进一步研究,提出休克系"脏腑功能失调""气血逆乱",使全身有效的气血循环量减少、各脏腑失去血液濡养、气血广泛瘀滞于脉内所致,对气机不畅在休克中作用有了进一步认识。把青皮注射液运用于各类休克,以破气消滞、调节血量,改善各脏腑功能,使有效气血循环量增加而纠正休克,共治疗22例,显效17例,占77%,有效5例,占23%,从传统运用补法走向通法治疗休克。

近20年来,周仲瑛教授根据临床实践,认为厥脱证总由阴阳不相顺接,气血失调所致,既存在着正气耗竭,又具有气滞血瘀的病理变化,气滞血瘀、正虚欲脱为厥脱病理基础,故以行气活血、扶正固本为基本治疗大法,使用自行研制的救脱1号注射液治疗各类厥脱证取得了令人满意的疗效。为此,本文选择厥脱气阴两脱、气滞血瘀证为研究内容,通过对其病机本质、诊疗规律的进一步探讨,以求有助于深化理论,裨益临床。

一、厥脱气阴两脱、气滞血瘀证因机探讨

厥脱气阴两脱、气滞血瘀始于外感、内伤多种原因,气滞血淤、气机逆乱是其病理基础,脏腑气阴始损终竭是其病变结果。

1. 外感六淫、疫毒、伏邪,内伤久病是厥脱的基本病因

厥脱常见原因不外乎外感六淫、疫毒、大汗、大失血、大吐、中风和久病虚脱。众多原因均可导致气滞血瘀,成为厥脱证的基本病理。

(1)外感六淫,疫毒,伏邪化热:外感六淫疫毒,化热入里,或伏邪化热,热毒内陷,"热极血瘀不流",致使气血淤滞、脉络阻闭,气血津液不得正常循行,可以造成病理性血液、水液聚集(如蓄水、蓄血),机体升降出入之机废失则气血瘀滞,且致脏腑受损。热毒内陷,"壮火食气",可使气耗气衰;热邪耗灼阴液,可致津伤血少。气耗阴伤血少则可进一步发展为气阴两脱。同时也可进而加剧气血瘀滞。

其他如大汗、大泻、大吐、大失血消亡津液导致的暴脱,亦可致气滞血

瘀的病理变化。津液为血之组成部分，《灵枢·营卫生会》说："营气者，泌其津液，注之于脉，化而为血"，津液既伤则血液虚少、运行涩滞，每致广泛瘀滞于脉中；气附载于阴津血液，一旦阴津血液大量丢失，则气亦随之外脱，此所谓"吐泻之余，定无完气""气随血脱"之谓，气脱则血行无力而瘀，总之气滞血瘀在所难免。

（2）内伤久病元气虚弱，精气耗竭：多种慢性久病，元气虚弱，精气逐渐消亡可引起脱变。心肝肺肾的功能衰竭基本上属于此范围，由于病因病理和症状均以精气外脱为特征，故又称外脱。这类病人中，有多种临床证型，气阴两脱是其一，但每为气滞血瘀与气阴两脱并见。因"气为血帅"，久病元气衰弱，气虚无力运血则血瘀气滞；脏腑气化失常，气血阴液难以生化，脉道枯涩，则愈益加重气滞血瘀。从上述可知，不仅邪实可以致气血郁闭，且可因正虚阴伤气耗而致气血郁闭，且气血瘀滞贯穿于厥脱气阴两脱证的始终。现代医学对休克的研究显示的，微循环血流障碍，有效循环血量不足，组织细胞缺血缺氧，毛细血管壁通透性增加，血液浓缩黏滞，红细胞和血小板凝集，血栓形成，导致不同程度的 DIC 等，都支持了气阴两脱、气滞血瘀、脉络闭阻是休克的基本病理这一观点。

2. 气机逆乱、脏腑气阴始损终竭是厥脱的重要病机

（1）气机逆乱，脏腑受损：人体脏腑经络的气机运行，分则为升降，为出入，合则为一气，升降与出入相互影响，相互关联，升降之病极则累及出入，出入之病极则累及升降。因此，外感内伤诸因都可导致阴阳之气不相顺接，气机逆乱，使气阴耗伤、脏腑受损，具体表现为"闭脱互见"，"闭"是指脏腑气阴因瘀滞闭塞不能顺接，"脱"是指脏腑气阴随着病情发展而逐步耗竭，生化息灭，气阴无根可系而亡脱于外。二者又相互关联、互相影响，终致气阴亡脱于外，气血瘀闭于内。于此可知，厥脱是气阴耗竭，脏腑衰竭与气滞血瘀、脉络闭阻互见的，是虚实互见、闭脱共存的。

（2）宗气元气外脱，脏腑衰绝：厥脱气脱始自宗气外泄，终见肾元亡脱。宗气由水谷精微所化的营卫之气和大气相合而成，若剧烈腹泻呕吐，胃肠大量失血致津、气、血亡脱则宗气难以为继；热毒外侵，病犯上中二焦之心肺脾胃，亦必然损伤宗气。宗气外泄故见气短息微，虚里悸动，唇面紫暗，四肢厥冷，脉微欲绝等症。宗气上积于胸中，下"蓄于丹田"（《灵枢·五味》），与元气相连，肾为元气之根，生命之本，病变及肾，肾元因衰竭而脱，故临床见气促、汗冷、尿少尿闭等真元衰微、肾失司化的危候。现代医学认为休克时细胞损伤，线粒体功能紊乱，溶酶体破裂及其组织器官的新陈代谢和功能障碍，与中医认为厥脱时气机升降出入运动失常，脏腑气阴始损终竭的观点颇相类似。

二、厥脱气阴两脱、气滞血瘀证的四诊要点

1. 望诊

（1）神：烦躁不安，或表情淡漠，神志委靡，瞳神呆滞，神志昏蒙，或撮空理线。清代俞根初《通俗伤寒论》曰："目暗，肾将枯……目睛不转，舌强不语者，无神将脱。"厥脱病人由烦躁出现表情淡漠，神志委靡，瞳神呆滞系微循环障碍引起血容量不足，神经细胞反应由兴奋转为抑制所致，病至脑与心神气俱脱，则见撮空理线，神志昏蒙。

（2）色：面暗唇紫，或面色灰白，颧红，皮肤瘀斑花纹。清代汪宏《望诊遵经》曰："卒厥唇口青者，身冷，为入脏既死。"气血亡脱则面白，血液瘀阻则面暗，口唇紫绀；皮肤花白为气机逆乱，气血瘀阻之象。颧红为阴液脱竭，浮阳上越，虽红而淡，有浮于皮肤上之感。

（3）舌：舌红绛有紫气，舌面干涸，或舌光淡紫暗干瘪，甚或舌体缩小。曹炳章《辨舌指南·辨舌颜色》曰："舌绛而光亮者，胃阴亡也。""舌虽绛而不鲜，干枯而痿者，肾阴涸也。"气血津液耗竭则舌淡而瘪，甚或舌体缩小，气血瘀滞则舌质紫暗。

2. 闻诊

息：气息短促，张口微喘，或气息微弱。宗气外泄，无以贯心脉而行呼吸，肾元不足，无力摄气下纳，故气息短促微弱。心肺脾肾诸脏之气外脱则张口微喘。

3. 问诊

汗尿、汗多而黏，小便短少。汗多而黏为宗气外泄，肾元衰颓之象。气液外脱，津不上乘则口渴，膀胱不充则小便短少。

4. 切诊

脉与虚里：脉微细数涩，或模糊不清。虚里动而应衣，或虚里搏动微弱。气阴耗竭，脉络不充，气血瘀滞，则脉微细数涩，甚则模糊不清。宗气积于虚里，宗气外泄故见动而应衣，宗气衰竭则虚里搏动微弱。

浙江中医临床名家·宋欣伟

三、益气养阴固脱，行气活血开闭是治疗气阴两脱、气滞血瘀证的基本大法

由于气阴耗竭、气滞血瘀是休克的基本病理，脏腑衰竭是最终结果，故周仲瑛教授主张在求因治疗的基础上，采用行气活血开闭，益气养阴固脱，通补并重的治法，并据此研制成救脱1号注射液，临床应用效果显著。这里的"开闭"是指开通闭塞之气，开通闭阻之脉络，开通郁闭之气机，"固脱"是指敛亡失之气，救垂竭之阴。具体有三：

（1）行气活血可以疏通气血瘀滞：气滞血瘀既可因于邪实，亦可源于正虚。行气可以促进血液流通，活血可使瘀化气畅。且脏腑气机是人体之本，故尤须时刻注意调整脏腑气机的升降出入，开通郁闭之气机，使阴阳之气得以顺接，从而恢复脏腑正常气化功能。救脱1号注射液以枳实、牛膝相配，一行气一活血，通达周身之气机而取气行血畅之效。

（2）扶正固脱可以保护脏腑气阴：扶正固脱，益气养阴，既可匡正以祛邪，又可保护脏器细胞的功能，纠正气机"升降出入"的紊乱，疏通气血的瘀滞，使阴阳气血生化有济，从而达到保护脏腑气阴之目的。救脱1号注射液以人参、玉竹相配，以人参大补元气配玉竹之增液生津，扶正脏腑气阴而达到固脱目的。

（3）多脏同病，整体衰弱，重在维护心肾：厥脱是多脏器、多系统的整体失调、脏腑功能衰竭的急危重症。心藏神，主血脉，宗气贯心脉以行气血，肾为元气之所舍，心肾水火的升降既济，在整体气机的调畅，脏腑气化运动过程中起着关键的作用。若心肾之气衰竭，必致阴阳不相顺接而致脱，如气阴两脱患者面青唇紫，脉微欲绝，神志烦躁，淡漠或昏昧，均属心脉瘀滞，心神失用所致，而气促汗冷，尿少尿闭又为真元衰败，肾失司化之危候，故治应手足少阴并重。因此，多脏同病，整体衰弱，维护心肾为治疗的重中之重。

附3 周仲瑛教授谈知常达变、辨证论治与脏腑辨证

一、知常达变

常规与特殊。入门知识为常规、正确处理疾病的知识。

30

目前谈证候诊断规范化、标准化及四诊客观化，我认为按常规办事，有个规范是有好处的，但不能绝对，有些看起来是规范，但实际很机械，如小柴胡汤虽云但见一症便是，但我们主要是抓主症，抓一二主症，有时甚至抓的是舌苔、脉象。既赞成又有保留，真正好医生是在常规基础上又有变，强调中医灵活性。有人说中医灵活性太大，无绝对标准。应该承认临床辨证灵活性很大，应从变化中考虑问题。看一个病，绝不像教科书上虚就是虚，实就是实。证候要注意动态变化。

慢性病演变较缓慢，慢性肝病演变：湿热瘀毒→肝脾两虚、肝肾亏虚，且二者可互相夹杂。

在常与变中有一个求"本"的问题，有句话："见痰休治痰""见血休治血"，事实上就是个求本问题。有时要健脾、祛瘀以止血，祛瘀破血药物来止血，即是变法。只知用止血药去止血，既只知常而不知变。用祛瘀属常中之变，破血而达止血，属变（法）中之变。

治一产后发热病人，西医诊断产后感染，用四环素治疗，中医用和解法，用生化汤活血祛瘀，发热持续不下，照例产后忌凉，但观察属白虎汤证，中午见病人发热气粗，面赤汗多，脉象数大而重按无力，且是产后，便用白虎加人参汤，4小时后体温下降，6小时基本退热，此后为低热，经调治而愈。有是症便用是药。

气血冲和，百病不生。在常和变中，知变之重要性。

二、内外六淫问题

医生治病时，往往对内六淫忽视，事实上很重要。内六淫在《黄帝内经》为五淫，火热是从化问题，主要是风、寒、暑、湿、燥。外淫（外感六淫）作用人体而表现出的一种证候，从现在来理解包括特殊致病体。注意季节性、地区性、个体性。

同样受寒，流行性出血热表现为青壮年抗病较强，容易出现阳证，《黄帝内经》云："今夫伤寒者皆热病也"，《难经》云："伤寒有五"。

外淫不仅指外面风、寒、暑、湿、燥、火，而且包括多种因素，与个体、地区等有密切关系。内六淫生成是在多种病因下，在疾病发生发展中表现出来的变化。

推崇内风学说并不排除用外风药治中风，特别对中经。从风症状分二大

类：①肢体痉挛；②内在肝风变动，如抽搐、昏迷、痉厥。

总之概念要有新的发展。

三、病理因素的理解和掌握

审证求因，不仅求因而且求机，"因"是广义的。如痰、瘀、火、气，这一类都导致多种疾病，（致）气血阴阳失调，（造成）痰瘀、气滞、化火等。

因病致痰，治病可以消痰；因痰致病，治痰可以消病。

周身疼痛，时有肿块（液感），不明原因，现代医学也无法诊断。可能是个毒的问题，很多疾病强调一个毒，如骨髓细胞瘤用手术治疗，中医用清热解毒、化瘀消痰法。

四、脏腑病机

脏腑辨证相当重视，强调抓住脏腑病机进行辨证论治，即使病诊断不明也可治疗。

肺系疾病，一般喜欢清肺化痰，消炎抗菌，要注意要害是宣肺与肃肺的辨证问题，宣肺中加肃肺，肃肺中加宣肺，能显著提高疗效，特别对开肺不能忽视，肺气升降，吸入天气为主，故开肺特别重要。如治肺炎，初期表证未除，肺气闭塞重，用麻黄开肺可速效；治失音，如有肺阴、肾阴虚、下焦湿热而不能开音，这一类药中加麻黄，第二天查房即开音。有一老慢支（慢性支气管炎）咳喘患者，胸满闷不舒，血液循环不好，用苏木活血，10余年后才又咳喘。

心脏病既通又补，以通为贵，行气活血化瘀等都是通。

脾胃病治疗要点在于脾胃病往往一虚一实、一寒一热，消化系统疾病，补气与化湿同用，寒热夹杂同用，把苦温辛温合用是治肠胃病的关键，如黄连、肉桂；还有一个问题是升降问题，有特殊方法，治肠炎腹泻，脓便，清热化湿药中加桔梗，或桔梗与枳壳合用效佳，当然其中亦有脏腑整体作用在内。

肝病主疏泄，但不一定要用疏泄，要注意疏泄与柔养的问题。疏肝理气药药效不好时要加养肝药，所谓肝无补法在甘温药上与肝性有关……补肝血。肝寒证不仅指寒滞肝脉，需温肝脉，肝虚寒证时用温肝养肝、温肝暖胃法，从临床讲温肝用肉桂，温肾暖肝用仙灵脾。

肾的补泻。肾往往要补泻兼施，因肾多本虚标实，要注意补中有泻，泻什么？泻湿热、泻水邪、泻相火。通瘀也是其中一个内容，水湿等可引起血瘀，如慢性肾衰、流行性出血热。

脏腑之间的治疗，必须要有整体观念，以肺为例，肺与大肠相表里，中医有隔二隔三的治疗。

五、标本缓急

不应机械地讲急则治标，缓则治本，急则亦可以治本，慢性病也可以治标。

急症当病情危重，如厥脱时气阴耗伤，阳气虚脱，厥脱由原发病诱发，原发病是个根，处理时及时针对厥脱（休克）之根进行治疗是非常重要的。

中风本质肝肾亏虚，表象风痰气血上行，一旦发作，不可能从本而治，必须从风阳痰火、腑实气血上行而治，虚实对立非常明显，当然中风后期还须固本。

缺血性脑病，本质肝肾亏虚，中风后遗症，许多人强调气虚血瘀，治疗上从风、痰、瘀考虑而不按照气血虚、肝肾虚考虑。

帕金森病属肝肾本虚，肝风有痰有瘀，应祛风化瘀通络。

臌胀病从标从里，有时偏实当然可以逐水，同时也可以不采取逐水而用温养脾肾之法。

六、辨证与辨病问题

中医有中医的治法，辨证论治重于辨病论治。

辨证可以治疗不认识的一些病，辨病可以治疗一些没有症状表现的疾病，辨病可以把握一个疾病的关键。

七、多方配药

把每一处方中主药拿出来，如蒿芩清胆汤之蒿芩。复合用，几方合用。

当代中药药理知识要在辨病基础上，结合辨证思路，再结合个人实际经

验进行研究。高血压需补肝肾用杜仲、桑寄生，需泻火用夏枯草、龙胆草、黄芩，凉血时选大小蓟。结合现代药理根据辨证使用，这样处方符合辨证论治，规范处方又有新的知识糅合进去。

讲究一药多用，当多种病种杂合时有时一种药便很有疗效。如鬼箭羽活血破血，对心绞痛、关节疼痛、糖尿病有效。

第三章

声名鹊起

第一节　扼急救危求新药

　　1991 年宋欣伟硕士研究生毕业后进入浙江省中医院工作，当时医院还没有二级学科分科，因为研究生阶段完成的课题内容是"中医内科急症的临床和实验研究"，所以宋欣伟被分配到急诊科工作。浙江省中医院急诊科是采用中西医结合的方法，集临床、教学、科研为一体的中西医结合急诊医学基地，是浙江省最早成立的急诊科之一。从 1991 年开始直到 2004 年离开，宋欣伟在急诊这个岗位摸爬滚打 10 多年。

　　1997 年宋欣伟升任副主任中医师，1998 年医院提拔宋欣伟做急诊科副主任，主管中医急症工作。当时全国中医界研究中医急诊氛围良好，大家积极性也高。1995 年浙江省中医院急诊科被国家中医药管理局批准为全国中医急症中心建设单位，当时全国只有五家，如北京中医药大学附属东直门医院、江苏省中医院、上海中医药大学附属曙光医院、辽宁省中医院，浙江省中医院也位列其中，说明浙江省中医院急诊科在中医急症上是做得比较早也比较好的单位。1998 年浙江省中医院被卫生部立为紧急救援中心首批网络医院，1999 年浙江省中医药管理局批准其成立医院急症中心，宋欣伟申报并被浙江省中医药管理局批准主办过多期"危重病中医优化治疗"学习班。宋欣伟也曾担任过中医院校试用教材辅导教材"中医急诊内科学"的副主编，主编了《中西医结合内科急危重病诊疗技术进展》。宋欣伟在他后来的职称鉴定材料中写道：本人研究生毕业后在急诊科从事中医急症工作，通过不断努力，继承和扩大了浙江省中医院中医急症的治疗优势并有所发展。在中医急症研究中，论文《参附注射液对 65 例急性重度疼痛镇痛作用的观察》《大剂量参附注射

液辅助治疗肝硬化食管曲张静脉破裂出血的临床观察》发表于《中国中西医结合杂志》，课题"心至宝注射液对大鼠急性心力衰竭、心源性休克作用的研究"获浙江省中医药科技进步奖二等奖、浙江省政府科技进步奖三等奖（第一作者），并主编了《中西医结合内科急危重病诊疗技术进展》一书，在业内获得较好评价。在中医急症工作中，较早认识到中医急症工作在中医院系统进行普及、提高和培养人才的重要性，主办了3期浙江省中医药管理局委托主办的中医急症学习班，并培养了2名中医心血管急症方向的硕士研究生。在任浙江省中医院急诊科副主任（当时无正职任命，宋欣伟负责中医急症工作）期间，科室成为国家中医药管理局五大中医急症建设中心，目前浙江省中医院已成为国家中医药管理局全国中医急症中心和浙江省中医药管理局重点学科建设单位。

宋欣伟总结中医急症临床实践工作，主要是针对热、厥、血、痛这四种急症做了一些研究工作。热指的是外感高热；厥指的是厥脱，是指各种原因引起的休克和昏迷；血指各种各样的出血；痛指各种各样的急症疼痛。

（1）高热。在外感高热的诊治中，宋欣伟通过不断摸索制定了一个协定方，叫感冒合剂。这个协定方针对的不是一般的高热，而是难治性的外感高热。这种难治性的高热主要有三个病因：第一是重症感冒，第二是急性化脓性扁桃体炎，第三是部分早期的肺炎。从临证中宋欣伟发现外感热病，病尚在表可见恶寒发热，但往往迅速入里，形成外感风寒束表、内有寒邪入里化热的大青龙汤证。在这个感冒合剂中，主要是选择应用大青龙汤加减，针对既有表证恶寒发热，又有里证内热的病人。那时候急诊室晚上开出的中药马上可以代煎，病人服下感冒合剂后，绝大多数是在36小时之内基本都能够退热。事实证明感冒合剂在外感高热的急症治疗中取得了比较好的疗效。

（2）厥脱证。这是中医内科常见的急危重症，多因各种原因损伤心气，使心气衰竭、心阳暴脱所致。西医讲的心力衰竭、心源性休克多属厥脱范畴。心主血脉，心气虚损，轻则血运不畅，重则瘀滞不行，导致内不能濡养脏腑，外不能温煦肌肤，上不能升清，下不能降浊，气血逆乱，"阴阳之气不相顺接"而成厥脱。寻找抢救厥脱有效可靠的药物和方法，是中医急症急需解决的一个重要问题。宋欣伟在长期临床和反复药理试验中，形成以山楂为主的中药协定制剂[后改名为心至宝注射（口服）液]，用于厥脱的治疗，实践证明临床疗效确切。心至宝注射液组方根据：①厥脱是心不行血与瘀阻脉络互为因果、互相加重的结果，因心不行血而致瘀阻脉络，因瘀阻脉络而更加重心不行血，在证属本虚标实，治疗宜护正补虚、活血化瘀。②厥脱病位在心，其根在肾。从心力衰竭以动辄气喘为典型表现，严重者甚至连翻身转侧都为之气喘分析，当与肾有关。因肾为气之根，肾亏则肾不纳气而气喘。在中西医结合治疗心力衰竭的实践中，宋欣伟体会到从瘀从肾论治厥脱常可取得较好的临床疗效，补肾纳气、活血化瘀是中医治疗厥脱大法。由此进行了心至宝注射液治疗厥脱的动物实验与临床研究。这个课题在 2002 年获得了浙江省政府科技进步奖三等奖，当时在医院能获这个奖的还是很稀缺的，当时浙江大学有文件规定获浙江省政府科技进步三等奖的第一作者可免试进入浙江大学攻读在职博士学位。

当时在急诊科治疗心力衰竭，还有一个科内协定制剂——强心煎。强心煎的成分主要是熟地、鹿角、山萸肉等，配伍依据张锡纯的大气下陷学说。当时急诊室里都备有煎好的强心煎，有心力衰竭的病人，立即服用。那时服用的病人多，心内科的医生也知道急诊科有这个药，因为很多心力衰竭的病人是急诊科治疗后再转入心内科病房的。到了心内科病房后好多病人继续服用该药，一开始心内科医生还不知道怎么配，后来问过宋欣伟才知道急诊科有这样一个治疗心力衰竭的协定制剂。当时以强心煎治疗心力衰竭，宋欣伟想再进一步验证它的临床疗效，比如说查心脏 B 超的心脏射血分数、心房钠尿肽等，但因条件受限，只能简单地用一些急诊室里心电监护仪显示的数据来进行评估，如心率、血压、血氧饱和度等。

（3）血证。血证是指各种出血，也是急诊室常见的急危重症。常见出血一是支气管扩张咯血，二是上消化道大出血，特别是门静脉高压出血，死亡率很高。发生大出血脱证的时候，若要用中药治疗，如运用独参汤，是没有机会的，一方面是因为煎煮中药的时间来不及，另一方面是上消化道出血的病人，往往有呕血，给他口服中药是行不通的。那时候西药治疗上消化道出血用奥美拉唑，后来才有了奥曲肽。奥美拉唑是最早的质子泵抑制剂，当时只有片剂，没有针剂。内科的一位老主任曾治疗过一位住在新侨饭店的外国友人，是心梗后因消化道出血而出现便血，服用奥美拉唑后，消化道出血止住了。此后，急诊科也开始运用奥美拉唑治疗消化道出血，效果不错。出血量大且伴有呕血的病人服用奥美拉唑片剂疗效不好。除了药物治疗以外，就是三腔二囊管压迫止血，三腔二囊管止血效果比较好，但只要用过一次的病人，第二次多数病人就非常抗拒。因为管子要下到胃里，再充气把气囊扩张，

硬生生地压迫食道血管来止血，病人会觉得非常痛苦。

那时急诊科中医治疗大出血脱证的主要对策是运用大剂量的参附注射液。宋欣伟体会到，治疗大出血的病人，早期中医没什么方案，急性消化道大出血的时候，中药灌进去，人体也无法吸收。病人吐血致精神委靡，出现休克表现的时候，反而是发挥中医作用的好时机，用参附注射液50ml静脉滴注进去，过段时间再滴注50～100ml，这时候血会止住，后面休克也能够纠正。

（4）疼痛。如急性胃炎疼痛，急性胆囊炎疼痛，急性胰腺炎疼痛，急性阑尾炎疼痛，还有痛经等。这类急性疼痛，病人痛得脸色苍白，大汗淋漓。这种疼痛的病机是急性的气虚，是因急性疼痛时气机阻滞、气机逆乱导致的急性气虚，这时候用参附汤补气，疼痛往往即用即止，因为急性疼痛时脏气耗散，气机阻滞。但如果用了参附汤疼痛仍止不住的，那肯定存在器质性问题。当时肾病科有位医生，突然急性腹痛，宋欣伟觉得就是一个参附汤证，但20ml参附注射液推下去后腹痛仍不止，后来出现转移性右下腹疼痛，后明确是阑尾炎，就转去外科手术治疗了。参附注射液除了治疗血证、痛证，还可以治椎基底节动脉供血不足型的眩晕或是良性的位置性眩晕。这些患者来急诊时，往往面色苍白，眼睛睁不开，睁眼感觉天旋地转、呕吐不止，但病人生命体征始终是平稳的，参附注射液治疗这一类疾病，疗效也很好。以前也静脉滴注654-2针或葛根素针，但是临床运用后宋欣伟觉得这两个药都没有参附注射液疗效好。

以上四点就是所谓的热、厥、血、痛，是宋欣伟在急诊科重点研究的方向。其中疗效最好、使用频率最高的是参附注射液。

在急诊科还发生过一件重要的事情——抗击"非典"。2002年，严重急性呼吸综合征（SARS），也就是俗称的"非典"在中国暴发，当时电视上每天新闻都会播报新发病例数、死亡病例数，作为收治"非典"患者的定点医院——北京小汤山医院成了老百姓闻之色变的地方。当时奋战在"非典"一线的医护人员，都是签好"生死状"，冒着生命危险在救治病人。2003年4月20日，杭州某小区成为"非典"隔离区，人们第一次知道了"感冒"也能死人，第一次恐惧发热。身边有人稍微咳嗽一声，都到了避之唯恐不及的程度，碰到正在发热的人很少有人会去接近他。但急诊科肯定是接诊发热病人的第一线，面对这样生与死的挑战，宋欣伟没有胆怯，勇挑重担，以一种大无畏的牺牲奉献精神，在医院支持下，成立了浙江省中医院的发热门诊。当时专门开辟了一个区域收治发热病人，第一天值班的是宋欣伟和呼吸科的朱医师，两个人第一次穿着密不透风的隔离服，从头到脚包裹严实，还戴着防护眼镜。病人第一次见到医生"全副武装"的样子，内心很恐慌，唯恐自己得的是"非典"。到了2003年的六七月份，天气变热，新闻上播报的新增病例也逐日减少至零，随着2003年6月20日北京小汤山医院最后18名患者出院，中国终于打赢了抗击"非典"这一场硬仗。当时宋欣伟与其同事默默无闻地守在抗击"非典"第一线，没有瞻前顾后，内心充满着与疾病斗争并且一定要胜利的信心与信念。顺利完成这项艰巨任务后，他内心反而很平静，很快就投入到其他的临床工作中去了。后来医院针对抗击"非典"工作进行表彰的时候，宋欣伟正在上海学习，没有参与评奖。但他回想起这段隔离在医院的时光，觉得自己对得起医生这份职业。2003年7月，"非典"刚结束不久，宋欣伟前往上海交通大学医学院附属仁济医院进修"风湿免疫病学"，2003年12月学成归来，着手组建浙江省风湿免疫科，由此开始在新的学科领域里探索前进的征程。

第二节　筚路蓝缕立新科

在浙江省中医院急诊科工作的第13个年头，也将步入不惑之年的宋欣伟已积累了丰富的临床工作经验，对于急诊科危重症的抢救是"兵来将挡，水来土掩"，处理各种临床繁杂事务已是得心应手。那个时候宋欣伟感到自己在中医急症的工作中确实有所收获、有所创新，但也时常想着是否能够开辟其他更能发挥中医特色的领域。那时每次有机会来北京，宋欣伟都会去北京协和医院看看，找找灵感，看看这个中国最权威的医疗机构开设了哪些临床科室，是否有可供借鉴的地方。当时去过北京协和医院两三次，看到有变态反应科，但居然一直没看到过声名赫赫的风湿免疫科这块牌子。如果当时在北京协和医院看到有风湿免疫科，宋欣伟可能早就明确要从事风湿免疫病领域了。

宋欣伟在1991年底发表了工作后的第一篇论文，这一篇讲的是风湿病的内容，题目叫《仲景利尿除痹法浅识》，发表在《辽宁中医杂志》。工作后发表的第二篇文章也与风湿病有关，内容是关于干燥综合征合并DIC的抢救。后来升任副主任医师后，他也对诊治风湿痹病颇有心得，平时的工作也一直与风湿病的诊治有着千丝万缕的联系。

2003 年下半年，在浙江省中医院王坤根院长的大力支持下，宋欣伟前往上海交通大学医学院附属仁济医院进修风湿免疫病学，上海仁济医院的风湿免疫病学学科历史悠久，精英辈出，当时全国著名的专家陈顺乐教授、顾越英教授都给了宋欣伟很大帮助。看过上海交通大学医学院附属仁济医院风湿免疫科的病种，宋欣伟才知道风湿病的复杂性、异质性，有些如罹患狼疮脑病、免疫性血小板减少症的病人，其病情凶险程度绝对不亚于急诊科的危重病人，还有一部分使用大剂量糖皮质激素及免疫抑制剂的病人，一旦发生感染，死亡率也是非常高。

所以宋欣伟在总结自己搞风湿病的过程时说，他的优势在于有急诊科的工作经历，对病情的分析认识会考虑得比较全面，在抢救心衰、呼衰等方面，他还是扛得住的，但由急诊转到风湿科最大的欠缺是对免疫抑制剂的使用经验不足。比如说在急诊科的时候，碰到支气管哮喘急性发作，使用过糖皮质激素甲泼尼龙，用甲泼尼龙冲击治疗，经治后哮喘病人的病情很快就能缓解，激素马上就能减停。但是在治疗风湿免疫病上，病情需要长期使用大剂量激素及免疫抑制剂的时候往往觉得没有底气。激素的使用还相对容易掌握，但大剂量免疫抑制剂的使用，如环磷酰胺（CTX）怎么用，什么时候用，用多大的剂量，疗程是多久，因不同病人而有一定差异，任何医生都没有确定的把握，有时候只能照着书本上的用法来。毕竟到上海交通大学医学院附属仁济医院只是学习了半年，要是宋欣伟当时知道风湿科用药这么难，他肯定是要进修一年。等到接手风湿免疫科后，再脱产半年外出进修学习是几乎不可能的，后来只能通过自己慢慢摸索，积极参加同行的病例交流，不断总结经验教训，才慢慢对免疫抑制剂的使用有了把握。

2004 年 4 月 1 日，浙江省中医院风湿免疫科的门诊正式开诊。当时医院诊室不够，风湿免疫科门诊无法设置独立的诊室，因那时肿瘤科没有上午的普通门诊，便借用了肿瘤科的诊室，所以初起风湿免疫科只有上午能开展专科门诊。到 2004 年 6 月 1 日，风湿免疫科的病房也开始收治病人，这样浙江省内中医院系统的第一个风湿免疫科正式成立了。浙江省中医院在 2004 年成立风湿免疫科在省内是属于比较早的，但是在全国范围内来看，还是算偏迟的。但无论如何，在尚缺乏经验，又没有前人引路的情况下，宋欣伟还是挑起了创建新科室的重担。

当时病房的第一个病人是肾病科转过来的，是个七八十岁的老年男性，可能是用了糖皮质激素的缘故，这个病人有一天整晚都睡不着觉，难受得从床上滚到地下。这就是开端，令人印象深刻。在宋欣伟的带领下，病人一个接一个地收进来，但风湿免疫科的业务入门容易但精通难，相当一部分病种是首次接触，所以宋欣伟始终是做得非常小心。病人的病情他始终记挂在心里，晚上睡觉前还要把病人的情况、用药在脑子里过一遍，有时候半夜里都要爬起来查资料，担心如果出了医疗差错，风湿免疫科说不定就要散了，所以多年来一直是如履薄冰、如临深渊。

后来风湿免疫科也经历过重大人员调整，一度陷入困境，但好在宋欣伟顶住压力，逐渐完善人员配备，加强人才梯队建设，在宋欣伟的培养下，科室成员都逐渐成长起来，对诊治风湿疑难重症的能力也逐步提高。目前门诊量和住院病人量、科室总收入等各项指标均占据浙江省内中医院各风湿免疫科第一的位置，初步形成了中医特色明显、临床疗效显著、创新能力较强、管理水平较高、社会影响较大、具有示范带动作用的浙江省中医药管理局风湿病学重点专科。目前科室为浙江省中医药管理局风湿病重点专科、国家级风湿免疫病专业临床药理基地的核心组成部分。宋欣伟在省内担任多个学会的副主委、常委，是浙江省风湿免疫病医联体联盟副理事长。

在职业生涯的岔路口，宋欣伟没有故步自封，选择勇敢地走出去，筚路蓝缕，从零开始，颇有远见地成立风湿免疫科，切实发挥中西医结合诊治风湿免疫病的优势。依托于科室，宋欣伟在2012年成为第五批全国老中医药专家学术经验继承工作指导老师，2018年成为宋欣伟全国名老中医药专家传承工作室带头人。课题"类风湿关节炎脾胃亏虚、湿热阻络证中医诊疗规范优化的多中心临床研究"在2015年获得了浙江省科技厅重大专项资金赞助，并带领科室成员牵头制订了《浙江省中医（中西医结合）单病种诊疗规范》中类风湿关节炎、系统性红斑狼疮、干燥综合征的诊疗规范。

第三节 言传身教获新衔

除了临床工作，宋欣伟还积极参与教学工作，他在2001年成为硕士研究生导师，2009年成为博士研究生导师，2015年获浙江中医药大学优秀授课老师称号。在他的指导下，已有30余名硕士研究生毕业，4名博士研究生毕业，现在这些学生都在各自的岗位上努力工作。

对于研究生、博士生的培养，宋欣伟是非常严格、严谨的。他自己每天至少提前半小时到达病房，查看并了解危重病人的病情变化，决不允许自己

的学生无故迟到早退，杜绝散漫的学习态度。宋欣伟坚持每周 2～3 次的查房，要求学生汇报患者病史简洁明了、重点突出，诊疗思路清晰，病程书写规范，培养学生拥有作为临床医生的最基本素养。作为他的学生，常常会被宋欣伟查房中"接二连三"的问题所难倒，比如对干燥综合征的病人，记住病人的抗核抗体（ANA）谱往往是不够的，宋欣伟教授还会问一些非常容易被忽视的"小问题"，如病人肾小管功能、尿 pH 值情况等，他对病人使用免疫抑制剂的情况也是非常关注，用药的指征、用药的时机、药物种类的选择、药物剂量的调整，他都会——追问，学生若是不做好查房前准备，是肯定要被批评的。

宋欣伟毫无保留地传授他的临证经验、治疗思路，循循善诱、言传身教。常以临证贯穿于教学过程中，将课堂与临床合二为一，并不刻意追求形式上的规范和内容上的系统完整，学生们在每天病房查房或是门诊跟诊过程中，不断地加深了对疾病的认识和理解，培养了接待患者和诊治疾病时应当遵循的临床思维方式，以及积累了辨证论治的经验。临床遇到疑难病症，宋欣伟时常查阅资料至深夜，慎重考虑，并嘱咐学生进行登记、随访、跟踪疗效，一来解答患者之难，二来提高学生对疾病的整体把握。他常常引用周仲瑛老师的话"中医是要慢慢磨出来的"，在做学问这件事上，没有捷径可走，只有脚踏实地、一步一个脚印，"苦其心志，劳其筋骨，饿其体肤，空乏其身"，循着前人走过的道路不断向前探索，并寻找适合自己的方向，才能获得真知。

宋欣伟善于发现每位学生的优点，也能发现他们的不足，并按照因材施教的原则进行培养，充分发挥学生的长处，也让学生了解到自己的不足。不仅在学习方面，在生活、工作中，当学生遇到问题，宋欣伟也会尽心尽力地帮助学生。宋欣伟以其丰富的临床经验、高尚的医德及严谨的治学态度，潜移默化地影响着他的学生。

2004 年，宋欣伟晋升为主任中医师，次年通过浙江省教育厅教授资格审定。2012 年，宋欣伟被评为第五批全国老中医药专家学术经验继承工作指导老师。同年经浙江省中医药管理局批准成立浙江省宋欣伟名老中医药专家传承工作室，2016 年通过验收。2018 年经国家中医药管理局批准成立宋欣伟全国名老中医药专家传承工作室。工作室成员在跟随宋欣伟的临床实践中，对各种中医内科疾病尤其是风湿免疫疾病的辨证分析、遣方用药、临证化裁全过程进行详细记录，建立工作室网站，实现典型医案、影像资料、继承工作成果及资源共享。近年来，根据名老中医的学术特色，以所取得的疗效为基础，系统整理了宋欣伟诊疗急危疑难重症 300 余例医案，并精选其中典型医案 100 例，概括分析并总结宋欣伟的学术特色和临证经验，并初步筛选了类风湿关节炎（尪痹病）、强直性脊柱炎（大偻）、系统性硬化病（皮痹病）、系统性红斑狼疮（红蝴蝶疮病）、干燥综合征（燥痹病）等中医药疗效显著的风湿免疫系统疾病作为特色优势病种予以整理推广。同时，对内科系统的多种疾病，如慢性咳嗽、慢性胃炎、慢性腹泻、长期失眠、心律失常等优势治疗病种亦进行总结、整理，并在继承基础上有所发挥，在临床中推广应用，造福广大病患。

就这样，宋欣伟在绍兴上虞这个中医氛围浓厚、名医辈出的浙东小镇里度过了小学、中学的时光，后机缘巧合敲开了杏林之门，历经"三仲"老师——开蒙于张仲信老师，侍诊于绍派名医范仲明老师，再拜于国医大师周仲瑛老师门下，博采众长，融会新知。学成后，长期工作于浙江省中医院临床一线，始专中医急症，研求新药，挽"热、厥、血、脱"急症之危；继又求突破，创立浙江省内中医院系统的首个独立建制的风湿免疫科，为众多因病致残、因残致困的风湿免疫病患者排厄解难。始终坚持临床教学相结合，诲人不倦，培养了一大批具有诊治风湿免疫疾病专长的中医人才，并带领宋欣伟全国名老中医药专家传承工作室的成员汇集学术思想、临证经验、临床医案及效方验方，立足于传承，秉承中西并重、推陈出新的宗旨。

宋欣伟一路走来，不求闻达于世，只愿悬壶济世、教书育人，为广大病患排厄解难，让中医传承后继有人。面对博大精深的中医学，宋欣伟常对弟子们说："对于中医学我才刚刚入门，对中医学的认识还有待深化，如何更好地运用中西医相结合的方法治疗风湿免疫病还有待提高，前面还有很长的路要走！"

高超医术

宋欣伟教授熟谙经典，博采众长，学贯中西，在经历了近 40 年的临床、教学及科研工作后，对中医内科尤其对中医风湿病辨治积累了丰富的临床经验和独到见解，在继承的基础上逐渐形成了自己的学术风格与诊治特色，特别推崇辨病与辨证相结合、辨证论治与专病专药相结合的观点，采用中西医结合、能中不西的治疗策略，对类风湿关节炎、强直性脊柱炎、系统性红斑狼疮、干燥综合征、痛风、皮肌炎、血管炎、系统性硬化病、骨关节炎等风湿免疫性疾病进行治疗，常取得较好的疗效，尤其是在治疗某些西药疗效欠佳的疾病时，中医临床疗效反更为显著。

风湿病发病多以正气亏虚为本，而后受外邪侵袭，内外相合致病。正气亏虚，祛邪无力，气不行血而生瘀血，气不行水而生湿成痰，加重痰瘀痹阻之象，反之痰瘀痹阻经络又可使正气亏虚之象更甚，正虚既为因又为果。宋欣伟教授在风湿病治疗中重视虚证的辨治，尤其重视益气治法的运用，善用黄芪以直捣黄龙、扫穴犁庭之势为其他治疗方法如补血法、活血法、破瘀法、固表法、除湿法等的开展创造条件。

干燥综合征以口眼干燥为主症，然而又可累及内脏，临床症状常常变化多端。宋欣伟教授在临床中认识到阴虚津伤是其病变本质，严重者必累及肾精而影响生命之本；燥热是其产生种种变化的始动因素，必须时时施以清热润燥之法；神机变化又是干燥综合征发生和发展的一个重要环节，在疾病的治疗中必须十分注意调整患者心理状态，疏导患者的情绪。临床常施以生脉散、甘麦大枣汤、瓜蒌薤白半夏汤、天王补心丹等宽胸、疏肝、化痰、安神之品，使津竭得缓，气郁得开，孔窍得濡，精神得养，则燥邪可以缓解。

风湿免疫病属中医痹证范畴，痹者闭也，闭者不通也，不通则往往表现为"实证";但风湿免疫病是一类因自身免疫功能紊乱而导致免疫力低下的疾病，免疫力低下在中医往往属"虚证"。因此，临证之时常见风湿病病机本质虽然属虚，但却呈现一派实证之症状，尤其是"伏邪晚发"者，对此宋欣伟教授常常用补法施治，倡言"补可去实"之说。此类患者，虽诊断各异，然皆有舌质淡嫩、易感乏力的特点，常以此为辨证要点施以益气之法，正复而风湿痹邪自去，不直接治风湿病而风湿病自除矣。

风湿免疫病又是一类因自身免疫紊乱而导致的炎症性疾病，以血管炎为基本病理改变。中医认为炎症是其最主要的病理表现，是治疗的重点所在，临床症见关节红肿热痛，或见口腔溃疡，或见皮肤红斑发如锦纹等症，其病机多以火热之邪为主，或挟湿或挟瘀或久酿成毒而致病，"热者寒之"是其基本治则，故临床常以清热泻火解毒为基本大法。然不同疾病因其病机不同，在遣方用药时又有区分。白塞综合征病机为"肝经湿热"，主从清肝治疗，临床常以龙胆泻肝汤加减以清泻肝胆湿热，辅以平肝息风；痛风病机为脾胃运化失常、湿热浊毒内生，痹阻经络，主从泻胃解毒治疗，常用黄连解毒汤加减、白虎汤加减治疗以清热解毒。

风湿病在中药治疗过程中亦会导致肝肾、血液系统等的损伤，尤其大剂量治疗过程中，本书所述病例治疗中，短则两周、长则一月左右均有相关指标复查，以防微杜渐，限于本书篇幅无法一一列出，但读者必须注意中药的"药毒"，使用任何药物均需中病即止。

第一节 风湿为病多迷惑，重剂益气可擒邪

"风湿"二字最早见于《汉书·艺文志》："痹，风湿之病"，后张仲景《金匮要略》言及："病者一身尽疼，发热，日晡所剧者，名风湿"，明确把"风湿"作为一种疾病来命名。风湿病是人体正气不足或脏腑功能失调，风、寒、湿、热、燥等外邪侵袭人体，引起痰瘀气滞、经脉气血不通不荣，出现肢体关节疼痛、重着、麻木、肿胀、屈伸不利等，甚则关节变形、肢体痿废，久则可累及脏腑，出现心悸怔忡、水肿、臌胀、喘证等症状的一类疾病的总称，临床亦称痹病（证），多有慢性、反复性、渐进性的特点，此外民间所言"月子病""产后风"亦在此属。

风湿病发病多以正气亏虚为本，而后受外邪侵袭，内外相合致病，早在《黄帝内经》就有"邪之所凑，其气必虚"之说。细析正气亏虚之因素，

大概可分为禀赋不足、劳逸失度、病后产后、饮食所伤等方面，此外还有"药毒"，如现代医学治疗风湿病的药物大多为攻伐之品，常损耗气血，加重正虚之象，且易表现为肝、脾、肾等方面的损害。正气亏虚则风寒湿热之邪作祟于经络，更易影响气血运行，渐生痰湿、瘀血，痹阻经络以成顽痹，当然痰瘀痹阻经络又可使正气亏虚之象更甚。日久正虚与病邪既互为因又互为果，如环无端，虚者更虚，实者更实，病患日渐虚弱，病邪日益滋长。

参、芪、术均有益气之功，但临证使用仍有不同。宋欣伟教授在临床摸索中体会到在痹证治疗中尤须重视益气，尤其善用大剂量黄芪。认为黄芪犹若治痹之主帅，可以直捣黄龙、扫穴犁庭，为其他治疗方法、措施施行创造条件。黄芪味甘性温，《名医别录》言其"能通血脉，流行经脉，可无碍于壅滞也"，《本草便读》云"善达表益卫，温分肉，肥腠理，使阳气和利，充满流行，自然生津生血"。宋欣伟教授分析为以下五点：①黄芪气薄而味浓，可升可降，在治疗风湿中生用能益卫固表，托毒生肌，利水消肿；炙用能补中益气，升阳举陷；炒用能健脾渗湿，祛风运毒，在治痹中常生、炙、炒三种黄芪并用。②黄芪与他药配伍合用起效更甚，如配鸡血藤、当归以补气活血，配茯苓、白术以健脾除湿，配青风藤以祛风通络散结，配半夏、天南星以燥化经络之痰湿。③虚证为主时，如"产后风"等不堪攻伐的患者，因"形不足者温之以气，精不足者补之以味"而施补，唯有峻补方可使正气来复。④勿因痹病多实而弃黄芪不用，即使在湿热颇实之时亦有使用黄芪的机会，因为此时湿热之邪愈甚，愈易出现"壮火食气"而致气虚的证候，一派实证为主时只要存在脾气亏虚即可补气。⑤宋欣伟教授临证施治补气与否，除了辨别是否有脾气亏虚症状外，多以舌象为要点，辨舌多以舌淡、舌嫩为使用指标，非唯兼具诸多虚症方可予之。宋欣伟教授治疗此类痹病气虚患者，至多之时黄芪用至120g，使人体气旺以助固表、助生血、助除湿。现代研究发现黄芪对免疫系统有多种作用，如对固有免疫和适应性免疫均有调节作用：对人淋巴细胞、小鼠巨噬细胞和中性粒细胞有直接活化的作用；黄芪多糖可以抑制内毒素诱导的巨噬细胞产生肿瘤坏死因子-α（TNF-α）、白介素-1β（IL-1β）；黄芪多糖也能够增加B淋巴细胞和T淋巴细胞的增殖分化、调节T淋巴细胞亚群的平衡，可作资证。

医案一

陈某，男，56岁，初诊日期：2012.08.17 发病节气：立秋后主诉：手足多关节肿痛 3 年余，加重半个月。

现病史：患者 3 年前无明显诱因下开始出现全身多关节肿痛，累及双手、腕、肘、膝、踝等关节，确诊为"类风湿关节炎"，当地医院查类风湿因子（RF）、红细胞沉降率（ESR）升高，前后曾口服甲氨蝶呤（MTX）7.5mg（1 次 / 周）、雷公藤多苷片 10mg（2 次 / 日）、来氟米特（LEF）、艾拉莫德、糖皮质激素治疗及中药口服，病情反复，遂自行停药 3 月余。半个月前多关节肿痛再发加重，以双手多关节、肩、膝等关节明显，双下肢凹陷性水肿，伴有晨僵明显，活动约半小时后才稍可缓解，胃纳减少，饭后易腹胀，肢体倦怠，少气懒言，大便偏稀。

体格检查：双手多个近端指间关节、掌指关节、膝关节肿胀压痛，双下肢凹陷性水肿，舌淡紫边有齿痕苔白，脉弦。

辅助检查：查抗环瓜氨酸肽抗体（CCP）> 200U/ml，RF 135U/ml，ESR 95mm/h，C 反应蛋白（CRP）20.84mg/L，血常规、肝功能无殊。

辨证分析：患者中年男性，因风寒湿三气杂至合而为痹。外感风寒湿邪痹阻经脉、血运不畅则痰浊瘀血内生，入络伏于关节骨骱而见关节肿痛。久病脾气亏虚，运化失健，故见胃纳减，大便溏，饭后易腹胀；脾气不足，肢体失养，可见倦怠乏力，水湿不化，故见下肢水肿。舌淡紫边有齿痕苔白，脉弦为痰瘀痹阻之象。

西医诊断：类风湿关节炎。

中医诊断：尪痹（痰瘀痹阻证）。

治法：祛风除湿，益气健脾，通络止痛。

处方：制半夏 30g　制南星 30g　关白附子（先煎）8g　千年健 30g　青风藤 50g　海风藤 50g　防风 15g　白芷 30g　川牛膝 40g　秦艽 20g　麻黄 20g　汉防己 30g　赤芍 20g　黄柏 30g　桂枝 6g　黄芪 100g

14 帖

二诊：2012.09.04

诉服药后关节疼痛缓解，下肢水肿消退，双手指关节仍有肿胀感，舌淡红边有齿痕苔白，脉弦。前方去防风，余药继服。

处方：制半夏 15g　制南星 15g　关白附子（先煎）6g　千年健 20g　青风藤 50g　海风藤 50g　白芷 30g　川牛膝 40g　秦艽 20g　麻黄 10g　汉防己 30g　赤芍 20g　黄柏 30g　桂枝 6g　黄芪 100g

14 帖

三诊：2012.10.06

关节肿痛晨僵等症状明显缓解，舌淡红边有齿痕苔白，脉弦。前方加减再进 56 剂。后症状缓解，辅助检查：ESR 20mm/h，CRP ＜ 1mg/L，血常规、肝功能未见异常。效不更方，上方再改隔日一帖口服，调治半年余，症状基本稳定。

按：类风湿关节炎（RA）是一种以关节滑膜及关节软骨损害为特征的全身性免疫性疾病，主要表现为对称性、慢性、进行性多关节炎。其病因可能与遗传和感染有关，其病理特征为滑膜炎，可导致关节破坏、畸形、残疾甚至坏死。该病属中医痹证范畴，目前称之为尪痹。尪痹是由于风寒湿热等邪气闭阻经络、影响气血运行，导致肢体筋骨、关节、肌肉等处发生疼痛、重着、酸楚、麻木，或关节屈伸不利、僵硬、肿大、变形等症状的一种疾病，轻者病在四肢关节肌肉，重者可内含于脏。《素问·痹论》载："风寒湿三气杂至，合而为痹也，其风气胜者为行痹，寒气胜者为痛痹，湿气胜者为着痹也。"然尪痹（类风湿关节炎）不同于其他痹证（关节炎），其病程日久，难以控制，且易反复发作，是为顽痹。叶天士在讨论顽痹时说："经以风寒湿三气合，然经年累月，外邪留着，气血皆伤，其他为败瘀痰凝，混处经络，盖有诸矣"，故认为顽痰败瘀胶固为顽痹的病理关键。宋师认为此病病机为脾气亏虚，风寒湿邪及瘀血痹阻经脉，血运不畅，痰浊瘀血内生，久病入络伏于关节骨骱，其中脾气亏虚是本，痹阻为标。就其病机、发病规律而言，往往是"伏邪晚发"，伏于经脉的风寒湿邪及瘀阻的痰浊瘀血因再次外感诱发。组方予大剂量黄芪补气健脾、化湿利水；方中半夏、南星、关白附子温化寒痰、祛风止痛；藤类药物青风藤、海风藤祛风湿、通经络；汉防己、麻黄寒热并用，祛风除湿、利水消肿；千年健祛风湿、强筋骨；白芷、秦艽、防风祛风除湿、通络止痛；牛膝、黄柏清热燥湿、利水消肿；赤芍、桂枝调和营卫，活血利水消肿。此方根据病机组方，辨证精准，用药得当，疗效明显。治后效不更方，待症状好转，隔日口服，维持疗效。

宋师点评　该患者病延日久，且经多种药物治疗而效欠佳，再续用前法前药恐其无效，而且更嫌选用中西药物而产生毒性即药毒，伤害了人体正气，助长了病邪滋生蔓长。今次来诊，中医用常规祛风除湿化痰通络之品恐疗效不足，径需用大剂黄芪益气健脾利湿为开路先锋，其他药物方能依次作用而达到治疗目的，此所谓以补开通。

本案记录 RA 的诊治，论 RA 辨证、治则、方药可谓详也，甚中肯綮，不再多论。唯有一点：半夏反乌头，十八反已有明论。但我认为中医学对十八反的认识仍有待进一步深化，本来仅为一家之言，何必将其奉为圭臬。证之于中医界，云半夏配乌头反而可使临床疗效提高者比比皆是，名方青州白圆子中即有乌头与半夏相配。我认为半夏配关白附子可使祛风湿化痰作用提高，而且关白附子毒性并未如想象中厉害（同样有其他专家论述作证），再者关白附子毕竟不可等同于川乌草乌，药性药效还是有较大差异，白附子偏于祛风，川草乌偏于止痛。唯对有心脏疾病者使用关白附子时务须慎重，又必须中病即止。

RA 固然属痹证范畴，但目前被中医界更名为尪痹（已写入相应的中医指南中），体现了病证顽固与治疗的长期性，必须注意药毒。半夏、天南星属有毒之品，天仙藤、寻骨风属有毒之品，千年健、钻地风虽云小毒但亦属有毒之品……治风湿之中药几乎没有无毒性者。再证之西医，甲氨蝶呤（MTX），毒矣；环磷酰胺（CTX），毒矣，原均为治疗肿瘤之药品，来氟米特（LEF）原来为农药，后来被发现可治 RA，再如环孢素、氯喹……无一不是有毒之药，如是医生奈何行医治病？只能心中时时装着"毒"字，定期复查各项指标，密切观察病情变化，所谓治疗时中病即止。

医案二

陈某，女，60 岁，初诊日期：2013.04.10 发病节气：清明后

主诉：手指间、掌指、腕膝多关节肿痛半年余。

现病史：患者半年前开始出现双手多个近端指间关节、掌指关节、腕膝关节疼痛、肿胀，晨起关节僵硬明显，活动 1 小时后稍可缓解。外院查 RF、ESR 升高（具体不详），予消炎止痛药、MTX 7.5mg（1 次/周）及中成药口服，效差。刻诊胃纳尚可，大便偏稀，寐可，肢体倦怠易疲乏。

体格检查：双手多个近端指间关节、掌指关节、腕关节、膝关节肿胀压痛明显，舌淡嫩苔黄腻满布，脉弦数。

辅助检查：CCP 56U/ml；RF 512U/ml；ESR 62mm/h；CRP 38.34mg/L；血常规、肝功能、肾功能无殊。

辨证分析：患者老年女性，素体脾肾亏虚，风寒湿三气杂至，合而为痹，风寒湿邪痹阻经脉，血运不畅，痰浊瘀血内生，久病入络伏于关节骨骱，故见关节肿痛、活动僵硬，舌淡嫩苔黄腻满布，脉弦数为痰瘀痹阻之象。

西医诊断：类风湿关节炎。

中医诊断：尪痹（痰瘀痹阻证）。

治法：益气活血，化痰通络。

处方：生黄芪50g　炒黄芪50g　汉防己30g　海桐皮60g　麻黄20g
葫芦壳40g　制半夏30g　制南星30g　青风藤40g　海风藤60g　秦艽25g
钻地风30g　椒目5g　石韦30g　千年健35g　生石膏（先煎）30g　炒黄柏30g

14帖

西药（主要药物）：雷公藤多苷片20mg，3次/日（服4天停3天）。
甲泼尼龙2mg，1次/日。

二诊：2013.04.24

诉服药后晨僵缓解明显，多关节疼痛好转，舌淡红苔黄腻转薄，脉弦数。
效不更方，制半夏、制南星改至20g，14帖。

三诊：2013.05.15

患者停药1周，双手指关节疼痛及晨僵较前加重，舌淡红苔薄黄腻，脉弦。
辅助检查：ESR 40mm/h；CRP 23.8mg/L。上方加天仙藤9g、寻骨风20g。

处方：生黄芪50g　炒黄芪50g　汉防己30g　海桐皮60g　麻黄10g
葫芦壳40g　制半夏12g　制南星12g　青风藤40g　海风藤60g　秦艽25g
钻地风30g　椒目5g　石韦30g　千年健35g　生石膏（先煎）10g　炒黄柏
30g　天仙藤9g　寻骨风20g

28帖

四诊：2013.06.14

全身多关节肿痛晨僵较前好转，舌淡红苔薄黄腻进一步减少，脉弦。辅
助检查：ESR 25mm/h；CRP 7.9mg/L。前方适当加减，再去天仙藤、寻骨风
继续口服维持治疗。

按：类风湿关节炎（RA）是一种以关节滑膜及关节软骨损害为特征的全
身性免疫性疾病，该病属中医痹证范畴。宋欣伟教授认为类风湿关节炎是尤
其难治之痹证，病情缠绵，难以根除。风寒湿邪杂至，侵袭肌肉筋骨，则气
血津液凝涩停聚而为痰为瘀；风湿热之邪痹阻筋骨肌肉，热盛炼液为痰、痰
阻经络为瘀；外感之邪也往往与内生痰瘀相互兼夹，凝结为患，使病情更加
复杂。久痹不愈耗伤气血而成虚痹，则又因正气不足、气虚无力运行，致津
液停留形成痰浊，互为因果。由此可见，无论新病邪盛，经络阻滞，抑或久
病正虚行津无力，均可导致痰浊阻络，流注筋骨，深入关节，与外邪相合，
痼结根深，难以遂除，致关节肿痛日久不愈。由此可见化痰利湿在治疗RA
等痹证中的重要地位。治疗上若单纯祛风除湿散寒，则易致痰浊瘀血留滞，

而邪不除则肿痛不止，必须祛邪与化痰通络并举，方可达到除邪通痹之功。本案组方以大剂量黄芪补脾气、利水湿为主；海风藤、海桐皮祛风湿、通经络；汉防己、麻黄寒热并用，祛风除湿、利水消肿；千年健祛风湿、强筋骨；葫芦壳利水消肿。二诊服药见效后效不更方；三诊因停药症状加重，加用天仙藤、寻骨风加强燥湿化痰、祛风通络之功效。

宋师点评 风寒湿热之邪留滞关节，影响经络气血津液的运行，日久或寒凝湿聚生痰，或湿热交阻酿毒酿浊，终见气血郁滞成瘀，这些痰浊、瘀毒既是病理产物，又是致病因素。它们或相互胶结"如油入面"，或"重感于风寒湿之气"，闭阻经络，流注肌肤筋膜，壅滞关节，甚或破坏骨骸，是以关节肿胀变形、屈伸不利，甚则功能丧失，痛如白虎历节为临床表现。尪痹数月，病机往往演变至气虚痰阻为主，同时见有脾虚湿胜的表现，关节肿胀疼痛，劳累加重，伴有胃脘不适、乏力、恶心泛酸等。治法宜健脾和胃，利湿化痰，活血通络，药用黄芪、青风藤、海风藤、海桐皮、钻地风、千年健、西河柳、半夏、南星、白术、阳春砂、草果、香附之类。本案治疗中心点是非健脾则无力化湿，非重剂则无力搜风涤痰，非重剂黄芪直捣黄龙、扫穴犁庭则不能为其他治疗方法取效创造条件，此为我治 RA 之经验之一。按语中言 RA 中心病机为无论新病邪盛，经络阻滞，抑或久病正虚行津无力，均可导致痰浊阻滞经络，流注筋骨，深入关节，致关节肿痛日久不愈的分析正确。言化痰在 RA 的治疗中有重要地位同样正确，"壮者气行则已，怯者着而为痛"，《黄帝内经》所言用于此处亦属不虚。

医案三

何某，女，35 岁，初诊日期：2013.02.01　发病节气：大寒

主诉：双手指、膝、足趾关节疼痛 5 年余。

现病史：5 年余前在无明显原因和诱因下出现双手近端指间关节肿胀疼痛，局部皮肤微红，活动不利，用消炎镇痛药后虽然红肿逐渐消退但移时复发，此后每于天气变化和劳累后指间关节红肿疼痛反复，渐渐出现双手指间关节畸形，呈爪形手，当时查 ESR 64mm/h，CCP > 200U/ml，RF 升高，诊断为 RA。长期不规则使用激素（剂量多少不等）、雷公藤多苷片 10mg 3 次/日、帕夫林等药物治疗而乏效，后经中药调治近 1 年，症状全部消失。但自行停药，近 3 个月来关节肿痛再发，并逐渐加重，活动困难，伴有脘痞、乏力等不适，1 周前于当地医院查 ESR 84mm/h，肝功能、血常规正常，为求进一步诊治来就诊。患者胃纳减，食后易腹胀，肢体倦怠易疲乏，大便稀溏。

体格检查：双手指呈爪型，左手食指近端指间关节和掌指关节肿胀、压痛，局部皮肤发红；右手拇指和无名指指间关节畸形，局部红肿、压痛，皮肤发红。舌淡嫩苔白腻，脉滑。

辅助检查：ESR 105mm/h，CRP 120mg/L，ANA 阴性，CCP 123U/ml，RF 458U/L。血常规、肝肾功能正常。

辨证分析：感受风湿热邪，痹阻经络，气血运行不畅，则关节筋骨肿胀疼痛、屈伸不利，易于天气变化和劳累后发作；湿热困脾，脾气呆滞，失于运化，故而食后腹胀，肢体倦怠，大便稀溏。舌淡嫩红苔白腻，脉滑为风湿热阻络，脾气亏虚之象。

西医诊断：类风湿关节炎。

中医诊断：尪痹（风湿热阻络，脾气亏虚证）。

治法：祛风除湿清热、益气通络。

处方：生黄芪 100g　汉防己 30g　关白附子（先煎）8g　制南星 30g　麻黄 20g　海风藤 60g　苍耳子 10g　生石膏（先煎）35g　千年健 30g　青风藤 40g　椒目 12g　草果仁 15g　天花粉 12g　知母 12g

14 帖

二诊：2013.02.15

自觉仍有明显关节疼痛，并同时出现恶风畏寒，关节冷痛，头晕目眩。风湿者易与寒邪相合为病，寒邪之为病多表现为畏寒、肢冷等，故用药上以前方加葫芦壳 40g、小茴香 5g、炒白术 40g。

处方：生黄芪 100g　汉防己 30g　关白附子（先煎）8g　制南星 30g　麻黄 20g　海风藤 60g　苍耳子 10g　生石膏（先煎）15g　千年健 30g　青风藤 40g　椒目 12g　草果仁 15g　天花粉 10g　知母 12g　葫芦壳 40g　小茴香 5g　炒白术 40g

14 帖

三诊：2013.03.02

畏寒肢冷症状好转，关节疼痛仍著，以压痛为主，再进14帖。前方去关白附、制南星、苍耳子、青风藤、椒目、葫芦壳、小茴香、炒白术、天花粉、知母，加制半夏 30g、寻骨风 20g、天仙藤 9g，生石膏加至 30g。调整为下述两处方：

处方1：生黄芪 100g　制半夏 30g　汉防己 30g　海风藤 60g　生石膏（先煎）30g　寻骨风 20g　千年健 30g　天仙藤 9g　草果仁 15g

14 帖

处方2：地骷髅30g 瞿麦30g 石韦30g 麻黄20g 椒目6g 茯苓皮30g 葫芦壳30g 车前子30g 泽泻30g 汉防己30g 青风藤60g 关白附子（先煎）8g

14帖

处方2先煎半小时，取煎出液代水煎取处方1，每日两次同样煎法，共煎取600ml，分早、中、晚三次口服。

四诊：2013.03.17

关节疼痛明显好转，红肿基本消退，头晕目眩好转，自觉关节处有轻度热痛感，处方1去汉防己、千年健、草果仁，加虎杖根30g、寒水石60g、黄连10g，加生石膏剂量至60g；处方2去地骷髅、茯苓皮，加桑枝100g。

处方1：生黄芪100g 制半夏30g 虎杖根30g 海风藤60g 生石膏（先煎）60g 寻骨风20g 天仙藤9g 寒水石（先煎）60g 黄连10g

14帖

处方2：瞿麦20g 石韦30g 桑枝100g 麻黄20g 椒目6g 葫芦壳30g 车前子30g 泽泻30g 汉防己30g 青风藤60g 关白附子（先煎）8g

14帖

煎法服法同上。

五诊：2013.04.02

关节肿痛又有进一步缓解，按四诊处方去寻骨风、天仙藤、关白附子再服用28天，关节红肿疼痛基本消失。患者有腰膝酸软，五心烦热，夜间盗汗等阴虚症状，前方加制玉竹20g、制黄精30g、连翘12g。此后患者经用上述药物进退调治一年余，病情数年均稳定，多次复查肝肾功能无殊。

处方：生黄芪30g 制半夏20g 虎杖根30g 海风藤60g 生石膏（先煎）10g 青风藤20g 金银花30g 寒水石（先煎）30g 黄连10g 制玉竹20g 制黄精30g 连翘12g

按：类风湿关节炎属于祖国医学的痹证、历节范畴，古人对其早有记载，论痹首见于《黄帝内经》，《素问·痹论》中有"风寒湿三气杂至合而为痹，其风气胜者为行痹，寒气胜者为痛痹，湿气胜者为着痹也"的论述。

RA总是由风、寒、湿、热之邪侵袭人体，痹阻经络，气血运行不畅，而导致肌肉、筋骨、关节发生酸痛、麻木、重着、屈伸不利，甚或关节肿大灼热。宋师认为其病因可归纳为正气虚损、邪盛入侵、痰浊血瘀三大因素，

53

三者致病常相互联系，错综复杂。风寒湿热外邪之中以湿邪最为常见，并往往与他邪相合为病，湿邪病机贯穿全病程，故缠绵难愈。湿胜则脾虚，脾虚外见易于疲乏、舌质淡嫩，脾虚病机贯穿于 RA 中、晚期，故治疗上除祛风胜湿，活血通络之外，宜健脾益气以运湿，湿去病安。根据疾病病程早中晚期，宋师将病期与辨证相结合，治疗思路清晰，临床疗效满意。该患者疾病复发初期宋师用大量的利水渗湿药物先煎取液代水再用于煎祛风通络药，目的是处方药剂药量过于庞大，如此分开煎煮，能保证利水渗湿药与祛风通络药物的作用。宋师临床经验为益气药须大量使用（其理已在前述），非大剂无以醒脾振气以运湿，如"当头棒喝"，方能有效。

宋师点评 本案为类风湿关节炎经中医药治疗控制三年后复发病例。患者虽为医务人员，但本次发作时并未在意，直至症状十分明显才来就诊，以致病情症状严重，治疗棘手。

虽为复发病例，但仍以风湿热邪外袭，脾气亏虚无力运化痰湿为病因病机，叶天士在讨论顽痹时说"经以风寒湿三气合，然经年累月，外邪流着，气血皆伤，其他为败瘀痰凝，混处经络，盖有诸矣"，组方予大剂量黄芪补气健脾，半夏、南星、关白附子温化寒痰、祛风止痛，青风藤、海风藤、天仙藤等藤类药物祛风湿通经络，汉防己、麻黄寒热并用祛风除湿，利水消肿。根据病机组方，辨证精准，用药得当，疗效明显。天仙藤类药仍需注意中病即止。

医案四

牛某，男，37 岁，初诊日期：2013.04.27　发病节气：谷雨后

主诉：颈腰部疼痛 4 月余。

现病史：患者易腰痛，时发时止，当时未予重视。4 个月前无明显诱因开始出现颈腰部疼痛，夜间及晨起明显，严重时可影响睡眠，活动后稍有好转，久坐后腰痛加重，四肢关节无明显肿痛。外院予消炎止痛药、柳氮磺吡啶（SASP）2 片，3 次/日，多种中成药口服，效差，胃纳尚可，二便无殊，寐可。

体格检查：颈部、腰部叩痛，活动受限，双侧 4 字试验（+），枕墙距 0cm，指地距 25cm，双下肢直腿抬高试验（-），舌红苔薄白，脉弦。

辅助检查：查 HLA-B27（+）；ESR 68mm/h；CRP 53.7mg/L，血常规、肝功能未见异常。骶髂关节 CT：两侧骶髂关节面毛糙，骨质致密，局部呈虫噬样改变。

辨证分析：患者青年男性，平素腰痛，时发时止，腰为肾府，肾亏督空，

复感外邪，痹着腰部、颈部，津血凝滞不通，痰瘀互结，瘀血久滞不散，附着筋骨关节，发为骨痹，瘀血痹阻，故见夜间疼痛明显，舌红苔薄白，脉弦为痰瘀痹阻之象。

西医诊断：强直性脊柱炎。

中医诊断：大偻（湿热阻络，痰瘀痹阻证）。

治法：益气活血，化痰通络，清热化湿。

处方：当归 10g　黄芪 120g　赤芍 10g　川芎 10g　鸡血藤 40g　桃仁 10g　红花 10g　三棱 10g　莪术 10g　制乳香 10g　制没药 10g　蒲黄 9g　五灵脂 10g　留行子 15g　制半夏 30g　汉防己 30g　制南星 30g　麻黄 10g　生石膏（先煎）60g　黄柏 30g　白芷 20g　千年健 20g　三七粉（吞）3g　金银花 30g　连翘 12g

14 帖

西药：柳氮磺吡啶 2 片，3 次 / 日，口服。泮托拉唑胶囊 40mg，1 次 / 日，口服。

二诊：2013.05.10

诉服药后腰部、颈部疼痛明显好转，舌红苔薄白，脉弦。辅助检查：ESR 40mm/h，CRP 20.15mg/L，血常规、肝功能未见异常。效不更方，原方制半夏、制南星减至各 15g，继续口服 14 帖。柳氮磺吡啶及泮托拉唑胶囊继用。

三诊：2013.05.25

脊柱疼痛症状继续缓解，稍感胃部不适，胃纳减少，舌红苔薄白，脉弦。前方去半夏、南星、黄柏、三七粉，黄芪减至 60g，生石膏减至 20g。柳氮磺吡啶及泮托拉唑胶囊继用。

处方：当归 10g　黄芪 60g　赤芍 10g　川芎 10g　鸡血藤 40g　桃仁 10g　红花 10g　三棱 10g　莪术 10g　制乳香 10g　制没药 10g　蒲黄 9g　五灵脂 10g　留行子 15g　汉防己 30g　麻黄 10g　生石膏（先煎）20g　白芷 20g　千年健 20g　金银花 30g　连翘 12g

14 帖

四诊：2013.06.21

腰颈部疼痛缓解，无明显不适，舌淡红苔白，脉弦。前方去制半夏、南星、生石膏、白芷、金银花、连翘。柳氮磺吡啶及泮托拉唑胶囊继用。

处方：当归 10g　黄芪 30g　赤芍 10g　川芎 10g　鸡血藤 40g　桃仁 10g　红花 10g　三棱 10g　莪术 10g　制乳香 10g　制没药 10g　蒲黄 9g　五灵脂

10g　留行子 15g　汉防己 30g　麻黄 10g　千年健 30g

14帖

　　按： 强直性脊柱炎（AS）是一种原因不明的自身免疫性疾病，以脊柱和骶髂关节的慢性炎症为主要表现，也可累及内脏及其他组织。其病理改变主要表现为关节囊性变、浸润性破坏甚至纤维性或骨性强直。该病属中医痹证范畴，目前称之为大偻，是由于风、寒、湿、热等邪气闭阻经络、影响气血运行，导致肢体筋骨、关节、肌肉等处发生疼痛、重着、酸楚、麻木，或关节屈伸不利、僵硬、肿大、变形等症状的一种疾病。宋师认为本病的病因病机为先天禀赋不足，肾亏督空，复感外邪，痹着腰部，津血凝滞不通，痰瘀互结，久而瘀血久滞不散，附着筋骨关节愈积愈甚，终致脊柱强直，发为骨痹"大偻"。本病性质是本虚标实、虚实错杂，病因病机更注重于瘀，宋师非常认可王清任在《医林改错》中提出"痹证有瘀"的论点。在治疗强直性脊柱炎中活血化瘀法贯穿始终，组方以补阳还五汤益气活血通络为基础，大剂量黄芪补气健脾；三棱、莪术，蒲黄、五灵脂，乳香、没药这三组活血化瘀破瘀药对加强行气活血止痛之效，再加鸡血藤行血补血，舒筋活络，留行子活血通经；半夏、南星、千年健等温化寒痰、祛风止痛；汉防己、麻黄、白芷寒热并用，祛风除湿、利水消肿；另加石膏、黄柏清热利湿。三诊疗效明显但有胃部不适，原方减三七粉，改石膏20g，因上述药物久服伤胃，四诊去石膏、白芷、半夏、南星等，腰部急性疼痛缓解后，活血化痰药物稍减，但仍继续强调治病求本，急则治标，缓则治本。此方为宋师治疗强直性脊柱炎之经验方，根据病机组方，辨证精准，用药得当，疗效明显。西药泮托拉唑胶囊为护胃而服。

　　宋师点评 强直性脊柱炎原称为RA中枢型，后因其种种不同如基因表达差异性而从RA中区分出来，但其最主要病理改变为软骨破坏，而非如RA为滑膜炎。从临床实践看，益气活血是其基本大法，贯穿了强直性脊柱炎治疗之始终。本案重用黄芪至120g，峻补脾气，益气以活血，益气以止痛，与RA治疗时益气健脾以利湿稍有不同。另外，病在肾、督，尤需益气以后天补先天。用法固然视其脾气亏虚而斟酌，但患者体重达90公斤以上（一般强直性脊柱炎患者往往偏于消瘦，体重较轻），非此剂量无以有效，特此提出。要求用药必须三因制宜，方能丝丝入扣病情。

　　医案五

　　胡某，男，35岁，初诊日期：2013.03.02　发病节气：雨水后主诉：腰背部酸痛 5 年余。

现病史：患者 5 年前无明显诱因开始出现腰背部疼痛，夜间及晨起明显，活动后稍有好转，久坐后腰痛加重，外院予消炎止痛药及 SASP 4 片，2 次 / 日口服，症状稍有缓解，但停药后易复发。近来自觉颈部疼痛僵硬，晨起明显，胃纳尚可，二便无殊，寐可。患者 3 年前因发现双侧脉搏搏动不一致，经血管 CT 检查示锁骨下动脉有明显狭窄，诊断为"大动脉炎"。此后长期服用激素治疗，目前服用泼尼松减至每日 12.5mg，但仍有腰背部疼痛、疲倦乏力、低热等症状，病情不够稳定。

体格检查：心肺无殊，心率心律正常。腰部叩痛，活动受限，双侧 4 字试验（＋），双下肢直腿抬高试验（－），枕墙距 1cm，指地距 30cm，舌淡苔白，脉弦，右侧桡动脉微弱。

辅助检查：查 HLA-B27（＋）；ESR 35mm/h；CRP 13.9mg/L，血常规、肝功能未见异常。

辨证分析：患者青年男性，腰痛 5 年，腰为肾之府，肾亏督空，复感外邪，痹着腰部、颈部，津血凝滞不通，痰瘀互结，瘀血久滞不散，附着筋骨关节，发为骨痹，瘀血痹阻，故见夜间疼痛明显，舌淡苔白，脉弦为痰瘀痹阻之象。

西医诊断：强直性脊柱炎，大动脉炎。

中医诊断：大偻、脉痹（痰瘀痹阻证）。

治法：益气活血，化痰通络。

处方：黄芪 120g　制半夏 30g　汉防己 45g　制南星 30g　鸡血藤 40g　海风藤 30g　制乳香 10g　制没药 10g　紫河车 3g　小茴香 5g　草果仁 15g　生白术 45g　鹿角霜 15g　炙鳖甲（先煎）24g　炙龟板（先煎）24g　关白附子（先煎）6g

14 帖

西药（主要药物）：泼尼松 12.5mg，1 次 / 日，口服。

二诊：2013.03.16

诉服药后腰部疼痛明显好转，稍感胃部不适，舌淡苔白，脉弦。辅助检查：ESR 10mm/h，CRP 4.15mg/L，血常规、肝功能未见异常。原方基础上加用麦芽 30g、谷芽 30g。

处方：黄芪 60g　制半夏 15g　汉防己 15g　制南星 15g　鸡血藤 20g　海风藤 30g　制乳香 10g　制没药 10g　紫河车 3g　小茴香 5g　草果仁 15g　生白术 45g　鹿角霜 10g　炙鳖甲（先煎）24g　炙龟板（先煎）24g　关白附

子（先煎）6g　麦芽 30g　谷芽 30g

14 帖

三诊：2013.03.29

脊柱疼痛症状继续缓解，舌淡红苔薄白脉弦，效不更方。泼尼松渐渐减至每日 2.5mg。

按： 强直性脊柱炎和大动脉炎均是自身免疫病，两者可重叠。强直性脊柱炎以中轴关节的慢性炎症为主要表现，也可累及内脏及其他组织，如出现 IgA 肾病，肺纤维化，慢性病贫血等。中医学认为其属于痹证中的大偻。由于风、寒、湿、热等邪气痹阻经络、影响气血运行，导致肢体筋骨、关节、肌肉等处发生疼痛、重着、酸楚、麻木，或关节屈伸不利、僵硬、肿大、变形，病变多是进行性加重，后期往往导致督脉失养，肾元亏虚，以致不仅出现尻以代踵的临床表现，还可出现乏力神疲，面色不华，腰酸腰痛，俯仰不利，动辄气喘等表现。大动脉炎是主动脉及其主要分支和肺动脉的慢性非特异性炎性疾病，可引起不同部位动脉狭窄、闭塞。中医属脉痹范畴，血脉痹阻，影响营卫气血、津液运行而成脉痹，血滞则瘀，津停痰生，故瘀血、痰浊是贯穿本病的重要病理因素。所以无论是强直性脊柱炎还是大动脉炎，都以经脉痹阻为主要病机，故从瘀论治，以活血通脉为大法。

宋师认为本病的病因病机为先天不足，肾亏督空，复感外邪，痹着腰部，津血凝滞不通，痰瘀互结，瘀血久滞不散，附着筋骨关节，终致脊柱强直，发为骨痹。后期病变性质是本虚标实、虚实错杂，本虚指肾督之亏，标实指瘀血为主之阻滞。该患者病程日久，久病痰瘀痹阻，肝肾亏虚，筋骨羸弱，组方以大剂量黄芪、生白术补气健脾；乳香、没药行气活血止痛；鸡血藤行血补血，舒筋活络；半夏、南星、关白附子、草果仁等温化寒痰、祛风止痛；另加紫河车、鹿角霜、鳖甲、龟板等血肉有情之品大补肾督之精血，阴阳双补。二诊见效明显并见胃部不适，加用麦芽、谷芽健胃消食和中，该方标本兼治，益气活血、化痰通络、补益肝肾。处方根据病机组方，辨证精准，用药得当，疗效明显。

宋师点评　该患者系强直性脊柱炎合并大动脉炎病人，以前长期服用激素（来我处门诊时仍每天口服 12.5mg 泼尼松片），为进一步控制病情而要求中药治疗。经予益气活血通络治疗后腰痛症状消除，精神转佳，自诉已长期无感冒，激素逐渐减至每天口服 2.5mg 泼尼松片。此后因急于生育子女，房中劳累而致病情反复，表现为血沉升高等。现每天口服 2.5mg 泼尼松片，予中药益气填精为治疗大法,控制了病情。本案说明强直性脊柱炎本身是一种先天禀赋有异的疾病,本属肾督病变,不外于虚,治疗予温补为大法可以取效。此外后天调养、保暖、休息亦颇为重要。

医案六

章某,女,69岁,初诊日期:2012.10.05 发病节气:秋分后

主诉:全身多关节疼痛1年余。

现病史:患者1年余前开始出现全身多个大小关节疼痛,已累及肩、肘、腕、手指、膝、踝等多个关节,并伴有颈肩、足跟酸痛明显,无关节肿胀,关节疼痛遇冷及劳累后加重,曾在外院检查RF(-)、CCP(-)、ANA(-)、CRP(-),ESR 30mm/h。颈椎X线:椎体骨质增生症伴骨质疏松症,予消炎止痛药及中药口服,效欠佳。患者平素易头晕耳鸣,肢体倦怠,小便清长。

体格检查:形体偏瘦,全身多个关节压痛,无肿胀,舌淡嫩,苔薄白,脉沉细。

辅助检查:RF(-)、CCP(-)、ANA 1∶80、CRP(-),ESR 30mm/h,血常规、肝肾功能未见异常。颈椎X线:椎体骨质增生伴骨质疏松。

辨证分析:患者中年,腰膝酸痛,头晕耳鸣,乃肝肾亏虚,筋骨失养,又兼风寒湿邪入侵,气血凝滞,痹阻筋络,不通则痛,故见关节疼痛,遇冷加重。舌淡嫩,苔薄白,脉沉细为气虚血瘀之象。

西医诊断:骨关节炎,骨质疏松症。

中医诊断:骨痹(气虚血瘀证)。

治法:益气活血,祛风通络。

处方:补阳还五汤加减。

当归10g 黄芪50g 赤芍10g 川芎10g 鸡血藤40g 桃仁10g 红花10g 三棱10g 莪术10g 蒲黄9g 五灵脂10g 鸟不宿12g 鬼箭羽12g 钻地风12g 留行子12g 蜈蚣4条 全蝎10g 蜂房12g 淡附子(先煎)9g 桂枝6g

14帖

二诊:2012.10.20

服药后诸关节疼痛明显好转,仍感关节遇冷酸痛,双下肢稍有水肿,下午明显,晨起消退,舌淡苔薄白,脉沉细。前方去三棱、莪术、蒲黄、五灵脂、鬼箭羽、钻地风、鸟不宿,加用麻黄6g、炙甘草5g、泽泻30g、茯苓皮30g、车前子30g。

处方：当归 10g　黄芪 50g　赤芍 10g　川芎 10g　鸡血藤 40g　桃仁 10g　红花 10g　留行子 12g　蜈蚣 4 条　全蝎 10g　蜂房 12g　淡附子（先煎）9g　桂枝 6g　泽泻 30g　车前子 30g　茯苓皮 30g　麻黄 6g　炙甘草 5g

14 帖

三诊：2012.11.03

关节疼痛及下肢水肿明显好转，但感双手麻木，舌淡红苔薄脉沉。前方去淡附子、蜈蚣、全蝎、蜂房，加关白附子 6g、三棱 10g、莪术 10g、鸟不宿 12g、鬼箭羽 12g、钻地风 12g。

处方：当归 10g　黄芪 60g　赤芍 10g　川芎 10g　鸡血藤 40g　桃仁 10g　红花 10g　三棱 10g　莪术 10g　鸟不宿 12g　鬼箭羽 12g　钻地风 12g　留行子 12g　桂枝 12g　麻黄 6g　炙甘草 5g　泽泻 30g　车前子 30g　茯苓皮 30g　关白附子（先煎）6g

14 帖

四诊：2013.11.23

双手麻木较前好转，余无明显疼痛。舌淡苔薄白脉细弦。前方去莪术、泽泻、车前子、茯苓皮、关白附子，加五灵脂 10g、白芍 30g。

处方：当归 10g　黄芪 60g　赤芍 10g　川芎 10g　鸡血藤 40g　桃仁 10g　红花 10g　三棱 10g　五灵脂 10g　鸟不宿 12g　鬼箭羽 12g　钻地风 12g　留行子 12g　桂枝 12g　麻黄 6g　炙甘草 5g　白芍 30g

14 帖

按：骨关节炎（OA）是一种退行性骨关节疾病，是中老年人常见、多发的关节病，以关节软骨生化代谢异常，进行性变性和消失，关节边缘和软骨下骨质产生反应性变化，使得软骨组织产生改变，关节囊纤维增生，并最终导致关节疼痛和功能丧失为其病理特点。在祖国传统医学属于痹证、骨痹范畴。骨痹是由于风、寒、湿、热等邪气闭阻经络、影响气血运行，导致肢体筋骨、关节、肌肉等处发生疼痛、重着、酸楚、麻木，或关节屈伸不利、僵硬、肿大、变形等症状的一种疾病，轻者病在四肢关节肌肉，重者可内舍于脏。《类证治裁·痹证》云："痹久必有瘀血"，《医林改错》也有"瘀血致痹"之说。宋师治疗骨痹（骨关节炎）推崇此种说法，在综合运用补血、活血、破血及通络止痛之药基础上，以黄芪为引领之药，增强补气活血疗效。本方以补阳还五汤益气活血通络为主，加用三棱、莪术、蒲黄、五灵脂这些活血药对，加强行气活血止痛之效，鸡血藤行血补血、舒筋活络，留行子、鬼箭羽、乌不宿、钻地风祛风活血通络，诸药共奏补气活血、通络止痛之效；同时加用桂枝，与黄芪组合，即取"黄芪桂枝五物汤"温通经络之意，又用蜈蚣、全蝎、蜂房搜风通络、散结止痛，通达内外；二诊出现下肢水肿，加用泽泻、车前子、茯苓皮利水消肿；三诊双手麻木较为明显，又用关白附子散寒除湿，加强化湿通络之功；四诊病情基本稳定，加用白芍养血敛阴止痛，并防止前药燥热伤阴。

宋师点评 骨关节炎是中医治疗疗效胜于西医疗效的一个病种，补阳还五汤加大队钻地风、乌不宿、鬼箭羽之类，益气活血通络往往能效如桴鼓，起效快，起效后稳定期长。本病发病与年龄增长呈正相关，年龄越大，关节软骨破坏程度越大，再生能力也越差，因此在治疗时要注意守方。同时须嘱患者注意制动、休息，避免负重活动（如下蹲、站立、颈部负重等）。

骨关节炎属于"骨痹"范畴，由于风、寒、湿、热等邪气闭阻经络，影响气血运行，导致肢体的骨关节肌肉等处发生疼痛、麻木、重着，或关节屈伸不利、僵硬、肿大、变形，以补阳还五汤加减治疗可明显缓解症状，案中所示已予证明，有两点需评：①淡附子功在温阳，形怯畏寒，身冷手凉，舌淡脉细者多用之，常配桂枝以助其效，在风湿病治疗中常用此以调补体质。关白附子功在祛风止痛，可治抽搐或口眼㖞斜，在风湿病中常与半夏、南星相配增强其镇痛作用；②芍药甘草汤为缓急止痛名方，缓急者何，一曰缓胃肠之急，二曰缓腓肠肌痉挛，因腓肠肌痉挛而致小腿抽搐者用之几乎无不效者。

第二节 干燥千古难治事，治神养阴是其要

干燥综合征（SS）是一种主要累及外分泌腺体的慢性炎症性自身免疫病，本病亦可累及肝脏、肾脏、血液系统等。现代医学对其病因及发病机制尚不十分清楚，目前仍无根治的方法，而以改善症状的局部对症治疗为主。

干燥综合征在中医古典医籍中并无此病名，现代医家大多将其归于"燥痹"范畴。"燥"乃外感六淫之一，对其描述最早见于《黄帝内经》"燥胜则干"，指出燥邪致病的特点乃是阴津亏虚。后金元时期刘完素在病机十九条的基础上补充了对燥邪致病的认识，提出"诸涩枯涸，干劲皴揭，皆属于燥"，开创了中医学"燥"邪致病的理论先河。后世医家又大力发展，清代叶天士《临证指南医案·燥》中详言："燥为干涩不通之疾，内伤外感宜分。外感者，

浙江中医临床名家·宋欣伟

由于天时风热过盛，或因深秋偏亢之邪，始必伤人上焦气分；内伤者，乃人之本病，精血下夺而成；或因偏饵燥剂所致，病从下焦阴分先起"指出非惟外感，其他原因导致的阴液不足亦可致燥。

由于干燥综合征是以人体泪腺、汗腺、唾液腺等外分泌腺病变为主要表现的疾病，故临床上多见眼、鼻、口、咽干燥等表现，因多累及五官灵敏之窍，故患者临床表现常较为痛苦。又易于累及内脏器官，如累及肺间质而表现为动辄气喘；累及肝内胆管而出现胁痛；累及肾小管而出现Ⅰ型肾小管性酸中毒，常常有低钾所致的周期性瘫痪、明显乏力；还会累及血液系统而出现严重的血小板低下，白细胞减少；除此以外还会累及神经系统，轻则出现单神经炎表现如足下垂，重则出现脱髓鞘、视神经脊髓炎等病变。症状表现多端，变化常常奇异，宋师认为中医以"狐惑"来命名似乎更加贴切。

对于如此之病，宋欣伟教授临床中总结如下。

（1）干燥综合征属中医燥痹范畴，阴虚津伤是其病变本质，严重者可累及肾精而影响生命之本。燥痹治疗应遵循《黄帝内经》"燥者润之""燥者濡之"之言，滋阴润燥乃是其治疗大法，用药多选甘寒凉润之品，再察其兼证或热毒或血瘀或脾虚等而加减治之。宋师临证选药喜用石斛，而且往往重剂使用川石斛、鲜石斛等各类石斛以补养阴液。石斛甘淡微寒，甘能生津，寒能胜热，《神农本草经》言其"强阴，补五脏虚劳羸瘦"，使用时常与肾气丸中"三补"合用，共补五脏真阴，阴亏得纠，津液自然来复。现代药理研究也发现石斛可以下调干燥综合征患者炎性因子 TNF-α、IL-1β 的表达，并能增加唾液分泌功能。

（2）燥热是导致元神种种变化的始动因素，津精亏虚则元神无所养而虚乏，燥热上扰则神无所藏而不安，均可致神不守舍、神机不安。而神不守舍、神机不安又是产生和加重干燥综合征各种变化的重要因素。治疗必须时时注意清燥热养阴津，清燥热与养阴津均可润燥，两者相须而行、相得益彰。宋师认为燥热虽由阴津亏虚而生，但其既生之后也是一种病邪，必须加以清热润燥之治，而且其治疗药量还不宜过轻，轻则无效。

（3）肝郁气滞痰阻亦是元神被扰的重要因素，治疗中除了要注意调整患者心理状态，疏导患者情绪，还须疏泄肝气，使气机通畅、痰邪无生而保持元神之健康活泼。在此治疗中，养阴与化痰并不矛盾，要做到养阴而不生痰，化痰而不伤阴。

顾护患者之神气，使其精神注意力能相对高度集中、振奋于抗病方面。

临证常常发现部分患者用甘润养阴药后口眼干燥逐渐好转，但改善至一定程度后却再无明显改善，细察此类患者多伴肝气郁结之郁证或肝郁化火而导致疾病不能很好地被控制。因此多层次、多方位、多靶点调理元神在干燥综合征治疗中有特殊地位。

（4）临床上因干燥综合征多累及五官灵敏之窍，故多见口眼咽鼻干燥等临床表现，而且患者常较为痛苦。很多患者在日常生活中由于出现五官为主（口干、眼燥、鼻塞、咽干痒）的病痛而常常出现抑郁、孤独、冷漠或烦躁、急怒。长期的情志不畅，影响脏腑功能，导致机体内环境平衡失调，最终引起多种病情变化。所以在干燥综合征的治疗中注意调整、缓解五官症状亦是要十分注意的问题。宋师认为从神论治，通过调整元神的敏感度可以降低因五官感受过度而产生的易于敏感的五官症状，临床上多用天王补心丹、甘麦大枣汤之类来调节，润泽通畅五官药物如薄荷、苍耳子、青葙子、玄参等亦是不可缺少的。

医案一（干燥综合征顽固性失眠案）

王某，女，43岁，初诊日期：2012.10.23 发病节气：霜降后

主诉：反复口眼干燥、咽部不适2年余。

现病史：患者2年前无明显诱因出现口眼干燥，目赤少泪，饮水不解，咽部痒痛，干咳无痰，无明显关节肿痛与不适，乏力纳差，夜寐欠佳，多梦易醒，外院查ANA 1：320，抗SSA抗体（SSA）（+）、抗SSB抗体（SSB）（+），诊断为"干燥综合征"，外院口服白芍总苷、硫酸羟氯喹、杞菊地黄丸，疗效欠佳，二便无殊。

体格检查：口干舌燥，少有津液，舌红干有裂纹，少苔，脉细数。

辅助检查：本院复查ANA 1：320，SSA（+），SSB（+）；尿常规pH 7.5；血常规、ESR、CRP正常。

辨证分析：患者中年女性，感受燥毒之邪，津伤液耗、津液输布障碍，肺胃气阴亏虚，故见口眼干燥，咽痒咳嗽，乏力；肾阴亏虚，易水不涵木，水火失济，故夜寐不安，多梦易醒，舌红干有裂纹少苔，脉细数为气阴亏虚之象。

西医诊断：干燥综合征。

中医诊断：燥痹（气阴亏虚证）。

治法：养阴，清热，安神，止咳。

处方：淮小麦30g 炙甘草20g 红枣15g 五味子10g 熟地30g 山萸

浙江中医临床名家·宋欣伟

肉 12g 怀山药 30g 太子参 30g 麦冬 20g 川石斛（先煎）12g 玄参 20g 煅牡蛎（先煎）30g 当归 12g 川芎 25g 枸杞子 12g 白菊花 10g 生白芍 30g 木瓜 30g 蝉衣 5g 薄荷（后下）5g 射干 10g 大力子 10g 炙鳖甲（先煎）24g 炙龟板（先煎）24g 党参 30g

14 帖

二诊：2012.11.20

患者口眼干燥、咳嗽较前好转，仍有夜寐不安多梦，时有胸闷喜叹息，舌红少苔，脉细数。前方去山萸肉、山药、太子参、麦冬、川石斛、煅牡蛎、当归、川芎、木瓜、蝉衣、薄荷、射干、大力子、炙鳖甲、炙龟板、党参，加炒枣仁 30g、柏子仁 12g、瓜蒌皮 20g、郁金 12g、薤白 12g、丹参 30g、檀香 5g、降香 5g、甘松 5g、制香附 12g、木香 10g、川楝子 10g。

处方：淮小麦 30g 炙甘草 20g 红枣 15g 五味子 10g 炒枣仁 30g 柏子仁 12g 熟地 30g 枸杞子 12g 白菊花 10g 瓜蒌皮 20g 郁金 12g 薤白 12g 丹参 30g 檀香（后下）5g 降香（后下）5g 甘松 5g 制香附 12g 木香 10g 川楝子 10g 玄参 20g 生白芍 30g

28 帖

另配复方丹参滴丸 5 粒，3 次/日，含服。

三诊：2012.12.21

患者胸闷缓解，稍感口眼干燥，夜寐较前好转，舌红少苔，脉细数。前方去瓜蒌皮、郁金、薤白、丹参、檀香、降香、甘松、制香附、木香、川楝子、玄参，加炒谷芽 30g、炒麦芽 30g、金樱子 30g、覆盆子 30g、桑螵蛸 10g。

处方：淮小麦 30g 炙甘草 20g 红枣 15g 五味子 10g 炒枣仁 30g 柏子仁 12g 熟地 30g 枸杞子 12g 白菊花 10g 生白芍 30g 炒麦芽 30g 炒谷芽 30g 金樱子 30g 覆盆子 30g 桑螵蛸 10g

28 帖

按：干燥综合征（SS）是一种主要累及外分泌腺体的慢性炎症性自身免疫病，主要表现为口干、吞咽困难，牙齿片状脱落成猖獗性龋齿，眼干、少泪，或者兼见皮肤干燥、瘙痒，鼻腔干燥、鼻衄，阴道黏膜干燥、瘙痒等。本病亦可累及肝脏、肾脏、血液系统等。现代医学对其病因及发病机制尚不十分清楚，目前仍无根治的方法，而以改善症状的局部对症治疗为主。干燥综合征在中医古典医籍中并无此病名，现代医家大多将其归于"燥痹"范畴。

宋师认为，脏腑气阴亏虚是本病基本病理基础，至于本病阴虚的脏腑，主要涉及肺胃、肝肾，其中以肾为主。因肾为先天之本，肾之阴阳为各脏阴阳的根本，肾阴亏虚，则肝阴不足，肝失涵养；肺失肾阴濡润，津伤肺燥，可见肺肾阴虚之象；脾胃为后天之本，有赖肾阴之滋养补充，若肾之精血不足，脾胃失充则脾胃阴虚，脾不能为胃行其津液，可见胃燥津枯之象。以上病机，究其根本仍在于肾。燥盛成毒为本病之标，而燥毒又有内外之分，临床有年迈体衰、素有阴亏、大病久病之人，本为阴精耗伤，虚热乃生，燥热乃积，日久成毒，此为内生之燥毒；病原微生物如病毒等亦可能成为外来之燥毒。此内外燥毒合邪，相因为病，从而加重津伤液耗、津液输布障碍，造成机体津液绝对或相对不足，故其标在燥。总之认为干燥综合征阴虚为本，燥热（毒）为标。本方以养阴、清热、安神、止咳为主，组方以杞菊地黄丸、甘麦大枣汤加减。枸杞子、白菊花、太子参、麦冬、川石斛、熟地、萸肉、山药、党参、玄参、白芍，益气养阴，滋补肺、脾、肝、肾诸脏；甘麦大枣汤加煅牡蛎养心安神；当归、川芎、鳖甲、龟板活血滋阴；蝉衣、薄荷、射干、大力子疏风清热、利咽止咳。二诊出现胸闷喜叹息，乃是阴虚燥热扰肾，胸宇不畅，气机郁闭，原方基础上去当归、川芎补血之品，予加郁金、薤白、丹参、檀香、绛香、甘松、香附、木香、川楝子及复方丹参滴丸等多味行气活血、疏肝散郁之品，再加酸枣仁、柏子仁安神以疏郁。三诊胸闷喜叹息缓解，仍有口眼干燥、夜寐欠安等症，前方去郁金、薤白、丹参、檀香、绛香、甘松、香附、木香、川楝子、玄参，加麦芽、谷芽健胃消食；大剂酸枣仁、柏子仁养心安神；金樱子、覆盆子、桑螵蛸入肾经，固肾益精生津，使肾之阴精不致匮乏，体现治病求本。

宋师点评 刘完素在《素问玄机原病式·燥类》中记载："物湿则滑泽，干则涩滞，燥湿相反故也。如遍身中外涩滞，皆属燥金之化……水液衰少而燥涩，气行壅滞。"强调了燥邪对津液的伤害。五脏皆有津液，肝在液为泪，心在液为汗，脾在液为涎，肺在液为涕，肾在液为唾，俞根初《通俗伤寒论》云燥"先伤肺津，次伤胃液，终伤肝血肾阴"，故燥邪伤人，非独一脏，五脏之阴皆可受伤。再细言之，"脾主为胃行其津液"，但脾胃之阴也常有不足之时，脾胃因病运化失常，外不能濡养肌肉则形体消瘦，内不能升降有序则见胃脘嘈杂、口干明显；肺阴不足，则见咽痒咳嗽、皮毛干燥；肾阴亏虚，一则见咽干颧红，潮热盗汗，甚者可见阴道干涩等不适，二则肾在体合骨，齿为骨之余，阴亏失养日久而齿病（猖獗齿）。阴液不足易生内热，化火成毒，伤津耗气，使上述诸症加重。此外，亦有瘀血与内燥相互影响，以致气血不行，

脉络瘀阻。津液本就亏虚，若因种种原因输布受阻，则燥象愈益明显。

　　干燥综合征病情重者可危及多个内脏系统，有脏器损害者必须用糖皮质激素治疗，为中医治疗之短。若出现体虚乏力、神疲懒言、纳差便结等表现者，又为西医治疗之短、中医之长，中医可充分发挥调理气阴不足之长。干燥综合征其病机特点是阴虚为本，燥热为标，肺胃是阴津之亏，肝肾是阴精之亏，用药亦因此有所不同，石斛为生津要药，熟地、鳖甲为填精之要药。阴虚为本故以熟地、山萸肉、怀山药、芍药、鳖甲、龟板以滋阴，燥热为标故选玄参、菊花、大力子、薄荷以清热润燥。

　　肝胃津不足不能上滋双目和头面则双目干涩、口咽干燥（若五官受累常常令人更为敏感不适），肝脾血不足不能安魂则寐差多梦，心阴心血不足则心失所养，以致心神不宁，亦可致失眠梦多，此为亏为虚。肝主疏泄，心主神明，二者受累，常易影响患者情志，加之当代社会各方面压力较大，干燥综合征患者多有合并焦虑、抑郁等症，有言语频频、烦躁易怒等表现，虽不至"脏躁"，但也在"郁"之范围，此为郁为实。因虚因郁均可导致神志改变。此外，干燥综合征属慢性病，病久更易出现肝郁气滞或化火的表现，如烦躁、抑郁、胸闷、善太息、睡眠差等，此种神志不安又可反作用于人体对五官症状的感觉，会使微小症状放大至较严重的自我感觉，所以治疗中安神养心之品尤需重视，使用得好有助于疾病的控制。临床常在施以甘麦大枣汤、瓜蒌薤白半夏汤、天王补心丹等宽胸、安神之品后，患者临床症状有较明显改善。

　　本案特点是加了党参30g，补气药药性偏温岂非不利于滋阴润燥？但凡阴虚热盛之人，犯病日久，往往可阴损及阳。壮火食气而见气虚，其察舌要点在于伸舌稍用力可见舌体变为淡白，故干燥综合征治疗也无须过于回避益气药，还是那句古话：有是证即用是药。炙甘草久用有保钠排钾之弊，故临床使用亦须注意其副作用，中病即止。

　　医案二（干燥综合征持续高热案）

　　王某，女，40岁，初诊：2012.10.07　发病节气：秋分后

　　主诉：反复口眼干燥5年余，高热7天。

　　现病史：患者5年前无明显诱因下出现口眼干燥，眼干少泪，口干唇燥，需频频饮水，但不易解渴，经查ANA 1∶320，SSA（+）、SSB（+），诊断为"干燥综合征"，未正规治疗，常感乏力，夜寐欠佳，多梦，腰膝酸软。常常易于感冒，有发热、鼻塞流涕、咳嗽咳痰等症状，且每次发热常缠绵难已，

轻则半个月重则近一个月才能缓解，每年常有三四次之多。本次又在无明显诱因下出现发热 12 天，T_{max}39.8℃，面色潮红，咳嗽急重、咳痰色黄但量不多，无咽痛，无鼻塞流涕等不适。

体格检查：面色潮红，口干舌燥，少有津液，舌红少苔，脉细数。两侧扁桃体不肿，两肺呼吸音粗糙，心脏听诊正常，腹平软，无明显压痛，两肾区无叩痛。

辅助检查：本院查 ANA 1：320，SSA（+），SSB（+），血常规、尿常规、ESR、CRP 正常。

辨证分析：患者中年女性，素受燥热所伤而见脏腑亏虚，气阴不足，症见口眼干燥；肝肾阴亏，肝失涵养，故夜寐不安、腰膝酸软。时值晚秋，凉燥之邪袭人，故见肺卫失宣，邪正交争而见高热、咳嗽咯痰，素体阴虚肺不润之而人受燥邪，既不能迅速祛邪外出，又不能迅速滋生津液，病情更难恢复；舌红少苔，脉细数为阴虚内热之象。燥久毒生则易于发热，热则难愈。

西医诊断：干燥综合征。

中医诊断：燥痹（阴虚内热证）。

治法：清热解毒，养阴润燥。

处方：鸭跖草 30g　车前草 30g　鲜芦根 30g　金银花 60g　连翘 12g
瓜蒌皮 20g　冬瓜子 20g　羊乳参 30g　鱼腥草 30g　生甘草 20g

2 帖

羚羊角粉（吞服）0.3g，2 次 / 日；安宫牛黄丸（吞服）1 丸，1 次 / 日。

二诊：2012.10.09

药服两剂，体温下降，查 T 37.5℃，再服两帖而体温正常。患者口眼干燥、失眠较前稍有好转但仍明显，舌红少苔，脉细数。前方加炒枣仁 30g、柏子仁 12g、覆盆子 30g、金樱子 30g、桑螵蛸 12g。

处方：鸭跖草 30g　车前草 30g　鲜芦根 30g　金银花 30g　连翘 12g
瓜蒌皮 20g　冬瓜子 20g　羊乳参 30g　鱼腥草 30g　生甘草 10g　炒枣仁 30g
柏子仁 12g　覆盆子 30g　金樱子 30g　桑螵蛸 12g

7 帖

三诊：2012.10.16

患者感口眼干燥、口角发红溃破，舌红少苔，脉细数。前方去炒枣仁、柏子仁、覆盆子、金樱子、桑螵蛸，加太子参 30g、麦冬 20g、川石斛 24g、野菊花 12g、蛇舌草 30g、特优二级石斛 12g。

浙江中医临床名家·宋欣伟

处方：鸭跖草 30g　车前草 30g　鲜芦根 30g　金银花 30g　连翘 12g　瓜蒌皮 20g　冬瓜子 20g　羊乳参 30g　鱼腥草 30g　生甘草 5g　太子参 30g　麦冬 20g　川石斛（先煎）24g　野菊花 12g　蛇舌草 30g　特优二级石斛（先煎）12g

7 帖

四诊：2012.10.23

患者感口眼干燥、口角发红溃破较前明显好转，服药后时有腹部隐痛，大便偏稀，舌红少苔，脉细数。前方去鸭跖草、车前草、鲜芦根、金银花、野菊花、蛇舌草，加红枣 30g、熟地 30g、山萸肉 12g、怀山药 30g。

处方：连翘 12g　瓜蒌皮 20g　冬瓜子 20g　羊乳参 30g　鱼腥草 30g　甘草 20g　太子参 30g　麦冬 20g　川石斛（先煎）24g　红枣 30g　熟地 30g　山萸肉 12g　怀山药 30g　特优二级石斛（先煎）12g

7 帖

按： 干燥综合征属祖国医学"燥症"或"燥痹"范畴。目前中医药的治疗，对缓解病情、改善症状有非常明显的作用，是治疗干燥综合征的一个有效的手段。《素问·经脉别论》曰："饮入于胃，游溢精气，上输于脾，脾气散精，上归于肺，通调水道，下输膀胱，水精四布，五经并行"，明言津液与肺、脾、肾三脏密切相关。宋师认为干燥综合征的病因病机是阴虚毒热为本、燥热为标，燥热伤津，可逐渐发展为虚、瘀、毒相互搏结、互为因果。燥毒又有内外之分，临床年迈体衰、素有阴亏、大病久病之人，易于阴精耗伤，虚热乃生，燥热渐积，日久成毒，此为内生之燥毒；病原微生物如病毒等亦可能成为外来之燥毒。此内外燥毒合邪，相因为病，从而加重津伤液耗、津液输布障碍，造成机体津液绝对或相对不足，故其标在燥。治以养阴润燥、清热解毒。

首诊入秋燥之邪袭人，又兼内有燥久毒生而易于发热，热则难愈。邪正交争而见高热、烦渴，故急予清热解毒、清燥润燥之品直折热势。二诊症状稍有好转，原方基础上加炒枣仁、柏子仁、覆盆子、金樱子、桑螵蛸类补阴、润燥、安神之品补益脾肾、养阴润燥、调神养神。三诊之后燥热渐消，阴虚尽显，但仍需进一步清热润燥，遂去覆盆子、金樱子、桑螵蛸，加野菊花、蛇舌草清热解毒之品；四诊热象消退，恐久服寒凉药物而伤胃，出现腹部不适、大便偏稀等，故停用大队清热解毒药物，加红枣、熟地、萸肉、山药补益脾肾，和中缓急。整体组方紧随病机变化，时清时补，运用得心应手。

宋师点评　干燥综合征的中医病机是阴虚为本，燥热毒生为标，为本是指阴虚症状在干燥综合征的每个阶段甚至每个时刻都能见到，为标是指在某一时刻或某一时期见到，而在其他时间可能并不出现。感受燥毒之邪，初则津少液枯输布失常，继则燥毒蕴热，日夜暗耗津液，轻则见口眼干燥，重则见乏力神疲，纳减便干，夜寐多梦等。患干燥综合征后本身已津液亏耗，若加燥毒始终未解，则上述症状加剧且见高热之症。此案以高热持续为主要表现，需用清热解毒、润燥养阴之法，重用金银花、安宫牛黄丸等，而后再用清补填精之法。燥热减退后务须继续清热润燥以求彻底控制，切不可燥热减退后骤然停药。养阴清热、润燥化痰如案中所析，明之矣。金樱子、覆盆子、桑螵蛸补肝肾固精，用之于此，为我发明。且金樱、覆盆本为山野之果，味酸甜多补益。

医案三（干燥综合征血小板减少案）

陈某，女，62岁，初诊日期：2012.11.20 发病节气：立冬后

主诉：反复口眼干燥6年余。

现病史：患者6年前无明显诱因下出现口眼干燥，眼干口燥故频繁饮水，后反复出现牙龈出血、下肢皮下出血点，查血小板减少，血小板最低$8×10^9$/L，经查ANA 1：320，SSA（＋），SSB（＋），诊断为"干燥综合征"，曾用激素冲击、羟氯喹等治疗，症状虽有所缓解，但血小板数多次反复下降，现感乏力纳差，腰酸盗汗。因复查血小板减少，多次治疗乏效，患者精神较为敏感，烦躁焦虑明显，夜寐较差，梦境纷纭，目前激素剂量甲泼尼龙片8mg/d。

体格检查：口干舌燥，少有津液，猖獗齿，舌红瘦苔光剥，脉细数。

辅助检查：查ANA 1：320，SSA（＋），SSB（＋），血常规：白细胞（WBC）$3.6×10^9$/L，血小板（PLT）$28×10^9$/L；ESR 45mm/h，CRP 24mg/L；尿常规未见异常。

辨证分析：患者中年女性，感受燥毒之邪，津伤液耗、津液输布障碍，肺胃气阴亏虚，故见口眼干燥，咽痒咳嗽、乏力；肝肾阴亏，肝失涵养，故夜寐不安、腰酸盗汗，舌红瘦苔光剥，脉细数为阴虚内热之象。本案中尤为重要的是，因燥热伤髓，髓之生化被损，而见血少；肝之藏血、脾之统血有损，则血之正常循行受扰，血不循经，而见皮下出血。

西医诊断：干燥综合征。

中医诊断：燥痹，衄血（燥热伤血，阴津亏虚，心神失养证）。

治法：养阴清热安神。

处方：鲜芦根30g　明天麻9g　嫩钩藤（后下）12g　淮小麦30g　炙甘

浙江中医临床名家·宋欣伟

草 20g　红枣 10g　五味子 5g　炒枣仁 30g　柏子仁 25g　灵芝 20g　炙龟板（先煎）24g　炙鳖甲（先煎）24g　川石斛（先煎）36g　生地 20g　金樱子 30g　覆盆子 12g　特优二级石斛（先煎）12g　羚羊角（代，另火炖）6g

7 帖

西药：甲泼尼龙 8mg，1 次／日（患者坚持不愿加大糖皮质激素剂量）。

二诊：2012.11.27

以上方案治疗一周，患者皮下、齿龈出血无明显增加，精神情绪有明显改善，夜寐较佳，有 4 小时睡眠；复查血小板升至 $32×10^9$/L，继续上案治疗，7 帖。

三诊：2012.12.04

患者继续前述方案治疗，上述症状较前皆有好转，舌红减轻明显苔仍剥，脉细数。一周后出院。效不更方，仍原方继续口服。

此后患者基本以上方为主治疗，其间间歇加用制玉竹、制黄精各 30g，患者述症状进一步好转，症状较前明显改善，血小板升至 $90×10^9$/L，并持续保持，烦躁失眠等精神症状亦基本消除。

按： 目前中医药治疗干燥综合征，对缓解总体病情，改善口眼鼻咽干燥症状有非常明显的作用，是治疗干燥综合征的一个有效的手段。

《素问·经脉别论》曰："饮入于胃，游溢精气，上输于脾，脾气散精，上归于肺，通调水道，下输膀胱，水精四布，五经并行"，故津液与肺、脾、肾三脏密切相关。其中唾液的产生与脾胃关系尤其密切。肠胃中的水谷精微要布向全身，必须经过脾的运化，才能成为津液。脾开窍于口，口干乃脾胃失运，津液生成不足，唾液减少的表现。肝开窍于目，肝阴伤则目涩。所以"燥症"以肝胃阴伤为主。继而脾气虚不能推动津液输布，如火上浇油，干燥更加明显。病久入肾，真水渐竭，致阴虚难复，且肾主骨，齿为骨之余，肾亏故骨酥齿摇。临床可见牙齿齐根脱落，齿根发黑的猖獗齿等症状。燥热伤髓伤肝伤脾可致血液生化及循行失常而表现为皮下、齿龈出血，亦是本案特点。本病表现为阴虚内热，治疗在予补益肺肾之阴的同时希望阴生则内热自除，但仍以清热安神为主，鲜芦根、龟板、鳖甲、石斛、生地养阴清热；甘麦大枣汤合天麻、钩藤、灵芝、酸枣仁、柏子仁养心息风安神；金樱子、覆盆子、五味子收涩敛阴，固肾养精；后又加制首乌补益肝肾之精血。组方紧随病机，辨证精准，用药得当，疗效满意。

宋师点评 干燥综合征危及生命，有脏器损害者必须用糖皮质激素治疗，为中医之短。若出现体虚乏力、神疲懒言、纳差便结等表现者，又为西医之短，中医之长。本病血小板之低在目前医疗水平下急需用糖皮质激素冲击治疗，但患者因反复激素治疗无效而坚持不肯使用，故选择用中药。中医可充分发挥调理作用之长。本案为燥痹，实际上中医辨病又分见于血证、失眠（脏躁）、虚劳等，但辨证其主要病机在于燥热伤津伤血，阴液（精）亏虚，心神不安，故以柏子养心汤、甘麦大枣汤治疗，再加养阴滋润之品以助其力，重用羚羊角（代）、钩藤清热安神。方中天麻、钩藤功在息风，热极则易生内风，虽云有是证用是药，但须有预先设伏，截断病邪发展之匠心，才可以提高临床疗效。

医案四（干燥综合征肺间质病变案）

王某，女，51 岁，初诊日期：2015.10.08 发病节气：秋分后

主诉：反复口眼干燥 10 年余，活动后气急明显半年余。

现病史：患者 10 年前无明显诱因下出现口眼干燥，眼干少泪，口干唇燥，频频饮水，经查 ANA 1：320，SSA（+）、SSB（+），诊断为"干燥综合征"，未正规治疗，现感肢体倦怠，神疲乏力，活动后气急明显，上二楼后即觉气喘需休息，夜寐欠佳，多梦、腰膝酸软，胃纳及二便无殊。

体格检查：唇干舌燥，两肺叩诊过清音，舌红干有裂纹少苔，脉细数。

辅助检查：ANA 1：100，SSA（+），SSB（+），血常规、尿常规、ESR、CRP 正常。肺 CT 示两肺多发囊样改变，肺间质改变。

辨证分析：患者中年女性，气阴不足，感受燥毒之邪，津伤液耗、津液输布障碍，肺胃气阴亏虚，故见肝肾阴亏，口眼干燥；肝失涵养，故夜寐不安、腰膝酸软，肾不纳气故见动辄气急，舌红干有裂纹少苔，脉细数为阴虚内热之象。

西医诊断：干燥综合征。

中医诊断：燥痹[燥热（毒）犯肺，肺肾亏虚]。

治法：养阴纳气，清热安神。

处方：炒枣仁 30g 柏子仁 12g 五味子 5g 当归 10g 制黄精 30g 制玉竹 30g 女贞子 12g 墨旱莲 12g 小胡麻 12g 桑椹子 12g 炙鳖甲（先煎）30g 炙龟板（先煎）30g 熟地 30g 山萸肉 12g 怀山药 30g 夜交藤 30g 合欢皮 30g 炙甘草 20g

7 帖

二诊：2012.10.15

患者口眼干燥、失眠较前稍有好转，舌红少苔，脉细数。前方加量炙甘草 30g，另加覆盆子 30g、金樱子 30g、桑螵蛸 12g。

处方：炒枣仁 30g 柏子仁 12g 五味子 5g 当归 10g 制黄精 30g 制

浙江中医临床名家·宋欣伟

玉竹30g　女贞子12g　墨旱莲12g　小胡麻12g　桑椹子12g　炙鳖甲（先煎）30g　炙龟板（先煎）30g　熟地30g　山萸肉12g　怀山药30g　夜交藤30g　合欢皮30g　炙甘草20g　覆盆子30g　金樱子30g　桑螵蛸12g

7帖

三诊：2012.10.22

患者感口眼干燥、口角发红溃破，舌红少苔，脉细数。前方去炒枣仁、柏子仁、五味子、夜交藤、合欢皮、炙甘草、覆盆子、金樱子、桑螵蛸，加太子参30g、麦冬20g、川石斛24g、金银花30g、连翘12g、鸭跖草30g、鲜芦根30g、野菊花12g、蛇舌草30g、车前草30g。

处方：当归10g　制黄精30g　制玉竹30g　女贞子12g　墨旱莲12g　小胡麻12g　桑椹子12g　炙鳖甲（先煎）30g　炙龟板（先煎）30g　熟地30g　山萸肉12g　怀山药30g　太子参30g　麦冬20g　川石斛（先煎）24g　金银花30g　连翘12g　鸭跖草30g　鲜芦根30g　野菊花12g　蛇舌草30g　车前草30g

28帖

四诊：2012.11.20

患者有时服药后有腹部隐痛，大便偏稀，感觉口眼干燥、口角发红溃破较前明显好转，舌红少苔，脉细数，而且精神转佳，活动后气急明显减轻。前方去熟地、山萸肉、蛇舌草、车前草，加大枣30g。

处方：当归10g　制黄精30g　制玉竹30g　女贞子12g　墨旱莲12g　小胡麻12g　桑椹子12g　炙鳖甲（先煎）30g　炙龟板（先煎）30g　怀山药12g　太子参30g　麦冬20g　川石斛（先煎）24g　连翘12g　金银花30g　鸭跖草30g　鲜芦根30g　野菊花12g　红枣30g

28帖

按：干燥综合征在临床上除有唾液腺和泪腺受损而出现眼干、口干症状外，也有腺体外其他器官受累而出现多系统损害的症状，如肾、肺、消化系统、神经等损伤。燥邪伤人首先犯肺。燥为秋令主气，与肺相应，故燥邪最易伤肺。肺为五脏六腑之华盖，易受邪侵袭，肺主气而司呼吸，直接与自然界大气相通，且外合皮毛，开窍于鼻，燥邪多从口鼻而入。燥邪犯肺，使肺津受损，宣肃失职，从而出现干咳少痰，或痰黏难咯，或痰中带血，以及喘息胸闷等气郁胸中之象，甚则可发为现代医学所谓的间质性肺病等疾病。本案出现肺间质改变，临床上出现明显气急症状，治疗上相当棘手，如不能及时控制病情，可危及生命。

西医多用替代疗法和糖皮质激素、免疫抑制剂、抗肺间质纤维化治疗，副作用多而且疗效并不肯定。目前中医药的治疗，对缓解病情，改善症状有非常明显的作用，是治疗干燥综合征的一个有效的手段。本病刚开始以口眼干燥、夜寐差为突出表现，肝肾阴亏，给予补肝益肾、养心安神诸药；二诊症状稍有好转，原方基础上加量炙甘草，并加覆盆子、金樱子、桑螵蛸敛津补益脾肾；三诊出现热象明显，遂去炙甘草、覆盆子、金樱子、桑螵蛸，加金银花、鸭跖草、鲜芦根、野菊花、蛇舌草、车前草多味清热解毒、凉血利湿之品；四诊热象消退，但寒凉药物伤胃，出现上腹不适，大便偏稀，故减量大队清热解毒药物及酸收之萸肉等，加红枣补益脾肾、和中缓急。组方紧随病机变化，时清时补，最终得效。

宋师点评　干燥综合征中医病机是阴虚为本，燥热为标。标实日久可致本虚，本虚迁延易招外邪为病。合并肺间质病往往临床见到动辄气短，为中医所谓肾不纳气。本案是上有燥热（毒）邪袭肺伤肺见咳嗽咳痰，下有肝肾阴亏、肾不纳气而见动则气短、乏力神疲，辨证必须明确，治疗用金银花、车前草、鸭跖草、鲜芦根、蛇舌草以清燥热，燥热经治疗减退后务须继续清热润燥以求彻底控制。熟地、萸肉、山药、鳖甲、龟板补肾纳气，也须守方应用，与清燥热毒之用法一样，不能一蹴而就，也不可频繁换方。

医案五（干燥综合征阴津亏虚案）

龚某，女，55岁，初诊日期：2013.06.15　发病节气：芒种后

主诉：反复口眼干燥10年余。

现病史：患者10年前无明显诱因下出现口眼干燥，眼干少泪，口干唇燥，频繁饮水，经查诊断为"干燥综合征"，服用西药自觉不适，间断服用中药治疗，现感口干多饮口角发红，胃脘不适，乏力，夜寐欠佳，多梦、胃纳减，大便干结。

体格检查：口干舌燥，口角发炎，舌绛干无苔，脉细数。

辅助检查：查ANA 1∶320，SSA（+），SSB（+），血常规、尿常规、ESR、CRP正常。

辨证分析：患者老年女性，气阴不足，感受燥毒之邪，津伤液耗、津液输布障碍，肺胃气阴亏虚、热毒内蕴，故见口眼干燥、口角发红；肝肾阴血亏虚，故夜寐不安，胃津匮乏，故而大便干结，舌绛干无苔，脉细数为阴虚燥毒内蕴之象。

西医诊断：干燥综合征。

中医诊断：燥痹（阴虚燥毒内蕴）。

浙江中医临床名家·宋欣伟

治法：清热解毒，养阴安神。

处方：紫花地丁 30g　蒲公英 30g　金银花 30g　野菊花 12g　连翘 12g　淮小麦 30g　五味子 5g　炒枣仁 20g　柏子仁 25g　红枣 20g　炙龟板（先煎）12g　炙鳖甲（先煎）12g　川石斛（先煎）24g　吴茱萸 2g　黄连 3g　生地 20g　煅瓦楞子（先煎）30g　海螵蛸 12g　金樱子 30g　覆盆子 30g

14 帖

二诊：2013.07.02

患者口干多饮、口角发红较前好转，大便通畅，仍有夜寐欠安，舌绛干无苔，脉细数。效不更方，原方继续口服，14 帖。

三诊：2013.07.19

患者口干多饮较前好转、口角发炎痊愈，大便偏稀，舌绛干无苔，脉细数。前方去金银花、鳖甲、龟板、生地、煅瓦楞子，加肉桂 5g、熟地 30g。

处方：紫花地丁 30g　蒲公英 30g　野菊花 12g　连翘 12g　淮小麦 30g　五味子 5g　炒枣仁 20g　柏子仁 25g　红枣 20g　川石斛（先煎）24g　炙甘草 20g　吴茱萸 2g　黄连 3g　海螵蛸 12g　金樱子 30g　覆盆子 30g　肉桂（后下）5g　熟地 30g

14 帖

按：干燥综合征是一种系统性自身免疫疾病。多见于中老年妇女，属祖国医学"燥症"或"燥痹"范畴。临床上除有唾液腺和泪腺受损而出现眼干、口干外，尚有腺体外其他器官受累而出现多系统损害的症状，如肾、肺、消化系统、神经等损伤。治疗上相当棘手，如不能及时控制病情，可危及生命。西医多用替代疗法和糖皮质激素、免疫抑制剂治疗，副作用多而且疗效也不肯定。目前中医药的治疗，对缓解病情，改善症状有非常明显的作用，是治疗干燥综合征的一个有效的手段。宋师认为干燥综合征的病因病机是阴虚为本、燥热伤津，并逐渐发展为虚、瘀、毒相互搏结、互为因果。燥毒又有内外之分，临床年迈体衰、素有阴亏、大病久病之人，阴精耗伤，虚热乃生，燥热乃积，日久成毒，此为内生之燥毒；病原微生物如病毒等亦可能成为外来之燥毒。此内外燥毒合邪，相因为病，从而加重津伤液耗、津液输布障碍，造成机体津液绝对或相对不足，故其标在燥。故认为阴虚为本，燥热为标。治以养阴润燥、清热解毒。组方中五味消毒饮清热解毒凉血；甘麦大枣汤合酸枣仁、柏子仁养心安神；龟板、鳖甲、生地、石斛清热养阴、滋阴潜阳；海螵蛸、金樱子、覆盆子补肾固精；三诊症状明显好转，大便偏稀，减少清热养阴药物金银花、龟板、鳖甲、生地，加熟地补益肝肾精血，少量肉桂反佐，温肾助阳、引火归元。

宋师点评 感受燥毒之邪，初则津液输布失常，继则燥毒蕴热，日夜暗耗津液，病史 10 年，口眼干燥、乏力神疲、纳减便干，夜寐多梦等始终未解，又因年近老龄，本身即易津液亏耗，以致上述症状加剧，养阴清热、润燥化痰如案中所析，明之矣。惟金樱子、覆盆子、桑螵蛸补肝肾固精，用之于此，为我发明。且金樱、覆盆本为山野之果，味酸甜多补益。妇人之疾，又发于近五旬及以上之人，多有潮热盗汗、手足喜凉等症，故以少量肉桂反佐，温肾助阳、引火归元，但须注意避免温热伤阴。

医案六（干燥综合征关节疼痛案）

方某，女，59 岁，初诊日期：2013.02.26 发病节气：秋分

主诉：口眼干燥 10 余年，双手关节疼痛较剧半年。

现病史：患者 10 余年前无明显诱因下出现口干欲多饮、眼干少泪，未予重视，未治疗。病情呈持续加重，并出现皮肤干燥，尤以冬季为重，伴皮肤瘙痒，遂于发病第 3 年就诊于当地医院，诊断不明，给予口服药物治疗后症状稍缓解，停药后口眼干复发。2 年前就诊于杭州某医院，查 ANA 1：100，SSA（＋），ESR、CRP 均升高，诊断为"干燥综合征"，给予羟氯喹、雷公藤多苷片等治疗后，口干、眼干、皮肤干燥缓解明显。当时用药不规则。近半年来，出现全身游走性关节疼痛，有时局限于某一关节疼痛较剧，但未见明显关节肿胀，并伴有心烦失眠，纳差，咳嗽，痰黏不易咳出，夜尿多。现为求中医治疗而来就诊。

体格检查：全身皮肤干燥明显，双下肢、躯干可见细小脱屑，双手关节无畸形，局部皮肤无红肿，无明显压痛，皮温未升高。舌红少津，苔薄，脉弦细。

辅助检查：ESR 29mm/h; CRP 18mg/L; ANA 1：100、SSA（＋）、SSB（＋）。

辨证分析：患者年近六旬，阴津本亏，复感燥毒之邪，伤津耗液，则津液输布障碍，不能濡润外窍皮肤，故见口眼干燥、皮肤瘙痒；肝肾亏虚，津枯血燥，筋脉关节失濡，故见游走性关节疼痛甚则痛剧；肺肾阴亏，故而干咳、夜尿频多；心阴不足、心失所养，见心烦失眠。舌红少津，苔薄，脉弦细为阴津亏虚之象。

西医诊断：干燥综合征。

中医诊断：燥痹（阴津亏虚，络脉痹阻证）。

治法：养阴益气，活血通络止痛。

处方：瓜蒌皮20g　淮小麦30g　炙甘草20g　炒枣仁12g　柏子仁12g　川石斛（先煎）12g　生地20g　鲜芦根30g　天花粉25g　金樱子12g　覆盆子12g　鸡血藤30g　桃仁10g　红花10g　留行子12g　鬼箭羽12g　土贝母25g　钻地风12g　鸟不宿12g　蜈蚣4条　全蝎6g　蜂房12g　浙贝母12g

14帖

二诊：2013.03.10

患者诉用药4剂，游走性关节疼痛即逐步缓解。14帖后口干、眼干明显缓解，咳嗽明显减少，胃口较前好转。皮肤干燥缓解不明显，心烦较明显，夜尿较多，每晚3～4次，治疗仍以益气养阴，活血通络，继用上方，再进14帖。

三诊：2013.03.25

患者口眼干燥、咳嗽进一步好转，纳眠改善，皮肤脱屑明显减少。夜尿改善不明显。前方去炙甘草、淮小麦，重用金樱子30g、覆盆子40g。

处方：瓜蒌皮20g　炒枣仁12g　柏子仁12g　川石斛（先煎）12g　生地20g　鲜芦根30g　天花粉25g　金樱子30g　覆盆子40g　鸡血藤30g　桃仁10g　红花10g　留行子12g　鬼箭羽12g　土贝母25g　钻地风12g　鸟不宿12g　蜈蚣4条　全蝎6g　蜂房12g　浙贝母12g

14帖

四诊：2013.04.10

口眼干燥消失，皮肤干燥缓解，夜尿次数减少，无咳嗽、咳痰。患者诉纳食较差，时有心烦。

处方：瓜蒌皮20g　淮小麦30g　炒枣仁12g　柏子仁12g　川石斛（先煎）12g　生地20g　鲜芦根30g　天花粉25g　金樱子30g　覆盆子40g　鸡血藤30g　桃仁10g　红花10g　留行子12g　鬼箭羽12g　土贝母25g　钻地风12g　鸟不宿12g　蜈蚣4条　全蝎6g　蜂房12g　浙贝母12g

14帖

按："燥痹"病机关键在于"阴津亏虚"，轻则肺胃阴伤，重则肝肾阴亏。多因素体阴虚或感染邪毒而致津液生化不足，阴血亏虚，津液枯涸，致使清窍、关节、经络失于濡养。本病主要与肺、胃、肝、肾阴虚有关，病程日久，五脏皆可发病。宋师认为本病以阴血亏虚，津枯血燥，筋脉关节失濡为主。津液耗伤实质为五脏之虚损，肺失宣发则水气不能肃降而少涕，脾失升降而少涎，心阴不足而少汗，肝血暗耗而少泪，肾水亏损而少唾，津液干涸，则外有经脉气血痹阻，关节肌肉疼痛，内有津亏液燥，脏腑阴精不足。因此，治疗上强调滋阴润燥生津，这一治则贯穿于疾病的始终，活血通络是缓解此案关节疼痛的主要手段，治疗时应酌情运用清热、祛风、通络、补气等法，不能一味追求滋阴润燥；否则疗效不佳。宋师认为该患者为肺脾阴虚，气阴两虚证，此证临床较常见，多表现于疾病初期，干燥症状比其他证型明显。表现为眼干口燥，少泪少唾，少涕少汗，干咳无痰，肌肉关节疼痛，舌红苔薄，脉弦细。治以益气养阴，补益肺脾。用大量生地、川石斛、鲜芦根益气养阴。瓜蒌皮通阳、宽胸，既可防止滋阴太过，又可改善心烦。酸枣仁、柏子仁药对可改善患者睡眠。土贝母、天花粉起到清热祛风作用。考虑患者病情伤及肾脏，致使肾气不足，不能纳摄尿液，故重用金樱子、覆盆子以纳摄尿液。

宋师点评 患者口眼干燥10余年，查ANA 1：100，SSA（+），SSB（+），ESR、CRP升高，予免疫抑制剂羟氯喹，雷公藤多苷片有效。因此，本案诊断为干燥综合征。此案症状特点：①干燥综合征可出现关节游走性疼痛但疼痛较剧少见，该案关节疼痛游走半年且疼痛较剧；②口眼干燥症状突出；③心烦明显，夜尿频频。治疗选用甘麦大枣汤，柏子养心汤，缩泉丸加减有效。心烦、夜尿频频与游走性关节痛有较强相关性，心越烦则关节越痛、夜尿越频，故安神可以止痛、止夜尿频频；方中加贝母、瓜蒌既可润燥，又可化痰，一举两得，似兼有助养阴之功。虫类息风止痛，但用于燥痹（干燥综合征）也有生津固精作用。

第三节 补可去实笋破石，气血阴阳不宜偏

唐代陈藏器在其著作《本草拾遗》中提出"十剂"之说："诸药有宣、通、补、泄、轻、重、滑、涩、燥、湿，此十种者，是药之大体。"这也是"十剂"的最早出处。"十剂"各有其治，如"轻可去实"指轻清发散之药可解外感表实证，如麻黄、葛根、薄荷之属；"补可去弱"指功专补虚扶弱，纠正人体气血阴阳虚衰，五脏虚损。但临证之时常见风湿病患者虽然辨其病机以虚为主，却呈现一派实证之症状，宋师认为"至虚有盛候"，常常使用补法施治，倡言"补可去实"之说。

虚证之因起源多端，有先天禀赋不足，亦有由邪正相争、正气亏虚所致。现代医学发现风湿病与某种遗传因素有关，中医论风湿病发病常常归因于先

天禀赋异常。因某种先天禀赋异常而易生某种风湿性疾病，此种异常常被理解为不足，不足即是亏虚，所以正虚常常是风湿病发病的根本原因。此外宋师常言"伏邪晚发"，既有邪之所生，亦有正气亏虚，两者均是重要的致病因素。正气虚衰，邪气乘虚而入潜藏于体内而为"伏邪"，受外因触动而后内外之邪相合发为痹证，反复发作，使正虚更甚，久而不已，则入五脏，发为五脏痹。《医宗金鉴》从病邪由浅入里内传五脏的演变规律分析："凡痹病日久内传所合之脏，则为五脏之痹。其人中虚受邪则难治多死，其人脏实而不受邪，复还于外，则易治多生。"病机虽以虚为主，但是因疾病本身发病特点的关系，临床常有本虚标实、错综复杂的表现，宋师多以补益之法为主施治。

如 RA，因脾虚失于健运，则可见脘痞腹胀，纳呆恶心，脾虚运化水液功能失常，则易使水湿聚于所发之病所，湿性重浊黏滞且易阻遏气机，关节漫肿疼痛，晨起关节僵硬，活动不利，甚者须得三五小时或半日方能缓解，治以健脾益气，亏损之气得补，则郁滞之气得行、流滞之湿得化，疼痛肿胀自除。有研究显示，健脾益气化湿可以下调关节腔滑液 IL-1β、TNF-α 的表达而起到控制炎症的作用，这也从现代医学微观角度阐明了此法对参与 RA 炎症反应的相关炎症因子的作用。

如系统性硬化病患者，阳虚寒盛乃其基本病机，阳虚于内，虚寒内生或再感外寒，则寒凝经脉，皮肤脉络失养而见种种皮肤僵硬为主的表现，该病早期多从双手始发，可见手指、手背紧绷肿胀，手指褶皱消失，活动不利，皮肤提拉不起，渐延及皮肤、面部，久则皮肤变厚、变硬，如有蜡裹，可见"面具脸"征象，后期指端皮肤萎缩，易生溃疡；累及肺脏患者，则动辄气急，喘嗽难安，多治以补肺益肾纳气，"益火之源，以消阴翳"，辅以化痰祛瘀常常收效。现代药理研究发现温阳通络法如补阳还五汤对于系统性硬化病皮肤成纤维细胞胶原和转化生长因子 β_1 的分泌有抑制作用。宋师临证时亦曾治一手背有一处破溃的血管炎患者，施以诸法，久难愈合，后从阳和汤之义以大剂益气温阳药鼓舞其正气，托毒外出，终获良效。以上诸多"实证"——临床表现出的皮肤溃疡、咳痰喘促等，是脾肾等脏之虚所致，其症尤若风筝，而内虚则是掌握风筝之手。

"补可去实"亦可用于因药物所致急虚者，如系统性红斑狼疮患者，活动期时见面部蝶形红斑、持续高热，或兼见咳嗽咳痰频频，或见水肿尿少等，辨证为热入营血证，经大剂量激素冲击治疗后，患者高热虽然可迅速缓解，但面部蝶形皮疹红赤如锦纹、咳嗽气喘仍然明显。即患者之实证尚在，但因大剂量激素冲击作用及深入营血之邪热"壮火食气"，患者既有面赤气粗、大汗淋漓等"盛候"之后，又常常有神疲乏力、少气懒言等症状，对于此种情况，宋师认为因药毒而导致了急虚证，应拨开"实证"之浮云而见内在之"虚证"，故常在使用激素出现大汗淋漓时便酌情投以益气之剂，急固无形之气，防其气随液脱而亡阳，此为既病防变，亦可助他药祛邪。

在应用补法时，宋师十分注意以下几点：①重视补益脾肾的作用。脾胃为后天之本，气血生化之源，脾胃健运，水液代谢正常，五脏六腑、四肢百骸方能得以滋养。肾为先天之本，寓元阴元阳，为生命的本元。重视补益脾肾，使先后天之本不败，则能促进各脏虚损的恢复。②五脏虚损日久容易诱发伏邪发作，使病情趋于复杂和严重，对于虚中夹实及兼感外邪者，当补中有泻、扶正祛邪，可少佐通络除痹之品，或养血祛瘀而通络，或健脾祛湿而消肿。从辨证的关系看，祛邪亦可起到固护正气的作用，防止因邪恋而进一步损伤正气，且正气渐复，方有施用种种攻逐法之机会。③病程较长者，影响疾病因素较多，要将药物治疗与饮食调养及生活调摄密切结合起来，方能收到更好的治疗效果。

医案一（系统性红斑狼疮，狼疮性肾炎）

章某，女，24岁，初诊日期：2012.10.09 发病节气：寒露后

主诉：面部红斑半年余伴泡沫尿3个月。

现病史：患者半年前无明显诱因下开始出现面部红斑，无明显瘙痒、疼痛，日晒后加重，乏力、胃纳减少，3个月前小便混浊多呈泡沫尿，外院查ANA 1：640，抗双链DNA（dsDNA）（+），尿蛋白（++），ESR 76mm/h，诊断为"系统性红斑狼疮"，予甲泼尼龙40mg（1次/日）、羟氯喹0.2g（2次/日）、MTX 7.5mg（1次/周）等治疗3个月，激素逐渐减量至甲泼尼龙8mg（1次/日），MTX 7.5mg（1次/周），羟氯喹0.2g（2次/日）时面部红斑又发，仍有蛋白尿、血尿，时有骨蒸潮热，胃纳尚可，二便无殊，寐可。

体格检查：面部明显红斑，库欣样貌，心肺（-），舌淡红苔薄少，脉细弦。

辅助检查：尿常规：蛋白质（+），WBC（+），红细胞（++）；24小时尿蛋白定量890mg；尿β_2微球蛋白462μg/L，尿微量白蛋白192mg/L。血常规、肝功能、肾功能、ESR未见异常。

辨证分析：患者青年女性，平素易神疲乏力，腰膝酸软，乃先天不足、肝肾亏虚。复感外邪，湿热火毒乘虚侵袭肌肤，致气血失和，热毒燔灼，迫

浙江中医临床名家·宋欣伟

血外溢，故见皮肤红斑；病久不愈，火毒之邪日益灼伤阴液，病邪深入脏腑，内陷于肾，竭耗肾阴，灼伤肾络而致血尿，肾体损伤，失于封藏，则精微下注而为蛋白尿；骨蒸潮热，舌红苔薄黄，脉细为肝肾阴虚、热毒内蕴之象。

西医诊断：系统性红斑狼疮。

中医诊断：红蝴蝶疮：尿浊、尿血（热毒内蕴证）。

治法：养阴活血，凉血止血。

处方：太子参 30g　当归 10g　白芍 15g　川芎 15g　六月雪 30g　积雪草 30g　仙鹤草 30g　大蓟 30g　小蓟 30g　薏苡仁 30g　车前草 30g　甘草 5g　麦冬 20g　川石斛（先煎）24g　制玉竹 20g　制黄精 20g

14 帖

西药（主要药物）：甲泼尼龙 8mg，1 次/日；MTX 7.5mg，1 次/周；羟氯喹 0.2g，2 次/日。

二诊：2012.10.24

患者无明显不适，乏力好转，舌红苔薄黄，脉细。辅助检查：尿常规：RBC（+），PRO（+）。效不更方，原方加乌梢蛇 30g、蝉衣 20g，继续口服。

处方：太子参 30g　当归 10g　白芍 15g　川芎 15g　六月雪 30g　积雪草 30g　仙鹤草 30g　大蓟 30g　小蓟 30g　薏苡仁 30g　车前草 30g　甘草 5g　麦冬 20g　川石斛（先煎）24g　制玉竹 20g　制黄精 20g　乌梢蛇 30g　蝉衣 20g

28 帖

西药（主要药物）：甲泼尼龙 8mg，1 次/日；MTX 7.5mg，1 次/周；羟氯喹 0.2g，2 次/日。

三诊：2012.11.25

患者无明显不适，自述小便无混浊，舌红苔薄黄，脉细。辅助检查：尿常规：RBC 3，PRO（+-）。原方继续加减口服直至尿蛋白转阴，后再据证维持调理治疗。

按：系统性红斑狼疮（SLE）是一种弥漫性、全身性自身免疫病，主要累及皮肤黏膜、骨骼肌肉、肾脏及中枢神经系统，同时还可以累及肺、心脏、血液等多个器官和系统；血清中可检测到多种自身抗体和免疫学异常。近代医家认为本病多由先天禀赋不足，情志内伤，病后失调，复受六淫侵袭，特别是风、湿、火、燥四淫之邪的外袭，导致热毒灼血，伤阴耗液，阴阳气血失于平衡，气血运行不畅，气滞血瘀，阻于经络和脏腑而引起。先天不足，

浙江中医临床名家·宋欣伟

如遗传因素及免疫功能缺陷是导致本病发生的内在原因，湿热火毒注于下焦，肝肾阴亏，则病情反复发作，因此本虚标实是该病的基本病机。该患者排尿混浊，辅助检查有蛋白尿、血尿，诊断为系统性红斑狼疮、狼疮肾炎，属于中医"红蝴蝶疮：尿浊、尿血"范畴。在狼疮肾炎诸病理因素中，先天不足、肝肾阴虚为病之本，热毒血热为病之标，正气亏虚贯穿于病程的始终，湿热毒邪则是诱发加重及反复发作迁延不愈的因素，两者常相互影响。湿热毒邪，不能及时清解，则内陷于肾，竭耗肾阴，灼伤肾络而致血尿；肾体损伤，失于封藏，则精微下注而为蛋白尿。治疗以养阴清热、凉血活血为大法，太子参、白芍益气养阴，六月雪、积雪草清热利湿解毒，仙鹤草、车前草、大蓟、小蓟清热解毒、凉血止血，当归、川芎养血活血，乌梢蛇、蝉衣祛风除湿，薏苡仁健脾利湿，甘草调和诸药。该方攻补兼施，标本同治，为宋师治疗狼疮性肾炎之经验方，根据病机组方，辨证精准，用药得当，疗效明显，药性平和，可长期服用。

宋师点评 在系统性红斑狼疮、狼疮性肾炎中，脾肾亏虚为本，风湿热毒为标，正气亏虚贯穿于病程始终，风湿热毒邪则是诱发加重及迁延不愈的因素，两者常相互影响，本虚标实是该病的主要病机特点。之所以言"脾肾亏虚"而不仅言"肝肾阴虚"，是因为系统性红斑狼疮、狼疮性肾炎既可因脾肾气虚无力运化固摄而致蛋白尿、血尿，亦可因肝肾阴虚、阴虚火旺而致血尿、蛋白尿。肝肾乙癸同源，肝损及肾，肾亏及肝，互相影响，中医习惯上言肾阴不足常常已包括肝阴不足之意。按语中剖析用药得当，唯重用当归、川芎、乌梢蛇、蝉衣是重视祛风通络、活血化瘀在狼疮肾炎中的作用，顽固的狼疮肾炎常常久治难已，是其因虚因热常常暗风内潜、血瘀入络，故无论从阶段病情发展，还是从药先于病考虑，既是属于目前病情需要，亦有预为设伏施治之意。

医案二（系统性红斑狼疮，狼疮性肾炎）

李某，女，48岁，初诊日期：2013.03.23 发病节气：春分

主诉：发现蛋白尿3年。

现病史：患者3年前体检时发现尿蛋白（+++），伴有轻微腰酸乏力，前往当地医院就诊，查：ANA 1∶320，dsDNA（+），抗Sm抗体（+），ESR 34mm/h，血常规：WBC $2.8×10^9$/L，红细胞（RBC）$3.64×10^{12}$/L，血小板（PLT）$97×10^9$/L，当地医院诊为"系统性红斑狼疮，狼疮肾炎"，不规则使用激素及免疫抑制剂环磷酰胺、骁悉等治疗，腰酸乏力症状无缓解。

浙江中医临床名家·宋欣伟

近 1 年来面部出现大块蝶形红斑，日晒后加重，面部浮肿，双手指关节胀痛，伴腰酸乏力，动辄气短，口唇苍白。为求中医诊治就诊。

体格检查：面部鼻梁两侧蝶形红斑，斑色鲜艳，上有白色皮屑，无疼痛瘙痒，面部浮肿，双眼周明显，心肺（-），腹稍膨隆，无压痛及反跳痛，移动性浊音（-），双下肢膝以下凹陷性水肿，双手指关节肿胀，雷诺氏征（+）。

辅助检查：尿常规：尿蛋白（++）。ANA 1：320，dsDNA（+），Sm（+），ESR 62mm/h，RF 312U/L；血常规：WBC $3.5×10^9$/L，RBC $3.53×10^{12}$/L，PLT $80×10^9$/L，CRP 26.3mg/L。免疫球蛋白 G（IgG）9.5g/L，补体 C_3 0.68g/L，补体 C_4 0.12g/L。

辨证分析：患者中年女性，素体肝肾亏虚而见腰膝酸软，神疲乏力；体虚抗邪无力，外邪袭人，久酿成毒，则伤人更甚，肝肾亏虚愈加严重，故见腰酸乏力明显，动辄气急；久病入络，加之肾气不足，水液气化不利则见面部浮肿，双下肢膝以下凹陷性水肿；气虚血运受阻，瘀血水湿互结阻遏清道，精微物质不循常道而外溢，另有肾虚失于封藏以致精微下注，则发为蛋白尿；瘀血阻络迫血外溢，故见皮肤红斑；舌质淡紫，苔薄白腻，脉细数为肝肾亏虚、血瘀毒阻之象。

西医诊断：系统性红斑狼疮，狼疮肾炎。

中医诊断：红蝴蝶疮（气虚血瘀毒阻证）。

治法：益气活血、解毒通络。

入院后予甲泼尼龙 40mg 1 次/日，羟氯喹 0.2g，2 次/日，骁悉 0.5g，2 次/日治疗 10 周，复查 ESR、CRP 正常，但尿蛋白（++），24h 尿蛋白 1148mg/24h，逐渐减量激素 5mg/2 周，予加用中药治疗。舌质淡紫，苔薄白腻，脉细数。

处方：青蒿（泡）60g 黄芪 110g 当归 20g 川芎 25g 制乳香 10g 制没药 10g 金樱子 30g 甘草 5g 阿胶珠（烊化）10g 炙鳖甲（先煎）24g 炙龟板（先煎）24g 金银花 30g 连翘 12g

14 帖

西药（主要药物）：甲泼尼龙 40mg，1 次/日；埃索美拉唑 40mg，1 次/日；羟氯喹 0.1g，2 次/日，法能 0.25ug，1 次/日。待病情缓解，ESR 正常后每两周减甲泼尼龙 4mg。

二诊：2013.04.08

尿蛋白（+），气短乏力较前好转，仍有双手指关节胀痛，舌质淡紫，苔薄白，脉细。前方加益母草、泽兰、地龙、水蛭活血破血祛瘀。14帖。

处方：青蒿（泡）60g　黄芪110g　当归20g　川芎25g　制乳香10g
制没药10g　金樱子30g　甘草5g　益母草30g　泽兰30g　地龙12g　水蛭
6g　阿胶珠（烊化）10g　炙鳖甲（先煎）24g　炙龟板（先煎）24g

14帖，共服2个月

三诊：2013.06.10

尿蛋白可疑阳性，腰酸乏力消失，但手指关节仍有轻微胀痛，继以前法
治疗，再加三棱、莪术增强活血化瘀作用。

处方：青蒿（泡）60g　黄芪110g　当归20g　川芎25g　制乳香10g
制没药10g　金樱子30g　甘草5g　益母草30g　泽兰30g　地龙12g　水蛭
6g　三棱10g　莪术10g

14帖

按：系统性红斑狼疮是一种全身性自身免疫性疾病，可侵犯结缔组织、
血管、内脏、皮肤等多种器官。中医对本病无明确记载，古籍称本病为"鬼
脸疮""红蝴蝶""日晒疮""马樱丹"等，或视症状表现称为"温毒发斑""膈
证""水肿""肾脏风毒""痹证"等。中医理论认为本病多因先天禀赋不足，
或后天失其调养，导致阴阳失调、气血失和而发病，而日光暴晒，邪热入里，
精神刺激，过度疲劳，外感毒邪等，是发病的主要诱因。

本例系统性红斑狼疮患者临床表现主要为蛋白尿，蛋白是人体的精微物
质，来源于脾胃所运化的水谷之精，由脾化生传输，由肾封藏。《医门棒喝》：
"肾元亏损禀赋不足者，全赖脾胃生化以养。脾胃之能生化者，实由肾中元
阳之鼓舞。而元阳以固密为贵，其所以能固密者，又赖脾胃生阴精以涵育耳。"
脾胃为后天之本，肾为先天之本，二者相互为用。脾主运化升清，脾虚则不
能升清，谷气下流，精微下注。肾主封藏，五脏六腑之精气藏于肾，肾气充
则精关固，精液内藏；若肾气不固，精微则漏泻于体外，形成蛋白尿。因此
脾肾气虚可致蛋白尿的产生。本例患者气血亏虚，气的固摄功能及气化功能
减弱，气、血、精、津液的运化受阻，气为血之帅，血随气行，气虚则血运
受阻，水湿不化，瘀血与水湿互结，阻遏清道，精微物质不循常道而外溢，
发为病理产物蛋白尿。故在治疗气虚血瘀证以蛋白尿为主要表现的系统性红
斑狼疮患者时应以益气活血之法为主，以补阳还五汤加减可收奇效。

宋师点评　激素为系统性红斑狼疮治疗的基石，急性期大剂量使用激素
常使患者免疫功能受抑制，出现易于感冒、神疲乏力等症状，中医辨证为气

虚之证，常选用大剂量黄芪、生晒参、生白术治疗。系统性红斑狼疮又易见血栓前状态，即血液呈高凝状态，故每每选用当归、川芎、蜈蚣、水蛭等活血行气通络之药。案中青蒿本专为系统性红斑狼疮之皮疹而设，而后即使无明显皮疹亦在使用，因其可起到清热凉血解毒作用，对皮疹、蛋白尿消除均有裨益。

医案三（结节病）

裘某，女，46 岁，就诊日期：2012.11.06 发病节气：霜降

主诉：头面部结节 1 年余。

现病史：1 年前在无明显诱因下出现头面部皮下数枚结节，渐增大增多，约鸽蛋大小，质尚软，无压痛，皮肤病理示：肉芽肿性炎。伴有咳嗽，多痰，色白质黏，头晕目眩，胸部 X 线示无殊。

体格检查：头面部可见 4 枚约鸽蛋大小皮下结节，皮色正常，质韧，无压痛，边界尚清。两肺呼吸音清，未闻及干湿啰音。舌质暗红，苔薄腻，脉弦滑。

辅助检查：皮肤病理示，肉芽肿性炎。胸部 X 线示，两肺未见明显异常。

辨证分析：患者中年女性，气血运行失常，水湿停聚，痰饮内生，络脉痹阻故见头面皮肤多发结节；咳嗽痰多，头晕目眩亦为痰湿内蕴、气虚血瘀之征象。痰凝结久则血瘀又加重结节。舌质暗红，苔薄腻，脉弦滑为痰瘀互结之象。

西医诊断：结节病。

中医诊断：痰核（痰瘀互结证）。

治法：祛风化痰，活血通络。

处方：制半夏 30g 制南星 30g 毛慈姑 15g 猫爪草 30g 皂角刺 25g 白芥子 25g 留行子 20g 鬼箭羽 30g 麻黄 6g 生石膏（先煎）30g 蜈蚣 4g 蜂房 12g 鸡内金 30g 连翘 30g 炙鳖甲（先煎）24g 炙龟板（先煎）24g 煅瓦楞子（先煎）30g 全蝎 10g 浙贝 15g

14 帖

同时用埃索美拉唑护胃。

二诊：2012.11.20

自觉结节较前软，咳嗽减轻，痰较前少且易咯，但胃纳不佳，气短乏力。治疗前方去浙贝，加生黄芪 80g、鹿角霜 15g、生稻芽 30g、生麦芽 30g，再进 14 帖。

处方：制半夏 30g 制南星 30g 毛慈姑 15g 猫爪草 30g 皂角刺 25g

白芥子 25g　留行子 20g　鬼箭羽 30g　麻黄 6g　生石膏（先煎）30g　蜈蚣 4g　蜂房 12g　鸡内金 30g　连翘 30g　炙鳖甲（先煎）24g　炙龟板（先煎）24g　煅瓦楞子（先煎）30g　全蝎 10g　生黄芪 80g　鹿角霜 15g　生稻芽 30g　生麦芽 30g

14 帖

三诊：2012.12.05

结节较前缩小，咳嗽症状消失，无痰，胃纳明显增强，复查肝肾功能示：ALT、AST 轻度升高，前方去猫爪草、皂角刺、鬼箭羽、蜈蚣、蜂房、鸡内金、鳖甲、龟板、煅瓦楞子、全蝎、生稻芽、生麦芽，加三棱 15g、莪术 15g、红花 15g、苍术 20g、水蛭 5g、牛虻 3g、地鳖虫 20g。

处方：制半夏 30g　南星 30g　毛慈姑 15g　白芥子 25g　留行子 20g　麻黄 6g　生石膏（先煎）30g　连翘 30g　生黄芪 110g　鹿角霜 15g　三棱 15g　莪术 15g　红花 15g　苍术 20g　水蛭 5g　牛虻 3g　地鳖虫 20g

28 帖

四诊：2013.01.05

结节进一步缩小，肝肾功能正常，前方加夏枯草 30g、海藻 12g、昆布 12g、生瓦楞子 30g。

处方：制半夏 30g　南星 30g　毛慈姑 15g　白芥子 25g　留行子 20g　麻黄 6g　生石膏（先煎）30g　连翘 30g　生黄芪 110g　鹿角霜 15g　三棱 15g　莪术 15g　红花 15g　苍术 20g　水蛭 5g　牛虻 3g　地鳖虫 20g　夏枯草 30g　海藻 12g　昆布 12g　生瓦楞子（先煎）30g

28 帖

此后结节又有进一步缩小，虽然小的结节基本消失，大的结节未完全消失，但此后几年病情基本稳定。

按：中医学无结节病之病名，可归入中医学"痰核""湿痰流注"的范畴。用中医的理论分析结节病的发生、发展与演变过程，我们认为多与痰凝、血瘀、气郁密切相关。中医认为"气行则血行，气滞则血滞"；同时津液代谢失常可造成水湿停聚，为痰为饮变生多种疾病，有"怪病多痰"之说。因此，立足痰、瘀、气三因素之病因病机分析，是论治结节病的基本指导思想。本例患者头面部皮肤结节，伴有咳嗽、痰多、头晕目眩，舌质暗红，苔腻，脉弦滑，在中医辨治过程中以痰瘀互结辨治，故方中先以制半夏、南星、白芥子等燥湿化痰为主，次以留行子、蜈蚣、全蝎、煅瓦楞子、鬼箭羽等活血化瘀、祛

85

风化痰，后又加用海藻、昆布、连翘、夏枯草之类软坚散结，前后用药有一定层次递进。其间加大剂量黄芪补气以祛邪散结。治疗原则既定，坚持治疗方向不变，守方治疗竟获奇效。在治疗过程中由于长时间使用猫爪草、鬼箭羽、蜈蚣、全蝎、煅瓦楞子等有毒性药物致患者肝功能轻度损伤，经护肝后肝功能回复正常，这提示我们在应用毒性药物时，要定期复查肝肾功能。

宋师点评　结节病在中医病名中并无相应确切名称，临床虽多以痰核、湿痰流注、瘰疬命名，但总觉不够全面，未能充分反映本病特点。从临床实践来看，其病有虚有实，虚则多属气虚，无力推动血液、津液之流动，临床虽未必表现有动则气喘、便溏腹泻、水肿、心悸怔忡等全身症状，但往往有乏力倦怠，或精神淡漠面色萎黄的症状；实证多属（痰）湿凝、血瘀、气结及风寒热邪之聚结。故结节一病往往呈现多重病机复杂交叉之状况，治疗用单一之法往往无效，复法大方是唯一选择，方中半夏、南星、毛慈菇、白芥子、苍术用以燥湿祛痰，王不留行、鬼箭羽、蜈蚣、全蝎、蜂房、水蛭、三棱、莪术、红花类用于活血化瘀，鸡内金、鳖甲、龟板、瓦楞子、猫爪草、海藻、昆布类用于散结。此三类药物功专散结。据情况选择皂角刺、连翘、夏枯草既能清热，又能散结，麻黄发越阳气，石膏清透郁热。黄芪在此益气以助透邪散结，增强其他药物作用，为不可或缺药物。

医案四（结节性红斑）

李某，男，45岁，就诊日期：2012.10.13　发病节气：寒露后

主诉：双下肢红斑结节5年余。

现病史：患者于5年前无明显诱因下出现双下肢小腿红肿结节，伴压痛明显，无明显瘙痒，同时伴有双侧踝关节疼痛，肿胀，经西医治疗后皮疹消退，关节疼痛缓解（具体不详）。但每遇疲劳时皮疹仍反复发作，伴有腰膝酸软，头晕乏力，皮疹消退后遗留皮肤硬结及暗红、紫黑色素沉着斑。现为求中医诊治就诊。患者近来纳食乏味，夜间盗汗，五心烦热，口干咽痛，大便干结，其中乏力神疲尤其明显。

体格检查：双下肢胫前外侧散在黄豆大小皮内结节，稍高出皮面，颜色为肤色，皮温正常，并散在色素沉着，无破溃及渗出，双踝关节轻度疼痛，未见明显红肿。舌体瘦小，质偏红绛，苔少，脉弦细。

辅助检查：ESR 26mm/h；CRP 10mg/L；ASO、RF正常；抗中性粒细胞胞质抗体（ANCA）正常；生化基本正常；血常规正常。

辨证分析：患者中年男性，素体亏虚，肝肾失养，故易腰膝酸软，头晕乏力；

浙江中医临床名家·宋欣伟

湿热之邪乘虚外袭，客于肌肤腠理，气血瘀滞而发下肢结节红斑，又因肝肾素亏，故每遇劳累后发病；舌体瘦小，质偏红降，苔少，脉弦细为肝肾阴亏之象。

西医诊断：结节性红斑（稳定期）。

中医诊断：瓜藤缠（肝肾阴亏证）。

治法：滋阴益气，活血散结。

处方：麦冬20g　半边莲30g　女贞子12g　桑椹子12g　制黄精20g　小胡麻12g　炙龟板（先煎）24g　炙鳖甲（先煎）24g　山药20g　山萸肉12g　菟丝子30g　生白术12g　炙黄芪30g　熟地30g　党参20g　红枣10g

14 帖

二诊：2012.10.28

无明显新发结节红斑，自觉双侧踝关节疼痛较前缓解，纳可，夜间仍有盗汗，口干，寐不安，大便干结，舌体瘦小，质红绛，少苔，脉弦细。前方去生白术、党参，加用五味子、酸枣仁、柏子仁宁心安神，石决明、牡蛎散结。

处方：麦冬20g　半边莲30g　女贞子12g　桑椹子12g　红枣10g　小胡麻12g　炙龟板（先煎）24g　炙鳖甲（先煎）24g　山药20g　山萸肉12g　菟丝子30g　炙黄芪30g　熟地30g　制黄精20g　五味子6g　炒枣仁30g　柏子仁12g　石决明（先煎）30g　煅牡蛎（先煎）30g

14 帖

三诊：2012.11.14

关节疼痛较前好转，胫前皮下结节逐渐消退变平，留褐色色素沉着，纳可，寐安，仍有夜间盗汗，五心烦热，腰膝酸软，口干欲饮，舌红苔薄，脉细数。前方去酸枣仁、柏子仁、石决明、牡蛎，加用石斛、西洋参滋阴益气，鸭跖草、车前草清热利湿，鲜芦根清热生津。

处方：麦冬20g　半边莲30g　女贞子12g　桑椹子12g　红枣10g　小胡麻12g　炙龟板（先煎）24g　炙鳖甲（先煎）24g　山药20g　山萸肉12g　菟丝子30g　炙黄芪30g　熟地30g　制黄精20g　五味子6g　川石斛（先煎）36g　西洋参12g　鸭跖草30g　车前草30g　鲜芦根30g

14 帖

四诊：2012.11.30

上述诸症基本缓解，继进前方加减，后以养阴生津为主调治而收功。

按：结节性红斑是对称性发于下肢伸侧为主的红色结节性损害，压痛明

显，春秋季多见，好发于中青年女性，类似中医文献记载的"湿毒流注""瓜藤缠"。《医宗金鉴·外科心法要诀》说："此证生于腿胫，或发一二处，疮顶形似牛眼，根脚散漫肿胀……若绕胫而发即名瓜藤缠，结核数枚，日久肿痛。"近代多数医家认为本病大多由素体血分有热，外感湿邪，湿与热结，卫外不固，寒湿之邪乘虚外袭，客于肌肤腠理，气血瘀滞而发，以及脾虚失运，水湿内生，终致湿郁化热，湿热下注，气滞血瘀，瘀阻经络而发。亦有因虚而致病，如宋师认为此病常脾肾两虚，痰湿互结，致疾病反复发作，缠绵不愈。临床上多辨证为急性发作期的湿热型、中期的脾虚湿盛型、疾病后期反复发作的脾肾不足型。治疗上以清热利湿散结治其标，健脾补肝益肾治其本。宋师推崇朱丹溪之"阳常有余，阴常不足"之说，特别是病情反复发作，缠绵不愈者，多表现为肝肾阴亏证时，在治疗上多予龟板、鳖甲、制黄精、山萸肉、桑椹子、女贞子、旱莲草、石斛之品滋肝肾，其中龟板、鳖甲尚有散结之功。在众多滋阴之品中加入菟丝子，意阳中求阴。在滋阴时宋师喜用五味子、酸枣仁、柏子仁等宁心安神之剂，其取意为"寐安即养阴"之意。在治疗结节性皮疹时喜用石决明、牡蛎散结。本例患者根据病史资料，诊断明确，辨为肝肾阴亏之证，治疗以滋阴益气为法，治疗时注意守方有法，可起到理想的疗效。

宋师点评　本案患者有以下特点：①患者职业为小店业主，每天从早到晚站立时间较长，易致下肢血运不畅；②体力消耗大，常常自觉乏力；③就诊时见其结节红斑颜色偏暗。综上分析，可知患者既有体虚又有气血运行不畅，且病史较长，故在结节红斑治疗时选滋阴益气，扶正祛邪之法，走轻可去实，补可逐邪之路。治法先予扶正，待正气稍胜后再加散结之品，其效更捷。在结节病、结节红斑之类病的治疗中，正气未实而径用散结之品往往疗效不佳，故需注意用药次序进退。

医案五（局限性硬皮病）

管某，女，29岁，初诊日期：2013.06.28　发病节气：夏至

主诉：右下肢条状皮肤萎缩10余年。

现病史：10年前在无明显诱因下出现右下肢大腿内侧约手掌大小水肿性红斑，渐水肿消退出现皮肤萎缩，皮下脂肪组织变薄，皮肤变硬抓捏困难，毛孔消失，无关节疼痛，后范围逐渐向两侧伸展，现呈现右下肢约15cm条状皮肤萎缩斑，皮色基本正常，无痒痛感，皮温正常，皮肤组织病理示：符合局限性硬皮病改变。先后给予积雪草皂苷，复方丹参片口服，用喜疗妥药膏、

雌激素软膏、青鹏软膏等治疗，疗效欠佳，硬斑范围不断增大，为求进一步治疗就诊。

体格检查：右下肢大腿内侧可见约 15cm×3cm 大小的皮肤硬化萎缩斑块，右下肢较左侧肌肉略有萎缩，肌力正常，皮肤毛孔萎缩，皮色略见色素沉着。舌淡偏紫舌边见少许瘀点，苔薄白，脉涩。

辅助检查：血常规、生化类检查基本正常；ANA 谱正常；ESR 8mm/h；CRP 3mg/L；肺 CT：未见明显异常。皮肤病理：符合局限性硬皮病改变。

辨证分析：患者青年女性，病久体虚，脾肾阳虚，气血不足，卫外不固，风寒湿邪侵袭，阻于皮肉，寒凝腠理，耗伤阴血，痰瘀互结，肌肤失养，故见皮肤萎缩变硬；舌淡偏紫舌边见少许瘀点，苔薄白，脉涩为脾肾阳虚、瘀血阻络之象。

西医诊断：局限性硬皮病。

中医诊断：皮痹（脾肾阳虚，瘀血阻络证）。

治法：温补脾肾，活血化瘀。

处方：生黄芪 30g 炒黄芪 50g 淡附子（先煎）12g 桂枝 6g 麻黄 5g 鹿角霜 15g 鸡血藤 30g 当归 10g 川芎 10g 赤芍 10g 制乳香 10g 制没药 10g 桃仁 12g 红花 12g 三棱 15g 莪术 10g 蒲黄粉 15g 鹿角片（先煎）15g 炙甘草 20g

14 帖

二诊：2013.07.13

右下肢皮肤硬斑较前略软，硬斑增大，速度变缓，有效守方治疗，再进 28 帖。

处方：生黄芪 30g 炒黄芪 30g，淡附子（先煎）12g 炙甘草 20g 桂枝 6g 麻黄 5g 鹿角霜 15g 鸡血藤 30g 当归 10g 川芎 10g 赤芍 10g 制乳香 10g 制没药 10g 桃仁 12g 红花 12g 三棱 15g 莪术 10g 蒲黄粉 15g 鹿角片（先煎）15g

28 帖

三诊：2013.08.10

硬斑较前进一步变软，范围无明显扩大，前方去炙甘草继服。

处方：生黄芪 30g 淡附子（先煎）12g 桂枝 6g 麻黄 5g 鹿角霜 15g 鸡血藤 30g 当归 10g 川芎 10g 赤芍 10g 制乳香 10g 制没药 10g 桃仁 12g 红花 12g 三棱 15g 莪术 10g 蒲黄粉 15g

28 帖

浙江中医临床名家 · 宋欣伟

按： 局限性硬皮病的发生，以肺脾肾阳气亏虚为本，风寒湿三气杂至为标，证属本虚标实之证。脾肾阳虚，气血不足，卫外不固，腠理不密，风寒湿之邪乘隙而侵，阻于皮肉之间，久之耗伤阴血，肌肤失养，脏腑失调，痰浊与瘀血互结阻滞经络，痰浊瘀血既为病理产物又为致病因子，使病情缠绵难愈。在治疗中则着重于"寒邪凝结于腠理"而为治。祖国医学认为寒邪表现多系"脏腑虚寒，阳气不能温煦"。本病多慢性，"久病必虚"，虽皮肤病变为实证之候，但实乃本虚标实之证。因此在治疗时应遵循"虚则补之，寒则热之"的治疗原则。以温补脾肾、活血化瘀为法，本例患者以局部皮肤萎缩硬化为临床表现，虽病变范围较为局限，但病因病机与系统性硬化病相同，故可以同法治疗，以淡附子、桂枝、麻黄、鹿角霜、鹿角片温阳，以鸡血藤、当归、川芎、赤芍、乳香、没药、桃仁、红花、三棱、莪术、蒲黄粉活血化瘀，经数周治疗病情得以控制，硬斑得以软化，收到事半功倍之效。

宋师点评 局限性硬皮病重则见咳喘动则气急，肺CT检查示肺间质改变，可属中医肺痹范围。肺朝百脉，肺痹则气血运行有碍，因此气虚血瘀贯穿于局限性硬皮病始终。但局限性皮肤病变如雷诺现象，或皮肤僵硬萎缩发凉，相对病证较轻，虽属实证，但实乃本虚标实之证，宜遵"虚则补之，寒则热之"之训而施治，以附子、桂枝、鹿角霜、鸡血藤、当归、川芎温阳补血通络为治，另可加桃仁、红花、积雪草类强化活血通络之功。积雪草可软化皮肤，对局限性硬皮病亦可尝试。

医案六（雷诺综合征）

张某，女，47岁，初诊日期：2013.02.05　发病节气：冬至

主诉：双手遇冷变白10年余。

现病史：患者10年前因长时间接触冷水后双手出现发白，稍后出现潮红斑，未予重视。之后每次接触冷水后双手发白，自觉发冷、麻木，偶有疼痛，就诊于当地医院，诊为"雷诺综合征"，给予外用药物治疗，症状可稍微缓解。但病情反复发作，每于冬季天冷后加重，夏季缓解。指甲逐渐生长变慢、粗糙、变形，皮肤萎缩变薄而且发紧，指尖或甲床周围形成溃疡。近年来反复出现口腔溃疡，发则疼痛较甚，有时伴咽水亦困难，四肢发冷，大便稀溏，小便清长，脾气急躁，睡眠欠佳。

体格检查：双手指发白、潮红，双手指指关节无畸形，局部皮肤无红肿，无压痛，皮温无升高。双手指甲粗糙、变形。舌红，苔薄腻，脉弦。

辅助检查：ESR 32mm/h；抗链球菌溶血素O（ASO）与RF正常；CRP

18mg/L；ANA 正常；血常规、生化类基本正常；X 线：双手指关节未见明显异常。

辨证分析：患者中年女性，素体阳虚，接触冷水，感受寒邪，寒凝脉络，四肢末端气血虚滞，脉道失于温养，故见肢端发白、冷痛麻木；情志不遂，肝气郁结，郁而化火，肝火上炎，故见口腔溃疡，急躁易怒。舌红，脉弦为肝火上炎之象。

西医诊断：雷诺综合征。

中医诊断：脉痹（肾阳不足，肝火上炎证）。

治法：温补脾肾，清肝泻火，活血通络。

处方：

处方 1：炙黄芪 30g　党参 20g　生白术 12g　太子参 15g　麦冬 20g　川石斛（先煎）12g　熟地 30g　山萸肉 12g　山药 30g　淡附子（先煎）9g　桂枝 12g　麻黄 6g　白芥子 6g　均姜 5g　桃仁 10g　红花 10g　鸡血藤 30g　当归 10g　赤芍 10g　川芎 25g

7 帖

处方 2：牛膝 15g　黄芩 10g　龙胆草 10g　柴胡 10g　泽泻 30g　车前草 30g　丹皮 20g　焦山栀 10g　生白术 12g　炙黄芪 50g　生地 20g　煅代赭石（先煎）30g　黄连 10g　淡附子（先煎）9g　桂枝 12g　麻黄 6g　均姜 5g　五味子 5g　炒枣仁 20g　柏子仁 20g　夜交藤 30g　合欢皮 30g　巴戟天 20g

7 帖

处方 1 与处方 2 隔日交替服用。

二诊：2013.02.20

口腔溃疡明显缩小，疼痛减轻，心烦易怒好转，但仍有双手遇冷变白，处方 1 去党参、太子参，处方 2 去淡附子、桂枝、麻黄、巴戟天，再进各 7 剂。

处方 1：炙黄芪 30g　生白术 12g　麦冬 20g　熟地 30g　山萸肉 12g　山药 30g　淡附子（先煎）9g　桂枝 12g　麻黄 6g　白芥子 6g　均姜 5g　桃仁 10g　红花 10g　鸡血藤 30g　当归 10g　赤芍 10g　川芎 25g　川石斛（先煎）12g

7 帖

处方 2：牛膝 15g　黄芩 10g　龙胆草 10g　柴胡 10g　泽泻 30g　车前草 30g　丹皮 20g　焦山栀 10g　生白术 12g　炙黄芪 50g　生地 20g　煅代赭石（先煎）30g　黄连 10g　均姜 5g　五味子 5g　炒枣仁 20g　柏子仁 20g　夜

交藤 30g　合欢皮 30g

7 帖

处方 1 与处方 2 隔日交替服用。

三诊：2013.03.05

口腔溃疡痊愈，双手冷痛好转，处方 1 不变，处方 2 去龙胆草、夜交藤、柴胡、均姜、生白术、炙黄芪，加天冬 20g、北沙参 20g、空沙参 20g，各 7 帖隔日交替服用。

处方 1：炙黄芪 30g　生白术 12g　麦冬 20g　熟地 30g　山萸肉 12g　山药 30g　淡附子（先煎）9g　桂枝 12g　麻黄 6g　白芥子 6g　均姜 5g　桃仁 10g　红花 10g　鸡血藤 30g　当归 10g　赤芍 10g　川芎 25g　川石斛（先煎）12g

7 帖

处方 2：牛膝 15g　黄芩 10g　泽泻 30g　车前草 30g　丹皮 20g　焦山栀 10g　生地 20g　黄连 10g　煅代赭石（先煎）30g　五味子 5g　炒枣仁 20g　柏子仁 20g　合欢皮 30g　天冬 20g　北沙参 20g　空沙参 20g

7 帖

处方 1 与处方 2 隔日交替服用近半年，后反馈雷诺现象于当年冬天明显减轻。

按：雷诺病是一组以肢端皮肤对称性和发作性苍白、紫绀和潮红为主要表现的临床综合征。它是一种原发性肢端动脉痉挛性疾病，与寒冷刺激、神经异常兴奋、内分泌紊乱等因素有关。根据临床症状，中医称之为"脉痹""血痹""寒痹"等。阳虚寒凝是本病的主要机制。肾阳为一身阳气之本，能温煦全身脏腑形体官窍，促进精血津液的化生和运行输布。寒性收引、凝滞主痛，寒客血脉则气血凝滞，血脉挛缩。如《素问·举痛论》曰："寒则气收"，"寒气客于脉外，则脉寒，脉寒则缩踡，缩踡则脉绌急，绌急则外引小络，故卒然而痛，得炅则痛立止；因重中于寒，则痛久矣"。四肢为诸阳之本，患者素体阳虚，复感于寒；或心肾阳虚，虚寒内生，致寒凝脉络，四肢末端气血虚滞，脉道失于温养，发为该病。故在治疗上以温补脾肾为主，本例患者的处方 1 中使用了大量的温阳之品。同时该例患者由于平素情志不遂，肝气郁结，郁而化火，肝火上炎，出现口腔溃疡，急躁易怒等症，故处方 2 用龙胆泻肝汤清泻肝胆实火。但患者还是以肾阳不足为本，故在清泻肝火之时亦不忘温补肾阳。处方 2 可谓是宋师自创的清补通用处方的经典，使温阳而不至于助肝火，清热而不伤阳气。

宋师点评 雷诺综合征气虚阳虚、阴寒凝滞与气虚血瘀络脉闭阻是基本病机，又互为因果，温补脾肾、活血化瘀是基本治则，治疗常选黄芪、鹿角霜、当归之类。若患者经济条件可，加虫类通络尤为适当。本案另一个特点是患者由于平素情志不遂，肝气郁结，郁而化火，反复出现口腔溃疡，急躁易怒等症，故予龙胆泻肝汤清泻肝胆实火。之所以不避患者阳虚本质而清之，是考虑患者肝火过旺，恐其横逆犯胃，使脾气更弱，影响到雷诺综合征本身，但具体施治时亦应有分寸，不使清热过分而影响温阳。

医案七（嗜酸性筋膜炎）

罗某，男，46岁，初诊日期：2013.03.12 发病节气：惊蛰后

主诉：进行性皮肤硬化3年余。

现病史：患者3年前无明显诱因下指端皮肤发硬，扭衣扣时亦觉困难，且脸部皮肤发紧伴有轻度浮肿，3年来面部及四肢皮肤进行性硬化，失去弹性，脸部皮肤缺乏表情，伴有肢冷畏寒，双手雷诺现象，手足指趾关节疼痛僵硬，伴活动不利，饮水呛咳，胸闷，乏力，气短等症状。曾经用生物制剂益赛普治疗半年余，初始症状改善可，后期则因乏效而停药，今为求中医治疗而来诊。

体格检查：面部及四肢皮肤硬化，见面具脸及鹰钩鼻，唇薄，张嘴受限，额纹消失，双手掌背见色素异常。指（趾）关节僵硬，活动不利。舌淡，苔薄，脉沉细。

辅助检查：ANA谱：ANA 1：100，抗 Scl-70 抗体（Scl-70）（+），抗 U1RNP 抗体（U1RNP）（+）；ESR 53mm/h；ASO+RF（−）；CRP 20mg/L；血常规、肝肾功能正常。

辨证分析：患者气血不足、卫外不固、风寒湿邪乘隙入侵，阻于皮肉之间，久之耗伤阴血、痰瘀互结、阻滞经络、肌肤失养，故见皮肤硬化；由气血不足渐至脾肾阳虚，则见肢冷畏寒。舌淡，苔薄，脉沉细为脾肾阳虚，寒湿阻络之象。

西医诊断：嗜酸性筋膜炎。

中医诊断：皮痹（脾肾阳虚，寒湿阻络证）。

治法：温补脾肾，祛风散寒，通络止痛。

处方：黄芪100g 党参20g 白术12g 熟地30g 山萸肉12g 山药30g 制黄精30g 制玉竹30g 炙龟板（先煎）24g 炙鳖甲（先煎）24g 淡附子（先煎）9g 桂枝15g 麻黄5g 白芥子5g 当归20g 白芍10g

鹿角片（先煎）20g　肉桂5g　均姜5g　炙甘草20g　鹿角霜10g

7帖

二诊：2013.03.20

手足指趾关节疼痛，活动不利等症明显好转，自觉皮肤瘙痒明显，肢冷畏寒好转，胸闷、气短、乏力等症状有所缓解。诉近两日鼻塞咳嗽，伴少量咳痰，痰黄易咳出。治宜清热解表化痰，兼祛风除湿通络通窍。

处方：黄芪60g　制半夏30g　麻黄5g　海风藤50g　苍耳子10g　千年健35g　生石膏（先煎）15g　南星30g　浮萍30g　乌梢蛇30g　寻骨风20g　蝉衣20g　蛇床子12g　土贝母25g　地肤子30g　白术45g　延胡索30g　晚蚕沙（包煎）30g　关白附子（先煎）8g　白鲜皮30g　徐长卿（后下）30g

14帖

三诊：2013.04.03

皮肤瘙痒症状缓解，无明显咳嗽咳痰，全身皮肤较前变软，指（趾）关节疼痛基本消失，但仍有畏寒肢冷等症，治宜温阳破气、活血通络。

处方：麻黄15g　白芥子6g　制乳香10g　制没药10g　蜈蚣2条　鸡血藤30g　当归10g　蛇舌草30g　石见穿20g　丹参30g　黑白丑12g　马鞭草30g　刘寄奴30g　干蟾皮6g　鸡内金12g　广木香10g　花槟榔10g　沉香粉（吞）1g　黄芪30g　熟地30g

14帖

按：嗜酸性筋膜炎是一种自身免疫性疾病，临床上与系统性硬化病和局限性硬皮病密不可分。中医学将其列属于"筋痹"范畴。《素问·痹论》中记载"痹在骨则重，在于脉则血凝而不流，在于筋则屈不伸，在于肉则不仁，在于皮则寒"，《诸病源候论·风湿痹候》记载"风湿痹病之状，或皮肤顽厚，或肌肉酸痛，风寒湿三气杂至，合而成痹……由血气虚，则受风湿，而成此病，久不瘥，入于经络，搏于阳经，亦变令身体手足不随"。嗜酸性筋膜炎（筋痹）的病因病机总由脾肾阳虚，气血不足、卫外不固、腠理不密、风寒湿之邪乘隙而侵，阻于皮肉之间，久之耗伤阴血、肌肤失养、脏腑失调、痰浊与瘀血互结阻滞经络所致。在治疗上以温补脾肾为第一要务，该例患者以皮肤硬化为主要临床表现，伴有关节僵硬，活动不利，故而在治疗上仍以温补脾肾、阳气恢复为法达到阴翳自消的目的。

宋师点评　嗜酸性筋膜炎在外多见雷诺现象，趾（指）端硬化现象，属中医筋痹范围，如见咳喘动则气急，肺CT示肺间质改变，可属中医肺痹范围；

亦可由肺影响他脏，如气急、心悸怔忡、下肢浮肿、B超检查示肺动脉高压等，可属中医心痹范围。气虚血瘀贯穿硬皮病始终，为其中心病机。气虚则重用黄芪，血瘀可用桃红四物汤，亦需加强填精补血温阳之力，其药如鳖甲、龟板、阿胶、当归、鹿角片等，虫类药具有走窜搜剔作用，本病晚期可选蜈蚣、全蝎、水蛭、虻虫，酌情使用，多层次、多靶点的复法大方用药是治疗得效之关键。

医案八（系统性硬化病）

患者周某，女，44岁，初诊日期：2012.11.06　发病节气：霜降

主诉：全身皮肤变硬2年余。

现病史：2年前在无明显诱因下出现大片状皮肤水肿性红斑，伴有轻度瘙痒，水肿消退后留有色素沉着，同时出现皮肤变薄，失去弹性，皮肤捏起困难现象，后皮损范围逐渐增大，泛发至全身，出现面部表情麻木、呼吸困难、吞咽受阻，但无饮水呛咳等。患者同时伴有四肢小关节的疼痛，以冬季和夜间为甚，出现晨僵和雷诺现象。同时见形寒肢冷，腰酸乏力，大便溏薄，小便清长，舌暗、苔薄，脉细涩。患者曾在多家医院就诊，查ESR 40mm/h，ANA 1：160，U1RNP（+），Scl-70（+），曾用甲泼尼龙每天4片治疗，症状有明显改善，但刻诊所见，临床诸症仍属严重，激素现已减量为1片/日，为求中医中药治疗来就诊。

体格检查：面部及四肢皮肤变硬、紧绷，有蜡样光泽，局部皮肤色素紊乱，张口及伸舌受限，双手雷诺现象，皮温低，舌暗偏紫苔薄白，脉细涩。

辅助检查：ESR 40mm/h；ANA 1：160，U1RNP（+），Scl-70（+）；血常规、生化类正常；CRP 19.6mg/L；肺CT：两下肺间质病变。胃镜：食管蠕动功能减退。肺功能：肺活量降低，轻度通气功能障碍。

辨证分析：患者中年女性，气血不足，卫外不固，腠理不密，风寒湿邪乘隙而侵，阻于皮肉，耗伤阴血，肌肤失养，痰瘀互结，阻滞经络，故见皮肤硬化；形寒肢冷，腰酸乏力，大便溏薄，小便清长乃脾肾阳虚之征象。舌暗偏紫苔薄白，脉细涩属脾肾阳虚、痰瘀阻络。

西医诊断：系统性硬化病。

中医诊断：皮痹（脾肾阳虚、痰瘀阻络证）。

治法：温补脾肾，活血通络。

处方：

处方1：当归10g　生黄芪50g　炒黄芪50g　赤芍10g　莪术10g　三棱10g　红花10g　鸡血藤40g　桃仁10g　制没药10g　五灵脂10g　蒲黄粉

9g　川芎 10g　鸟不宿 12g　鬼箭羽 12g　钻地风 12g　留行子 12g　制乳香 12g　蜈蚣 4g　露蜂房 12g

7 帖

处方2：生黄芪 50g　炒黄芪 50g　制黄精 20g　旱莲草 12g　女贞子 12g　桑椹子 12g　小胡麻 12g　鹿角霜 15g　山药 20g　山萸肉 12g　生白术 45g　熟地 30g　党参 20g　淡附子（先煎）9g　桂枝 15g　鹿角片（先煎）20g　当归 15g　川芎 15g　赤芍 10g　麻黄 10g　白芥子 6g

7 帖

上两方交替服用，同时用羟氯喹 1 片，2 次 / 日；甲泼尼龙 3mg，1 次 / 日。

二诊：2012.11.20

自觉腰酸乏力明显好转，关节疼痛减轻，夜寐已安。以前两方相合治疗，第一张处方去炒黄芪、蜈蚣、露蜂房，加生黄芪为 100g，加第二张处方中的鹿角霜 20g、鹿角片 20g、麻黄 10g、白芥子 6g，再加肉桂 10g。

处方：当归 10g　生黄芪 100g　赤芍 10g　莪术 10g　三棱 10g　红花 10g　鸡血藤 40g　桃仁 10g　制没药 10g　五灵脂 10g　蒲黄粉 9g　川芎 10g　鸟不宿 12g　鬼箭羽 12g　钻地风 12g　留行子 12g　制乳香 12g　鹿角霜 20g　鹿角片（先煎）20g　麻黄 10g　白芥子 6g　肉桂（后下）10g

10 帖

三诊：2012.12.05

关节疼痛较前进一步好转，仍有形寒肢冷，雷诺现象，前方去钻地风、鸟不宿，加巴戟天 20g、补骨脂 12g、炙甘草 20g。

处方：当归 10g　生黄芪 100g　赤芍 10g　莪术 10g　三棱 10g　红花 10g　鸡血藤 40g　桃仁 10g　制没药 10g　五灵脂 10g　蒲黄粉 9g　川芎 10g　鬼箭羽 12g　留行子 12g　制乳香 12g　鹿角霜 20g　鹿角片（先煎）20g　麻黄 10g　白芥子 6g　肉桂（后下）10g　巴戟天 20g　补骨脂 12g　炙甘草 20g

28 帖

四诊：2013.01.05

关节疼痛基本消失，自觉皮肤紧绷感较前缓解，形寒肢冷亦有好转，治疗上继续温补脾肾，适当减少活血化瘀止痛药味，上方去赤芍、桃仁、红花、鬼箭羽、没药、蒲黄粉，加制玉竹 20g、制黄精 20g、生白术 45g、熟地 30g、制首乌 20g 等养阴之品，为阴中求阳之意。

处方：当归 10g　生黄芪 100g　莪术 10g　三棱 10g　鸡血藤 40g　五灵脂 10g　川芎 10g　留行子 12g　制乳香 12g　鹿角霜 20g　鹿角片（先煎）20g　麻黄 10g　白芥子 6g　肉桂 10g　巴戟天 20g　补骨脂 12g　炙甘草 20g　制玉竹 20g　制黄精 20g　生白术 45g　熟地 30g　制首乌 20g

14 帖

五诊：2013.01.20

关节疼痛完全消失，皮肤硬化进一步好转，现面部皮肤紧绷感好转，舌质转红，形寒肢冷好转，以温补脾肾为治，上方去三棱、莪术、五灵脂、乳香等活血化瘀之品，去制玉竹、制黄精、熟地、制首乌等养阴之品，此方长期服用。

处方：当归 10g　生黄芪 100g　鸡血藤 40g　川芎 10g　留行子 12g　鹿角霜 20g　鹿角片（先煎）20g　麻黄 10g　白芥子 6g　肉桂 10g　巴戟天 20g　补骨脂 12g　炙甘草 5g　生白术 45g

按：中医对系统性硬化病早有认识，《黄帝内经》有"皮痹"的记载，后世医家亦多有论述，清代沈金鳌集诸家之说，他认为"麻木，风虚病，亦兼寒湿痰血病也……按之不知，掐之不觉，有如木之厚。"总之，现多数学者认为系统性硬化病的发生，以肺脾肾阳气亏虚为本，风寒湿三气杂至为标，证属本虚标实之证。脾肾阳虚，气血不足，卫外不固，腠理不密，风寒湿之邪乘隙而侵，阻于皮肉之间，久之耗伤阴血，肌肤失养，脏腑失调，痰浊与瘀血互结阻滞经络，痰浊瘀血即为病理产物又为致病因子，使病情缠绵难愈。治疗上根据病因病机，以温补脾肾、活血通络为法，宋师喜用阳和汤来温阳补肾，同时加入鹿角片、鹿角霜、桂枝、肉桂、淡附子等药物增加温补作用，在临床上有良好的效果。另外宋师喜用大剂的活血化瘀之品，如乳香、没药、桃仁、红花、鬼箭羽、五灵脂、蒲黄粉、三棱、莪术等，大剂量的活血化瘀之品可起到迅速缓解关节疼痛的作用，但因活血化瘀之品易损伤脾胃，在临床上可以看到病人脘腹胀痛，嗳腐反酸等，宋师往往与西药质子泵抑制剂同用护胃，可以起到减缓活血化瘀药对脾胃的影响。

宋师点评　硬皮病或曰系统性硬化病，中医药治疗疗效较好的临床病种，其病情演变虽然亦有突然出现喘证、心悸怔忡、尿闭、腹痛等现象，但常表现为日积月累式的慢性进展。因此有足够时间让中医药发挥作用。在病机上属一虚一实，脾肾阳虚、气血不足、卫外不固、腠理不密、风寒湿之邪乘隙而入，阻于皮肉之间，久之耗伤阴血，肌肤失养，脏腑失调，痰浊与瘀血互

结阻滞经络，痰浊瘀血既为病理产物又为致病因子，使病情缠绵难愈。治疗上虚者宜益气温阳填精，实者多投活血化瘀或破血逐瘀之品，若平衡分配药物组方，临床觉其疗效欠佳。本案以益气填精与活血（破血）逐瘀作为二方主题组方，每日交叉服用不同方剂，希望能集中力量以求一点突破带动全局，证之临床，颇有效验，为余独到之心裁。

第四节　泻肝火兮清胃毒，相得益彰求臻化

风湿免疫病是一类因自身免疫紊乱而导致的炎症性疾病，以血管炎为基本病理改变，临床上表现各异，但都有 CRP 升高、ESR 增快的表现，只不过同其他炎症性疾病相比，风湿免疫病的抗感染治疗与其他疾病大有不同，非用激素、免疫抑制剂及生物制剂不可。

中医学同样认为炎症是其最主要的病理表现，是治疗重点所在，临床症见关节红肿热痛，或见皮肤口腔溃疡，或见皮肤红斑发如锦纹等症，其病机多以火热之邪为主，或挟湿，或挟瘀，或久酿成毒而致病。"热者寒之"是其基本治则，故临床常以清热泻火解毒为基本大法。当然不同疾病因其病机不同，在遣方用药之时又有区分。

白塞综合征主从清肝。白塞综合征又称口－眼－生殖器三联征，是以眼炎、口腔溃疡、生殖器溃疡为主要表现的一类疾病，还常出现下肢结节性红斑、关节肿痛等表现。白塞综合征属于中医"狐惑"范畴,《诸病源候论》中指出："夫狐惑二病者，是喉、阴之为病也……此皆由湿毒气所为也"，对本病的病因病机作了进一步探讨。宋师认为"肝经湿热"是其主要病机，"肝开窍于目"，足厥阴肝经绕阴器、上行连目系，其分支行于颊，环绕口唇，可见其主要发病部位符合肝经循行及其络属之处，肝经湿热上行于口目，则目眦红赤、口舌生疮，下注侵蚀于阴部则起疱溃烂。临床常以龙胆泻肝汤加减以清泻肝胆湿热，辅以平肝息风。现代研究发现白塞综合征以血管炎为基本病理改变，有学者发现患者活动期血清 IL-1β、TNF-α、IL-6、IL-8 等水平均显著高于缓解期，认为与疾病的活动性相关，IL-1β 还可以诱导 IL-2 和 TNF-α 的产生，三者共同作用可激活中性粒细胞，参与疾病的发生。现代药理研究发现龙胆泻肝汤能够下调外周血中 IL-6、IL-8 等炎症因子的表达，方中黄芩可以有效抑制 IL-1 的合成、分泌，从而达到抗炎效果；栀子成分中的栀子苷、车前子成分中的车前子多糖、丹皮成分中的丹皮酚能下调 IL-1、IL-6、TNF-α 的表达，

浙江中医临床名家·宋欣伟

继而减轻机体内的炎症反应，这些可能是三者的抗炎作用机制之一；黄连的成分盐酸小檗碱能够抑制 Th1、Th2 引起的免疫反应，从而达到抑制 TNF-α 等炎症因子的表达。如此种种，从现代药理方面为白塞综合征的治疗用药提供了佐证。

痛风主从清胃解毒。痛风是一种因嘌呤代谢及尿酸排泄障碍，尿酸沉积所致的关节炎，临床常见发病关节焮红肿痛，中医称其为"白虎历节"，多从肝胃热毒论治。朱丹溪曾于《格致余论》专开痛风篇曰"大率因血受热，已自沸腾，其后或涉冷水，或立湿地，或扇风取凉，或卧当风，寒凉外搏，热血得寒，汗浊凝涩，所以为痛"，认为其基本病机为湿热痰浊痹阻经络。然其湿热痰浊总与脾胃运化失常、湿热浊毒内生相关。热毒蓄积又常累及内脏，如肾脏则可见肾区绞痛。因此治疗主从清胃解毒，常用黄连解毒汤、白虎汤加减及秦艽、威灵仙、豨莶草等药以清其湿热。现代研究发现与痛风发病关系最密切的炎症因子是 IL-1β，IL-1β 被激活后还可以激活其他炎症因子如 TNF-α、IL-6 及中性粒细胞趋化因子等，共同致病。药理研究提示白虎汤和黄连解毒汤均可以抑制 TNF-α、IL-6 的水平，并有较好的解热作用，其机制可能是抑制致热原性细胞因子的释放，并且黄连解毒汤对局部关节、皮肤的抗炎作用更为显著；秦艽醇提取物具有明显的解热镇痛作用，可减轻痛风模型大鼠关节损伤，威灵仙、豨莶草对肾小管间质有保护作用，可以明显改善尿酸性肾病大鼠的肾损伤，这可能是通过抑制相关炎症因子的水平实现的。宋师通过种种研究从现代医学角度为痛风临床选药用药提供思路。再如唇炎，临床表现以唇缘红燥、脱屑、结痂、皲裂为特征，具有反复发作、迁延难愈的特点，无明显季节性。辨其病机亦为脾胃湿热，治法基本同痛风。

此外，清热法使用中除有清肝火、泻胃热之区别外，又常须配伍多种治法、药物以增强疗效，如清肝泻胃之药常配合清热解毒药物，如金银花、连翘之类以增强治疗免疫性疾病表现出的火热炽盛证候的效果，又常配伍泻下通便之大黄、芒硝釜底抽薪导热下行，配伍车前子、泽泻、淡竹叶引热邪从小便而出，如有恶寒发热之表证又常须配伍祛风解表之柴胡、麻黄、桂枝类引邪外出，热盛又常易动风，故常配伍钩藤、羚羊角（代）、天麻之类息风药物以截断病势发展。要注意苦寒之药多易伤及阳气，待其实证渐退应及时转为他法施治，中病即止。

医案一（白塞综合征伴口腔溃疡）

吴某，女，30 岁，初诊日期：2012.09.22 发病节气：白露后

浙江中医临床名家·宋欣伟

主诉：反复口腔溃疡 1 年余。

现病史：患者 1 年前出现口腔溃疡，反复发作，发则往往疼痛难忍，饮食难下，月经前及劳累后更易诱发，自服维生素片效差。外院经查针刺试验阳性，诊断为"白塞综合征"，但患者不愿服激素等西药治疗。诊见胃纳尚可，口苦，大便偏干，尿黄、尿频，夜寐欠佳，情绪焦虑易怒。

体格检查：口腔内三枚溃疡，如黄豆大小，边有红晕，舌暗红苔黄腻，脉滑数。

辅助检查：尿常规：WBC（+），血常规、肝肾功能、ESR 正常，ANA 阴性。

辨证分析：患者青年女性，情志不调，气机不畅，肝失疏泄，故见情绪焦虑易怒；气郁化火生热，肝经湿热，犯及脾胃，故见口腔溃烂，口苦尿黄尿频；舌暗红苔黄腻，脉滑数为湿热内蕴之象。

西医诊断：白塞综合征。

中医诊断：狐惑（湿热内蕴证）。

治法：清肝泻热，和胃化湿，解毒通络。

处方：龙胆泻肝汤加减。

柴胡 10g　黄芩 10g　龙胆草 10g　黄连 10g　丹皮 10g　焦山栀 10g　泽泻 30g　车前草 30g　天麻 9g　灵芝 10g　生地 20g　煅代赭石（先煎）30g　生甘草 20g　桃仁 15g　牛膝 15g　生石膏（先煎）30g　知母 20g　刺猬皮 10g　凤凰衣 6g　蜈蚣 12g　蜂房 12g　红枣 10g

14 帖

二诊：2012.10.06

患者口腔溃疡较前好转，仍有排尿不适，舌暗红苔黄腻，脉滑数。前方加车前子 30g、汉防己 30g。

处方：柴胡 10g　黄芩 10g　龙胆草 10g　黄连 10g　丹皮 10g　焦山栀 10g　泽泻 30g　车前草 30g　天麻 9g　灵芝 10g　生地 20g　煅代赭石（先煎）30g　生甘草 20g　桃仁 15g　牛膝 15g　生石膏（先煎）30g　知母 20g　刺猬皮 10g　凤凰衣 6g　蜈蚣 12g　蜂房 12g　红枣 10g　车前子 30g　汉防己 30g

14 帖

三诊：2012.10.20

患者口腔溃疡基本痊愈，有新发溃疡，但能数天痊愈，无明显排尿不适，舌暗红苔黄腻，脉滑数。前方去灵芝、生地、煅代赭石、生甘草、牛膝、刺猬皮、凤凰衣、蜈蚣、蜂房、车前子，加人中白 30g、水牛角 60g、胆南星 30g。

处方：龙胆草 10g　黄连 5g　柴胡 10g　黄芩 10g　泽泻 30g　车前草 30g　丹皮 10g　焦山栀 10g　天麻 9g　桃仁 15g　生石膏（先煎）30g　汉防己 30g　知母 20g　红枣 10g　人中白 30g　水牛角（先煎）60g　胆南星 30g

28 帖

四诊：2012.11.23

患者口腔溃疡基本痊愈，无新发溃疡，无排尿不适，舌淡红苔薄黄，脉滑数。效不更方，原方人中白、胆南星减为 15g 继续口服，后上方加减维持 6 月余，症状控制满意。

按：白塞综合征是一种全身性、慢性、血管炎症性疾病，主要临床表现为复发性口腔溃疡、生殖器溃疡、眼炎及皮肤损害，也可累及血管、神经系统、消化道、关节、肺、肾、附睾等，大部分患者预后良好，眼、中枢神经及大血管受累者预后不佳。该病至今无法治愈，反复、严重口腔溃疡西医主要依靠激素、免疫抑制剂及沙利度胺进行病情控制，短期疗效尚可，但停药后复发率高。根据临床症状，中医多数医家将其归于"狐惑"病。其相关的论述可见于许多医籍中，最早是汉代医家张仲景的《金匮要略·百合狐惑阴阳毒病脉证治》，篇中云："狐惑之为病，状如伤寒，默默欲眠，目不得闭，卧起不安，蚀于喉为惑，蚀于阴为狐，不欲饮食，恶闻食臭，其面目乍赤、乍黑、乍白，蚀于上部则声一作：嘎，甘草泻心汤主之。"古代诸医家认为，狐惑的病因多为伤寒外感之后，余热未尽，湿热虫毒内蕴所致，主要与中焦脾胃有关，溃疡或脓成后入络伤血成瘀。

足厥阴肝经起于足大趾，上行环阴器，过少腹，挟胃，属肝络胆，贯膈布胸胁，循喉咙，连目系，上巅顶。其支者，从目系下颊里，环唇内。白塞综合征以循肝经走行而出现口腔溃疡，阴部溃烂和目赤等临床表现，因此宋师传承古训，认为湿热生毒，攻注肝经，肝胃同病是白塞综合征的病机关键。湿热毒邪循肝经上损目，则目赤涩痛；循喉入唇内，则口舌糜烂，口腔溃疡；下注于阴部则见阴部皮肤起疮溃烂出血；口苦，胸胁不适，心烦易怒等为肝失疏泄之象。肝热犯胃，胃失和降，湿热蕴蒸则更加重口苦、口溃症状。临床上常以龙胆泻肝汤、白虎汤作为主方治疗白塞综合征。该方中龙胆草、黄芩、柴胡、泽泻、车前草、焦山栀、生地清泄肝胆湿热；生石膏、知母清胃泻火；蜈蚣、蜂房，凤凰衣、刺猬皮祛风通络、化瘀止痛；诸药共奏清热解毒、化湿通络之功效。

二诊症状较前稍有好转，仍有排尿不适感，原方基础上加车前子30g、汉防己30g清热利湿；三诊效果较前明显，去蜈蚣、蜂房、煅代赭石、牛膝、灵芝、生地、甘草，因病病机不一，变化迭生，故加水牛角60g，人中白30g，胆南星30g加强清热解毒、化痰通络之功。四诊以后症状基本控制而转入维持治疗。本病以湿热毒邪攻注肝经为病机关键，根据病机组方，辨证精准，用药得当，疗效确切。

宋师点评 本案由湿热渐蕴，侵胃犯肝，以致肝郁化火生热，脾胃失调生湿，湿热日久毒生而犯病，治以龙胆泻肝汤、白虎汤为主方加减，服药后湿去热退毒消而口腔溃疡等症减，但三诊却加用水牛角、人中白，而且剂量偏大，为何？风湿病为内科疾病中具有特殊个性的一类疾病，白塞综合征又称狐惑病，由此可知其病机特点殊非一般，我们在临床实践中也发现白塞综合征之热与相火、龙雷之火相关，其治需要考虑多方位用药。在前期的临床实践中我们最后选择了人中白、水牛角这一药对以清火，验之临床，疗效称佳。

医案二（白塞综合征伴毛囊炎）

叶某，男，28岁，就诊日期：2013.05.11 发病节气：立夏

主诉：反复外阴、口腔溃疡半年余。

现病史：患者半年前出现口腔、外阴溃疡，口腔溃疡反复发作，每月发作1次，持续约1周，半年内外阴溃疡发作共2次。当时以单纯疱疹予以抗病毒治疗，不多时溃疡能痊愈，但每于劳累后发作，疗效不佳。同时出现胸背部毛囊性炎性丘疹，无明显痛痒感，伴有气短乏力，自汗，少气懒言，胃纳不佳，为求中医治疗至宋师处门诊。

体格检查：口腔内可见2处溃疡，约黄豆大小，周围有红晕伴触痛；外阴有1处溃疡，约绿豆大小，胸背部散在红色丘疹，无瘙痒，无压痛；舌红苔薄黄腻，脉弦细。

辅助检查：ANA 1 ：100，ESR 25mm/h，血常规基本正常。

辨证分析：患者青年男性，感受湿热之邪，久则入络，蕴结成毒，湿毒交错，上扰则口腔糜烂生疮，胸背皮肤丘疹，下注则阴部溃烂；久病脾胃气虚，故见气短乏力，自汗，少气懒言，胃纳不佳。舌红苔薄黄腻，脉弦细为肝经湿热，脾胃气虚之象。

西医诊断：白塞综合征。

中医诊断：狐惑（肝经湿热，脾胃气虚证）。

治法：清肝利湿，润补脾胃。

处方：龙胆草 10g　黄连 10g　柴胡 10g　黄芩 10g　丹皮 10g　焦山栀 10g　泽泻 30g　车前草 30g　牛膝 15g　钩藤（后下）20g　天麻 9g　煅代赭石（先煎）30g　灵芝 10g　生地 20g　糯稻根 20g　稽豆衣 20g　瘪桃干 20g　浮小麦 30g　红枣 10g

14 帖

二诊：2013.05.25

患者自汗减轻，仍感口腔溃疡处疼痛明显，胸背部疱疹红肿，下阴部湿热肿痛。故去红枣、稽豆衣、浮小麦、糯稻根、瘪桃干，加天葵子 12g、紫花地丁 30g、蒲公英 30g、金银花 15g、野菊花 12g、皂角刺 30g、冬葵子 12g、连翘 12g，共奏清热解毒、消肿散结、利湿通淋之功。

处方：龙胆草 10g　黄连 10g　柴胡 10g　黄芩 10g　丹皮 10g　焦山栀 10g　生地 20g　车前草 30g　天麻 9g　钩藤（后下）12g　泽泻 30g　煅代赭石（先煎）30g　牛膝 15g　灵芝 10g　金银花 15g　连翘 12g　紫花地丁 30g　蒲公英 30g　野菊花 12g　冬葵子 12g　天葵子 12g　皂角刺 30g

14 帖

三诊：2013.06.10

患者来诉溃痒已经明显减轻，疼痛也已基本消退，只是口腔、外阴溃疡仍在，但较前明显变浅。故原方去煅代赭石、灵芝、天麻、钩藤，加制玉竹、制黄精，补肝肾、养精血，止痛愈疡；肉桂、北细辛引火归元消溃。

处方：龙胆草 10g　黄连 5g　柴胡 10g　黄芩 10g　丹皮 10g　焦山栀 10g　生地 20g　车前草 30g　泽泻 30g　牛膝 15g　金银花 15g　连翘 12g　紫花地丁 30g　蒲公英 30g　野菊花 12g　冬葵子 12g　天葵子 12g　皂角刺 30g　制黄精 20g　制玉竹 20g　细辛 3g　肉桂（后下）5g

14 帖

四诊：2013.06.25

患者疼痛基本消失，溃疡也已基本愈合。疗效显著。另嘱患者注意平时生活饮食作息要规律，避免劳累，随诊。

按：白塞综合征的中医病因病机较为复杂，湿、热、毒、瘀是该病的主要致病因素。其病情进展首先是湿热为患，蕴结成毒；其次湿热毒邪，伤及肝脾，进而久病入络，瘀邪缠绵，毒瘀交错，缠绵难愈。故该病病位在肝脾。宋师认为，该病在病情的发生、发展过程中，湿热、湿阻为本病主要病机，

在治疗上清热利湿贯穿疾病的始终，应以龙胆泻肝汤加减治疗。

宋师认为本病病因湿热毒瘀互结是白塞综合征发病的病理基础，且贯穿于疾病的始终。湿热毒瘀相互交结，阻滞经脉，上扰则口腔糜烂生疮，双目红赤，下注则阴部溃烂，弥漫三焦，充斥上下，多脏器受戕，以成此证。而毒瘀互结、虚实夹杂是其病程漫长、病情缠顽、久发频发的重要原因。治当清热利湿、活血化瘀为主。二诊患者自汗减轻，仍感口腔溃疡处疼痛明显，胸背部疱疹红肿，下阴部湿热肿痛，故去红枣、稽豆衣、浮小麦、糯稻根、瘪桃干，加天葵子12g、紫花地丁30g、蒲公英30g、金银花15g、野菊花12g、皂角刺30g、冬葵子12g、连翘12g，共奏清热解毒、消肿散结、利湿通淋之功。三诊患者诉溃疡已经明显减轻，疼痛也已基本消退，只是口腔、外阴溃疡仍在，但较前明显变浅，故原方去煅代赭石、灵芝、天麻、钩藤，加制玉竹、制黄精补肝肾，肉桂、北细辛引火归元愈溃疡，达到标本兼治之效。

宋师点评 白塞综合征基本病机是湿热为患，肝胃火旺，久则入络，毒瘀交错，而致缠绵难愈，故治疗予龙胆泻肝汤、玉女煎之类加减。本案除白塞综合征的一般表现外，其特点为胸背部毛囊炎性丘疹明显，故加用清热解毒之五味消毒饮，奏清热解毒、消肿散结之功。后方中细辛、肉桂少佐，乃仿"引火归源"之意，有助于口腔溃疡消除。

医案三（白塞综合征伴静脉血栓）

王某，男，38岁，初诊日期：2012.11.20 发病节气：立冬后

主诉：反复口腔外阴溃疡4年，再发1月余。

现病史：4年前在无明显诱因下出现口腔、外阴溃疡，伴剧烈疼痛，后溃疡逐渐愈合，但迁延时日较久。至当地医院就诊，经检查诊为"白塞综合征"，给予不规则激素治疗。后每于疲劳或感冒时复发。近1年患者服用甲泼尼龙8mg/d，病情控制可，已有半年未复发，但激素未能进一步撤减。1月余前，因家中有事操劳过度，口腔、外阴溃疡再发，伴剧烈疼痛，溃疡周围红肿明显，上覆脓苔，溃疡大者如黄豆大小，同时伴有口中黏腻，口气臭秽。下肢皮肤红斑结节，发作与溃疡同步。右下肢疼痛、肿胀，B超示下肢深静脉血栓。此外问诊知悉患者长期性格急躁易怒，大便秘结，小便黄浊，易于头晕目眩。

体格检查：口腔、外阴可见十余枚大小不一的溃疡，大者如黄豆、小者如绿豆，周围红晕明显，溃疡上覆脓苔，触之疼痛。双下肢可见6～7处皮肤结节红斑，表面皮肤红肿，触痛明显。舌红苔腻，脉弦数。

辅助检查：ESR 5mm/h；ANA 阴性；ANCA 正常；CRP 16mg/L；皮肤

活检病理：真皮小血管周围炎性细胞浸润。

辨证分析：患者青年男性，平素心情急躁易怒，多有肝失疏泄，以致气机不畅，气郁化火生热；木不疏土，脾胃失调，饮食不化，湿浊内生。肝经脾胃湿热内蕴，故见口腔、外阴溃烂，关节肿痛，湿热入络灼血，血瘀不行，血不利则为水，故见肢肿肢痛。舌暗红苔黄腻，脉滑数为湿热内蕴之象。

西医诊断：白塞综合征。

中医诊断：狐惑（肝经湿热证）。

治法：清肝胆郁火，利脾胃湿热。

处方：龙胆泻肝汤加减。

龙胆草10g 黄连10g 柴胡10g 黄芩10g 丹皮10g 焦山栀10g 车前草30g 生地20g 制乳香10g 制没药10g 牛膝15g 天麻9g 灵芝20g 钩藤（后下）20g 泽泻30g 生石膏（先煎）30g 知母12g 全蝎10g 蜈蚣12g 水蛭6g 蜂房12g 金银花60g 连翘12g 红枣10g

14 帖

羚羊角胶囊2粒，3次/日。

西药（主要药物）：继用甲泼尼龙8mg，1次/日；低分子量肝素5000U，皮下注射。

二诊：2012.12.05

口腔、外阴溃疡明显缩小,疼痛减轻,但有四肢乏力,口苦口干,头晕目眩,舌红苔腻,脉弦数治疗仍以清利湿热为主,同时继以补益之法,前方去天麻、大枣、全蝎,加虎杖根30g、枸杞20g、菊花12g。

处方：龙胆草10g 黄连10g 柴胡10g 黄芩10g 丹皮10g 焦山栀10g 车前草30g 生地20g 制乳香10g 制没药10g 灵芝20g 钩藤（后下）12g 牛膝15g 泽泻30g 生石膏（先煎）30g 知母12g 蜈蚣12g 水蛭6g 蜂房12g 金银花60g 连翘12g 虎杖根30g 枸杞20g 菊花12g

28 帖

羚羊角胶囊2粒，3次/日，口服。

三诊：2013.01.05

处方同二诊，加黄芪30g，14帖；原方加减调治半年余，口腔溃疡间有发作，历时一二日即消退。

按： 白塞病属于中医"狐惑"之范畴，早在汉代张仲景《金匮要略·百合狐惑阴阳毒病脉证并治》中有所记载，其谓"狐惑之为病，状如伤寒，默

默欲眠，目不得闭，卧起不安，蚀于喉为惑，蚀于阴为狐，不欲饮食，恶闻食臭，其面目乍赤、乍黑、乍白，蚀于上部则声一作："嗄"，"蚀于下部则咽干"，"目赤如鸠眼"等诸症。其病因病机可归纳为湿、热、毒、瘀。湿热贯穿于本病的始末，热盛蕴毒，脏腑功能失调，气机紊乱，血行不畅，瘀阻脉络，终致气血阴阳失调，引发疾病。宋师认为，肝经行经路线中有夹口、循外阴，故本病病位在肝，与脾肾密切相关。多由脏腑功能失调，或素体阴虚内热，或五志过极，加之嗜食肥甘厚味、浊酒醇乳，导致湿热内蕴，肝郁化火，火热生风。主要病机为风火内扰，灼伤阴液，虚火内炽，久延成毒，蚀皮腐肉。治疗上应分期论治，急性期以清热利湿为主，缓解期宜调补脾肾，固本培元。此患者处于急性发作期，故治疗上以龙胆泻肝汤加减，待溃疡稍缓解，即加以大剂量生黄芪补气益中，固本培元，以防溃疡反复。

　　白塞综合征以反复持续口腔溃疡为主要表现，但临床多伴有口苦，胸胁不适，心烦易怒等肝脏疏泄失调之象。临床上常用龙胆泻肝汤为主方治疗白塞综合征急性发作。该方中龙胆草、黄芩、柴胡、泽泻、车前草、焦山栀、生地清泻肝胆湿热；金银花、连翘清热解毒，羚羊角、钩藤平肝潜阳、凉血止血；方中重用乳香、没药及虫类之品托毒生肌，活血通络，调节免疫功能，有减少激素用量的作用。二诊症状较前稍有好转，原方基础上去天麻、红枣、全蝎；三诊症状再发，但较前为轻，考虑有"壮火食气"，故用黄芪30g。黄芪对免疫系统、心血管及内分泌等多系统有着多种药理作用，特别是黄芪的免疫抑制和双向调节作用，对自身免疫疾病的治疗有重要意义。

　　宋师点评　本案为重症白塞综合征治疗验案。除明显口腔疼痛性溃疡外，且见下肢多发结节红斑，深静脉血栓形成，下肢肿胀。本案患者拒绝激素加量，因此治疗颇为困难，唯希望重剂能挽困局。湿热毒邪攻注肝经为白塞综合征的中医基本病机，首以重剂龙胆泻肝汤、玉女煎清泻其肝胆心胃之火，天麻钩藤饮息其肝风，折其火热之势，有药先于病之意，待其火热之势大减后，再予大剂量黄芪补其气，患者因"壮火食气"致其气已虚而予补益，最后再以清热除湿之剂收功。

　　常用龙胆泻肝汤、玉女煎为主方清火。清火有清实火、清虚火、清火结成毒之毒火之别。清实火有清肺火（黄芩、栀子）、胃（肠）火（黄连）、肝火（龙胆草）之清法，又有清胃肠湿热之清法，又有清火热所结成的火毒之清法，其中用药归经尤有区别，否则虽同一清法，南辕北辙，可能毫无作用。

清法常与解表药（有畏寒怕冷者）、通腑药（有热结便秘，或但高热不寒者）、息风药（有手足、舌抖动者）配伍或以增加清热之疗效，或以截断病邪，阻止病邪进一步发展，或与养阴生津药同用以免过用苦燥伤阴。

中医治疗此病固然要用清热之法，但亦需因势利导，引邪外出，如用牛膝、泽泻、车前草之类引邪而从下而出。提壶揭盖是宣肺利尿，逆流挽舟是祛邪外出，本例是引邪下泄，如此种种均是中医治病之巧法，体现着中医流水不争先，因势利导的睿智。舌暗是使用大剂量黄芪之指征，因白塞综合征反复、持续口腔溃疡，发时常常疼痛明显，俗称"上火"，但其症若反复发作，火邪必然会损伤正气，所谓"壮火食气"，故此病在出现"上火"的同时若舌质偏暗，便可大胆使用黄芪。

医案四（痛风）

王某，男，56岁，就诊日期：2012.09.01 发病节气：处暑后

主诉：反复下肢关节红肿热痛6年，再发3天。

现病史：患者6年前每饮酒食海鲜后易出现下肢关节红肿热痛，查血尿酸升高，血尿酸＞500μmol/L，服消炎止痛药后可好转，但易反复发作。3天前再次出现左足背红肿热痛，影响行走及睡眠，自服消炎止痛药后稍有好转，大便干结，小便发黄，胃纳减少。

体格检查：左足背红、肿、热、痛，舌红苔黄腻，脉弦。

辅助检查：查血尿酸598μmol/L，CRP 43.2mg/L，血常规未见异常。

辨证分析：患者中年男性，平素嗜食肥甘厚味，酗酒食伤，脾失健运，脾胃升清降浊失司，肾气不化，分清泌浊无权，均致湿浊内生，久蕴不解，酿生尿酸浊毒，蕴久化热生痰，痰凝瘀滞经脉、骨节，故见关节红肿热痛，大便干结，小便短赤，舌红苔黄腻，脉弦为湿热阻络之象。

西医诊断：痛风性关节炎。

中医诊断：痹证（湿热阻络证）。

治法：清热解毒，利湿通络。

处方：秦艽15g 大黄20g 苍术20g 紫背天葵子12g 蒲公英30g 麻黄15g 金银花30g 野菊花12g 青风藤40g 冬葵子12g 连翘12g 生石膏（先煎）30g 紫花地丁30g 金雀根30g 水牛角（先煎）60g

7帖

二诊：2012.09.10

患者左足背红肿热痛明显好转，大便每日2次，偏稀，尿色转清，仍有

关节隐痛肿胀，舌红苔薄黄腻，脉弦。原方基础上去大黄，加雷公藤 5g。

处方：秦艽 15g　苍术 20g　天葵子 12g　蒲公英 30g　麻黄 20g　金银花 30g　野菊花 12g　青风藤 40g　天葵子 12g　连翘 12g　生石膏（先煎）30g　紫花地丁 30g　金雀根 30g　雷公藤（先煎）5g　水牛角 30g

10 帖

三诊：2012.09.20

患者左足背无明显红肿热痛，二便无殊，舌红苔薄黄腻，脉弦。效不更方，原方隔日口服。

按： 痛风是由于嘌呤代谢紊乱，血尿酸增高，导致尿酸结晶沉积在关节及关节周围组织所致的特征性关节炎症，临床上以高尿酸血症、特征性急性关节炎反复发作、痛风结石形成特点，严重者可致关节畸形及功能障碍、急性梗阻性肾病或痛风性肾病。本病起病急骤，患者多于午夜因剧痛而惊醒，最易受累部位是第一跖趾关节，局部常表现为红肿热痛，并可伴头痛、发热、白细胞增多等全身症状。高尿酸血症是痛风的重要生化基础，痛风必伴有高尿酸血症。而从中医学的概念上讲，这种在体内积聚过多而对机体产生毒害作用的物质可称为"毒"。中医认为，痛风的病因——高尿酸血症乃湿浊之毒也。痛风性关节炎以湿浊内盛为主要病机，同时往往有脾肾亏虚症状。脾失健运，脾胃升清降浊失司；或久病入肾，或年迈肾衰，肾气不化，分清泌浊无权，均致湿浊内生，久蕴不解，酿生尿酸浊毒，蕴久化热生痰，痰凝瘀滞经脉、骨节而发为关节肿痛，此时，每因劳倦过度或七情内伤，或酗酒食伤，或关节外伤，或复感风寒湿邪诱发本病。即本病多以脾肾亏虚为本，湿热痰瘀浊毒瘀阻经脉、骨节为标，本虚标实。宋师认为急性期痛风以湿热、痰瘀、浊毒闭阻经脉、流注关节为主，病急且重，根据"急则治其标"的原则，治疗上以祛邪为主，重在清热解毒，利湿泄浊，化瘀通络。本方以五味消毒饮为基础加减，以银花、连翘清气分热毒为主；紫花地丁、紫背天葵、冬葵子、蒲公英、野菊花均有清热解毒之功，配合使用，其清解之力尤强，并能凉血散结以消肿痛，加以石膏清热泻火，秦艽清湿热、通筋络，苍术健脾燥湿，麻黄既能走表发散火热、又能利水消肿，金雀根清热活血通络，大黄通腑泻热，使邪有出路。二诊症状缓解，大便偏稀，减大黄，加用关白附子、雷公藤祛风除湿、活血通络；三诊见效守功，减量口服。诸药共奏清热解毒，利湿泄浊，化瘀通络之功，临床使用，每获佳效。然该方适用于痛风性关节炎急性发作期，因药物毒性，不可长期服用。

宋师点评 痛风性关节炎因热毒轻重程度不同而施治药物不一,轻者五味消毒饮加白虎汤加减即可,重者须加秦艽、秦皮等祛风通络之品以通其邪,使邪易于化出,再加青风藤、雷公藤清热解毒减其毒热。病势急迫者白虎已难缓其势,则加承气釜底抽薪,羚羊角、水牛角折其动风之渐。温病治法是分离风湿热,或透风于热外,或渗湿于热下,不与热相搏,势必孤也。痛风性关节炎治法亦须务必使热与毒不相结,则毒、热之邪势必孤也。

医案五(慢性痛风期)

韩某,男,41 岁,初诊日期:2012.08.25 发病节气:处暑后

主诉:反复下肢关节红肿热痛 5 年,再发 1 周。

现病史:患者 5 年前每饮酒食海鲜后易出现下肢关节红肿热痛,疼痛较剧,常夜间发作,查血尿酸 613μmol/L,服消炎止痛药后可好转,但易反复发作。后渐渐出现足趾关节肿大坚硬不退,痛风石形成,1 周前再次出现左足第一跖趾关节红肿热痛,影响行走及睡眠,自服消炎止痛药后好转不明显,大便干结,小便发黄,胃纳减少。

体格检查:左足第一跖趾关节红肿热痛,边有坚硬的痛风石形成,舌红苔黄腻,脉弦。

辅助检查:血尿酸 547μmol/L,CRP 21.5mg/L,血常规、肝功能(-)。

辨证分析:患者青中年男性,因嗜食肥甘厚味加酗酒食伤,使脾失健运、脾胃升清降浊失司、肾气不化、分清泌浊无权,而致湿浊内生,久蕴不解,酿生尿酸浊毒,化热生痰,故见关节红肿热痛;蕴久痰凝瘀滞于经脉、骨节,故见关节肿硬不退,舌红苔黄腻,脉弦为湿热阻络之象。

西医诊断:痛风性关节炎(慢性痛风石期)。

中医诊断:痹证(湿热阻络)。

治法:清热解毒,化痰通络。

处方:秦艽 15g 大黄 20g 苍术 20g 金银花 30g 生石膏(先煎)20g 知母 10g 连翘 12g 青风藤 40g 海风藤 60g 威灵仙 30g 徐长卿(后下)30g 汉防己 30g 莱菔子 12g 钻地风 12g 鸟不宿 12g 鬼箭羽 12g 留行子 12g 蒲公英 30g 紫花地丁 30g 野菊花 12g

14 帖

西药:雷公藤多苷片 20mg,2 次 / 日,口服。扶他林 75mg,1 次 / 日,口服。

二诊:2012.09.08

患者左足跖趾关节红肿热痛明显好转，已停服消炎止痛药 1 周余，大便每日 1 次，偏稀，尿色转清，仍有关节隐痛肿胀，关节肿硬不退，舌红苔黄腻，脉弦。效不更方，原方继服。

三诊：2012.09.20

患者左足跖趾关节红肿热痛基本缓解，二便无殊，舌红苔薄黄腻，脉弦。效不更方，原方隔日口服。

按： 痛风病以脾肾亏虚为本，湿热痰瘀浊毒瘀阻经脉、骨节为标，本虚标实。该患者因病程日久，痰凝瘀滞经脉、骨节，故见关节肿硬不退，痛风石形成，导致痛风发作，难以短期缓解。本方清热解毒、活血化痰、通络止痛，以石膏、知母、银花、连翘清热解毒、凉血散结；秦艽、威灵仙、徐长卿清湿热、通筋络；青风藤、海风藤等藤类药物取类比象祛风除湿、舒筋通络；苍术健脾燥湿；钻地风、鸟不宿、鬼箭羽、留行子祛风除湿、活血通络；大黄、莱菔子通腑泻热，使邪有出路。诸药共奏清热解毒，利湿泄浊，化瘀通络之功，临床使用，每获佳效。然该方适用于痛风性关节炎急性发作期，因药物毒性，宜中病即止。

宋师点评 高尿酸血症是痛风性关节炎的重要发病基础，痛风性关节炎必伴有高尿酸血症，而从中医学的概念上讲，这种在体内积聚过多而产生的对机体有毒害作用的物质可称为毒。而此种毒或蕴结成痰，成为冠心病和糖尿病发生、加重的因素；或蕴结积热，临床上表现为关节红肿热痛，痛势剧烈的痛风性关节炎。严重者又可因热炼毒邪成石（名曰痛风石）更加重病情。治以五味消毒饮、白虎汤等加减，因其邪专走关节经络，故酌加祛风湿通络之品。本案与前案均用生军，其具体用药为与其他药物同煎，而并非常用的后下。同煎的目的一是保留其清热泻下作用，但因与其他药物同时煎煮使得煎煮时间延长而降低了生军的泻下力量，故也减低了生军泻下时出现的腹痛等不良反应。二是同煎使生军仍有缓泻作用，有利于湿邪排出，因湿为阴邪，重浊黏滞，难以速去。三是湿热瘀滞亦易导致血瘀，生军与诸药同煎在攻积导滞同时又可保留其活血化瘀之性而起到止痛作用。生军如此用法又不同于用缓下作用的制军，因制军清热力不若生军，又兼酒制，恐不利于痛风性关节炎急性期湿热为主的病机。

医案六（风湿热）

计某，女，62岁，初诊日期：2013.03.01　发病节气：白露

主诉：发热伴关节疼痛半年余。

现病史：患者半年前无明显诱因下出现发热，最高体温达39.8℃，伴有全身关节疼痛，疼痛关节不定，并伴有头晕、乏力、咽痛、口苦、口干、纳差、无咳嗽、咳痰，无胸闷、气急、心慌等，就诊于当地医院给予静滴抗生素治疗，用药后体温下降，疼痛明显缓解。但患者劳累后，咽痛发作，关节疼痛复发，体温复升高。多次就诊于当地医院，查ESR、抗"O"均升高，CRP、RF、ANA均阴性。诊断为"风湿热"，给予抗生素、解热镇痛药等治疗后病情缓解，停药后病情时有发作。近半个月来，患者发热、关节疼痛发作频繁，关节疼痛困重，行走困难，伴口苦、咽干、纳差、大便干、小便短赤，时有咳嗽。现为寻求中医诊治，前来宋师处就诊。

体格检查：T 38.2℃，双侧膝关节、踝关节等关节局部红肿明显，皮温增高，触痛明显，无明显关节畸形；舌红，苔黄，脉数。

辅助检查：ESR 42mm/h；ASO 909mg/L；RF 正常。CRP 67.3mg/L。生化基本正常。

辨证分析：患者老年女性，感受热毒之邪，侵入气分，流注关节，气血痹阻，故见关节疼痛伴有发热，热毒内蕴，故见咽痛口苦、便结尿赤，舌红，苔黄，脉数为热入气分、毒蕴阻络之象。

西医诊断：风湿热。

中医诊断：痹证（热入气分、毒蕴阻络证）。

治法：清热解毒，祛湿通络。

处方：金银花30g　蒲公英30g　野菊花12g　紫花地丁30g　冬葵子12g　天葵子12g　麻黄15g　苍术20g　生石膏（先煎）30g　泽泻30g　黄芪30g　鸡血藤30g　当归10g　赤芍10g　川芎10g　桃仁10g　红花10g　三棱10g　莪术10g

7帖

二诊：2013.03.08

服药1周后，患者体温恢复正常，咽痛减轻，关节红肿热痛明显减轻，但行走时仍觉关节疼痛，同时伴有头晕、口苦、口干，舌红，苔黄腻，脉数，治疗以祛湿通络、活血化瘀为主，前方去生石膏、天葵子，加淡竹叶、乳香、没药各10g以增强活血化瘀、通络止痛之功。

处方：金银花30g　蒲公英30g　野菊花12g　紫花地丁30g　冬葵子12g　麻黄15g　苍术20g　泽泻30g　黄芪30g　鸡血藤30g　当归10g　赤芍10g　川芎10g　桃仁10g　红花10g　三棱10g　莪术10g　制乳香10g

浙江中医临床名家·宋欣伟

制没药 10g　淡竹叶 30g

7 帖

三诊：2013.03.15

症状消失，再进下方以善后。

处方：蒲公英 30g　紫花地丁 30g　野菊花 12g　金银花 30g　冬葵子 12g　天葵子 12g　连翘 12g　丝瓜络 12g　忍冬藤 15g

5 帖

　　按：风湿热是链球菌感染后引起的一种自身免疫性疾病，可累及关节、心脏、皮肤等多系统。其中导致的关节病以多发性、大关节、游走性关节炎为典型特征。本病属中医"痹证"范畴，多系素体阳气偏盛，内有蕴热，或阴虚阳亢之体，感受外邪侵袭，邪气入里化热，流注经络关节；或风寒湿邪日久缠绵不愈，邪留经脉，入里化热，气血痹阻，以关节疼痛，局部灼热、红肿、痛不可触，不能屈伸，得冷则舒为特点的病症。可涉及一个或多个关节。发病年龄以青壮年为多，女性多于男性，好发部位为膝关节、踝关节、趾（指）掌关节等。该患者表现为关节游走性疼痛、发热、咽干、口苦、纳差、舌红、苔黄、脉数，辨证为湿毒蕴阻证。宋师认为该病治疗原则以"热者清之""痛者通之"，故治疗上以清热解毒、祛湿通络为法。宋师考虑该法所用药物其性寒凉，清热解毒之力强，又恐邪有凝滞血脉，留滞不去之弊，故配伍麻黄行发散通阳，兼有利水消肿之功，苍术祛风湿、健脾兼有护胃作用。黄芪可起到补气、利水消肿，托毒外出之功。宋师喜用药对来增强药物之功，如该方中桃仁对红花，三棱对莪术，赤芍对川芎，当归对鸡血藤等。本例患者首诊重用清热解毒之药，收到很好的疗效，患者热性症状明显减轻，但关节疼痛仍较明显，故在二诊时宋师加用乳香 10g、没药 10g，重用活血化瘀、祛湿通络之药，再用 1 周后，患者症状消退。提示我们治疗时注意辨证施治、病症结合可获良效。

　　宋师点评　本案属热痹证治，外感热毒之邪，侵入气分，邪盛正旺，正邪剧烈抗争，外蒸肌肉，内迫胃津，故见高热、恶热、心烦、汗出、舌红苔黄、脉数。热毒痹阻关节，使气血瘀滞，则血瘀脉外，而见膝踝关节肿胀，局部皮肤潮红，扪之发热，治以五味消毒饮、白虎汤为主方，加用祛风湿通络之品，热毒清则体温正常，血瘀运行通畅而关节肿胀疼痛减轻，其后再以清热解毒通络之品收功。

医案七（慢性唇炎）

王某，女，47 岁，初诊日期：2013.05.01 发病节气：谷雨

主诉：反复口周脱屑瘙痒 5 年余。

现病史：5 年前在无明显诱因下出现口周皮肤瘙痒，红斑、脱屑，至多家医院门诊，诊为"口周皮炎""慢性唇炎"等，查过敏源均阴性，外用激素软膏能暂时缓解，停用后症状再发，现留有口周皮肤色素沉着，最近 1 年上症再发，瘙痒明显，皮肤水肿性红斑，伴有细小鳞屑脱落，另见少许抓痕，口唇黏膜细小皲裂，疼痛，胃纳呆滞，体倦乏力，大便溏薄，为求中医治疗来就诊。

体格检查：口周皮肤水肿性红斑，细小糠状脱屑，见少许抓痕，口唇黏膜细小裂痕，少许渗出，口周见色素沉着。舌红体胖，边见齿痕，苔薄腻，脉弦滑。

辅助检查：血常规、生化类无殊。ANA 阴性；斑贴试验阴性；ESR 8mm/h；CRP 2.3mg/L；特异性免疫球蛋白 E（IgE）正常。

辨证分析：患者中年女性，感受湿热之邪，或脾胃有热，湿热内蕴，郁久化火，火邪熏蒸肌肤，伤阴化燥，气发于唇，故见口周脱屑瘙痒，舌红体胖，边见齿痕，苔薄腻，脉弦滑为湿热犯肤，肝胃蕴热之象。

西医诊断：慢性唇炎。

中医诊断：唇风（湿热犯肤，肝胃蕴热证）。

治法：清热利湿，祛风止痒，疏肝和胃。

处方：生石膏（先煎）30g 升麻 10g 丹皮 12g 生山栀 12g 龙胆草 6g 黄连 6g 柴胡 10g 黄芩 10g 知母 12g 白茅根 12g 地骨皮 20g 薏苡仁 30g 泽泻 20g 生草梢 6g 蝉衣 20g 乌梢蛇 30g

7 帖

西药：复方甘草酸苷片 2 片，3 次 / 日，外用氟芬那酸丁酯软膏。

二诊：2013.05.08

口周水肿基本消退，红斑疹色转暗，瘙痒明显好转，仍有体倦乏力，胃纳不佳，大便溏薄。去丹皮、蝉衣、龙胆草，加用太子参 9g、茯苓 12g、防风 9g，加大健脾利湿之功。

处方：生石膏（先煎）30g 升麻 10g 生山栀 12g 黄连 6g 柴胡 10g 黄芩 10g 知母 12g 白茅根 12g 地骨皮 20g 薏苡仁 30g 泽泻 20g 生草梢 6g 乌梢蛇 30g 太子参 30g 茯苓 12g 防风 9g

7 帖

三诊：2013.05.15

口周皮疹基本消退，轻度瘙痒，大便变实，胃纳渐进，上方加蛇舌草30g、绞股蓝30g，加强祛风润肤功能。

处方：生石膏（先煎）30g　升麻10g　生山栀12g　黄连6g　柴胡10g　黄芩10g　知母12g　白茅根12g　地骨皮20g　薏苡仁30g　泽泻20g　生草梢6g　乌梢蛇30g　太子参30g　茯苓12g　防风9g　蛇舌草30g　绞股蓝30g

7帖

四诊：2013.05.23

口周皮疹消退，如果不涂药膏自觉口唇轻微干燥，无皲裂，舌苔变薄，上方去泽泻，加天花粉15g，以增强养阴润肤止痒作用。后以祛风养阴润肤之剂长期服用，皮疹未见复发。

处方：生石膏（先煎）30g　升麻10g　生山栀12g　柴胡10g　黄芩10g　知母12g　白茅根12g　地骨皮20g　薏苡仁30g　生草梢6g　乌梢蛇30g　太子参30g　茯苓12g　蛇舌草30g　绞股蓝30g　防风9g　天花粉15g　黄连6g

14帖

按：慢性唇炎，类似于祖国医学文献记载的"唇风""紧唇"。患者唇部黏膜以干燥脱屑、发痒灼痛、肿胀、渗出结痂为主，多见于下唇红肿，常有不自觉地舔唇咬唇或用手揉擦唇部，以致病损区皲裂渗出，血痂复结，肿胀明显。反复继发感染，使其病程迁延，西医治疗效果往往不佳。隋代巢元方在《诸病源候论》中记载："脾胃有热，气发于唇，则唇生疮。而重被风邪寒湿之气搏于疮，则微肿湿烂，或冷或热，乍瘥乍发，积月累年，谓之紧唇，亦名沈唇。"又如明代陈实功在《外科正宗·唇风》中记载："阳明胃火上攻，其患下唇发痒作肿，破裂流水，不疼难愈。"在清代著作《医宗金鉴·外科心法要诀》中认为本病病机为"阳明胃经风火凝结而成"谓："唇风多在下唇生，阳明胃经风火攻，初起发痒色红肿，久裂流水上燎疼。"并指出"若风盛则唇不时动。"近代医学则认为脾经血燥，复受风邪亦可导致本病。病因病机认为素体虚弱，脾开窍于口，其华在唇，脾经血虚无以上达濡养口唇，或进食辛热，复感风邪，湿热内蕴，郁久化火；火邪熏蒸肌肤，伤阴化燥而致。故而治疗以清热利湿，祛风止痒，健脾和胃为法，用泻黄散加减治疗。本例患者除了见唇炎的一般表现外，另见胃纳呆滞，体倦乏力，大便溏薄，舌红体胖，边见齿痕等脾虚之证，故在疾病急性发作时以祛风清热利湿为治，以消除急性症状，慢性期则以健脾养阴为治，以善后防止疾病复发，本例患者至今无复发，疗效颇佳。

宋师点评 脾胃之经均上行环唇，湿热邪侵或肝胃热盛均可上扰唇口，而见红肿瘙痒、燥裂之症状，俗称"紧唇""唇风"之类。清肝、泻胃、除湿、息风为基本治法，清肝泻胃可选丹皮、焦山栀、生石膏、知母、龙胆草、黄连之类，化湿利湿选生薏苡仁、白茅根之类，一般之症可以速愈，纠结顽固者则需加乌梢蛇、蝉衣、西河柳等祛风息风之品。

浙江中医临床名家·宋欣伟

第|五|章

学术成就

　　宋欣伟教授具有扎实的中医理论基础，又师从多位中医名家，在长期的临床实践工作中，紧密结合中医基础理论，大量运用中西医内科学知识指导临床实践，取得了较好的成绩。经过多年的临证研究、潜心挖掘，宋欣伟教授在各类内科急症及风湿病的中医病因、病位、病性、病机、治则、方药等方面有了比较全面、准确的认识和理解。既充分吸收现代医学的"辨病"知识，又充分发挥中医的"辨证"优势，根据"平脉辨证"，找出脏腑经络气血的盛衰，选择相应的方药"补不足，损有余"，逐渐形成了其在治疗内科急重症及风湿疾病中颇具特色的中医诊疗方案及中医学术体系。在中医急症中，重点研究了热、厥、血、痛四大症的证治，充分运用中医汗、清、温、补四大法进行治疗；在风湿病中，既重视益气养阴，又注重调神养心，对风湿病治疗的多个环节进行了有益的探索。

第一节　热厥血痛四大症，汗清温补四大法

一、高热的研究

（一）对外感发热与寒温统一论的认识

　　通常将外感后体温升至 39.1 ℃及以上称为外感高热，外感高热即中医所谓"壮热""大热"，是指六淫邪气侵犯机体，营卫之气与之交争而出现的体温急剧升高。本病是临床常见急症，若处理不及时或失治误治，常引起高热惊厥、休克等，甚至危及生命，是临床上需要及时诊断与治疗的危重病症。

　　宋欣伟教授认为外感高热，一般多因患者感受寒邪发病，发病多在冬春，但现在随着电风扇、空调的普及化，患者往往因之受凉而致毛孔闭塞，因此即使在暑月亦有伤风受寒而发热的。起病初期表现为恶寒发热，恶寒与发热呈正相关，恶寒愈明显则发热愈重，而恶寒发热越严重则意味着表证愈明显，"有一分恶寒，便有一分表证"。虽有高热，但因有恶寒所以仍可用辛温发汗解表法，令汗出热退，正如《素问·生气通天论》曰"体若燔炭，汗出而散"。发病不久或治疗数天后，虽仍有恶寒、发热，但身热无汗，午后热增，咽喉疼痛明显，查体咽红或扁桃体肿Ⅱ、Ⅲ度不等，或伴胸脘痞满不适，纳差，乏力，恶心欲吐，口干，小便量少色黄，大便或有秘结，此为寒邪化热入里，治疗除辛温发汗解表，更需加清热利咽之品清除内热，自拟加味大青龙汤治疗。方中投以大队辛温解表药羌活、防风、独活、麻黄、桂枝、荆芥、苏叶，为求一汗而使肌表之邪从汗而泄。再加银花、连翘、鸭跖草、车前草、鲜芦根、生石膏、知母之类既能清泄内热，又兼利尿作用，乃为求入里所化之热通过清、利（尿）二法得解而置。其中生石膏、知母为清泄阳明经证之药，病邪既然已经由表化热入里，便可用之清泄，且此二味必须重用；银花、连翘用之于此亦有"透热外出"之用，若热灼津液而见大便秘结亦宜尽早通腑排邪，如加生军；板蓝根、白僵蚕清咽解毒而治病灶之所在。总之治疗以解表清热为法，但时时顾护排邪：在表汗之，在里或利尿或通便以泄邪为本方组方之特点。

　　由普通外感推及至整个热病，宋欣伟教授认为热病发病、演变亦有一定规律。冬季感受风寒后，可出现发热、恶寒、无汗、骨节疼痛、脉浮数五大症，此即太阳表实证，《伤寒论》曰："太阳病，或已发热，或未发热，必恶寒、体痛呕逆、脉阴阳俱紧者，名为伤寒""太阳病，头痛发热、身疼腰痛、骨节疼痛、恶风无汗而喘者，麻黄汤主之"。但若风寒之邪迅即入里化热，可见外有恶风恶寒发热之表寒，内见咽红或肿痛如蚕蛾之内热，亦即进展变化为所谓的大青龙汤证。若化热进一步发展、内热进一步加重，可迅速出现身大热、口大渴、汗大出（当然可以不一定有汗大出）、脉洪大的阳明经证，以及大便秘结不通的阳明腑实证，以及化热之邪郁闭于肺、症见咳嗽咯痰色黄甚则气喘的肺痈，腹痛便血的肠伤寒（查肥达试验阳性者）等，由外感风寒表实证入里化热的传变过程一般均是如此。其病初始若仅为伤寒表实，治疗多用荆防败毒散、麻黄汤、午时茶之类汤剂，发汗而解。若入里化热，须用大青龙汤类，即在辛温发汗解表基础上加清泻内热之剂，如加石膏或石膏配伍知母施治。

总而言之，宋欣伟教授认为寒温实为一体，均属热病，外感高热病机中心点是热，治疗大法是清。宋欣伟教授认为感受风寒与感受风热两者仅只在症状上有恶风或但热不寒与恶寒甚至寒战不同而已，感受风热而致的外感发热病机性质是热，感受风寒而致的外感发热病机性质同样是热。即使病尚在表、仅出现恶寒其病机本质就是属热，一种症状表现为类属"寒"之表现而已（虽然属"寒"但仍需以清热之法而治疗的"寒"），出现寒战症状则是热病的较严重表现，伤寒表实证恶寒甚至寒战与发热一样都是热性病的表现，虽有恶寒但仍需用清热法治疗方能取得最好疗效。业内以复方板蓝根颗粒（冲剂）统治感冒发热即是明证。宋欣伟教授初始治疗此类外感发热，因多只考虑病属太阳病伤寒表实而仅从辛温解表施治而觉疗效欠佳，认为病邪入里才有化热之病机变化，而后始悟出伤寒、温病实属一体，均属热病之类，对于外感风热径直用清热解毒之品取效。麻黄、桂枝、羌活、防风之类只对外感伤寒之表实证有效，能发汗而使患者恶风恶寒之症状得到缓解，轻者外感风寒感冒可用之而愈，而稍重仅用辛温解表药对消除发热的根源作用毕竟不够，因此只是治标之药，必须按病加用不同的清热药物。张锡纯著名的石膏阿司匹林汤用阿司匹林只是发汗解表，仍需加石膏清热。《黄帝内经》"今夫伤寒者，皆热病之类也"，一针见血指出了伤寒、温病之病体实则为一。

　　因此，治疗外感高热，不论感寒或感热所致，均应从热病论治，投以清热之品。清热之品就整体而言以银花、连翘、鸭跖草、车前草、鲜芦根、淡竹叶为佳，重则可加生石膏、知母，若遇大便秘结则需直接用生军清热泻火、攻积导滞。另外必须注重施用针对局部病灶作用的药物，如咽痛咽肿者一定要加强清热利咽解毒之药，如板蓝根、白僵蚕、牛蒡子、蝉衣、桔梗、薄荷、皂角刺、银花、连翘之类，肺痈加银花、连翘、鱼腥草、七叶一枝花之类，肠伤寒者应多加黄芩、黄连等清热解毒截断病邪之药，才能使发热症状消退。宋欣伟教授以此为治，之后极大地提高了外感高热治疗疗效。

（二）临床研究——加味大青龙汤治疗外感高热100例的临床观察

　　1995～1996年宋欣伟教授用自拟加味大青龙汤治疗了外感高热患者100例，疗效满意。现报告如下。

1. 资料与方法

（1）诊断标准：西医诊断参照《实用内科学》相关部分；中医诊断按《中医内科学》、《温病学》相关内容，辨证为风寒束表，客于肺卫，入里化热。

临床表现：①症见鼻塞流涕、恶寒发热、头身酸楚疼痛、无汗或少汗，或有咳嗽、口渴口臭，面赤心烦，咽痛或扁桃体肿大，或大便秘结。舌红苔薄白或薄黄燥，脉浮数。②有明显感寒受凉史。③白细胞总数正常或偏高。

（2）入组标准：①体温 39.1℃ 以上；②高热持续 3 天，经头孢类抗生素治疗两天以上无效。③未出现痉厥闭脱危证。④孕妇、虚弱者除外。

（3）一般资料：100 例为门诊及急诊病例，其中男性 60 例，女性 40 例；年龄 26±6 岁；发病时间 2 天以上，白细胞总数（10～15）×10^9/L。西医诊断急性上呼吸道感染 55 例，急性扁桃体炎 20 例，急性支气管炎 25 例。中医辨证均为外感高热中的风寒束表，入里化热。

随机分为治疗组 50 例、对照组 50 例。两组资料在年龄、性别等方面差异无显著性（P＞0.05），具有可比性。

（4）治疗方法：治疗组、对照组均予原头孢菌素类抗生素不变，治疗组再予①加味大青龙汤：生石膏 30g，知母 12g，羌活 10g，独活 10g，防风 10g，麻黄 10g，桂枝 10g，荆芥 10g，苏叶 10g，金银花 30g，连翘 12g，鸭跖草 30g，车前草 30g，鲜芦根 30g。便秘者加大黄（后下）5g，咽喉痛者加白僵蚕 12g、板蓝根 15g、皂角刺 30g、薄荷（后下）5g、桔梗 10g、大力子 15g。服用方法为每日 1 剂，分二次煎成 600ml，每隔 4 小时口服 200ml。②治疗组服紫雪丹 1 日 2 支或安宫牛黄丸 1 日 1 丸。

（5）疗效性观测：①除睡眠时外每两小时测体温一次。体温正常后改为 4 小时一次。观察退热时间及有效维持时间。②观察恶寒、汗出、神志、皮疹及各系统有定位意义的症状变化。③观察舌象、脉象变化。48 小时后复查白细胞总数及分类，必要时查胸部 X 线。④疗程为自治疗开始 72 小时，随访 2 天。

（6）疗效标准

1）体温疗效标准评价：根据记录到的服药后的体温，根据 4 小时内体温下降 0.5℃ 的时间、体温是否恢复正常及恢复正常所需要的时间进行判断。解热时间为体温降到 37.2℃ 的时间（并且观察 48 小时不再复升）。

2）疗效判定标准：①痊愈：治疗 48 小时内，体温恢复正常，恶寒发热等主要症状消除且无反复。②显效：治疗 48 小时内，体温降低 1.5℃ 以上，恶寒发热等主要症状明显好转。③有效：治疗 48 小时内，体温降低 0.5～1.5℃，恶寒发热等主要症状可有减轻。④无效：治疗 48 小时内，体温降低不足 0.5℃，恶寒发热等主要症状无明显改善。

（7）统计学方法：采用 χ^2 检验和 t 检验。

2.结果

（1）两组疗效比较：治疗组 50 例，痊愈 50 例，好转 0 例，无效 0 例，总有效率 100%；对照组 50 例，痊愈 40 例，好转 8 例，无效 2 例，总有效率 96%。治疗组和对照组无差异。

（2）两组退热时间比较：治疗组 24 小时内体温降至正常 20 例，24 ～ 36 小时内降至正常 28 例，36 ～ 48 小时内降至正常 2 例；对照组 24 小时内体温降至正常 10 例，24 ～ 36 小时内降至正常 24 例，36 ～ 48 小时内降至正常 14 例，72 小时内降至正常 2 例。两组比较，退热时间以治疗组为优。

（3）两组治疗前后白细胞总数变化比较：治疗组治疗前白细胞总数为（12.6±3.2）×10⁹/L，治疗后为（7.8±5.3）×10⁹/L；对照组治疗前血白细胞总数为（13.1±3.1）×10⁹/L，治疗后为（7.6±3.4）×10⁹/L。两组较治疗前均明显下降，但组间比较差异无显著性。

3.病案举例

于某，男，26 岁，初诊 1995 年 8 月 6 日。暑月酷热，2 天前因贪凉淋浴后再用电风扇取凉过久，入夜头痛，恶寒甚则寒战，无汗，骨节酸痛，发热，外院急诊予头孢类药物静滴抗感染 2 天乏效，现至宋欣伟处就诊，刻诊体温 40℃，胸腹按之灼热，肤燥，咽痛查扁桃体肿Ⅲ度，舌边尖红苔薄黄，脉浮数有力。

处方 2 剂：连翘 15g，金银花 30g，薄荷（后下）5g，蝉衣 5g，白僵蚕 10g，牛蒡子 12g，鸭跖草 30g，车前草 30g，鲜芦根 30g，生石膏 50g，知母 10g，麻黄 10g，荆芥 10g，野荞麦根 30g。紫雪丹 1 日 2 次，每次 1 支。嘱多服温开水。

服中药 200ml，2 小时后汗出淋漓，6 小时后感觉舒畅，无恶寒，咽痛、肌肉酸痛减轻，体温正常。至傍晚外出活动后又吹风着凉，夜间又见发热（38.7℃），腰酸、咽痛，服第二剂药后汗出较多，6 小时体温又降至正常，未再复升。

二、厥脱的研究

厥脱在传统中医学中早有记载，《素问·厥论》已有论述寒厥、热厥、六经之厥等文字。《伤寒论》也有："凡厥者，阴阳气不相顺接便为厥，厥者手足逆冷是也。"而古人论厥者多，论脱者少，实际上所谓厥证的某些证候，也包含了脱证，二者都以四肢厥冷为主要症状，故两者较难分开。可以认为，厥为脱之轻证，脱为厥之重证，临床上常将厥脱并而论之。根据厥脱的临床表现和病理演变过程，一般认为现代医学的心力衰竭及其进一步发展引起的心源性休克，以及感染性休克等属于厥脱范畴。

宋欣伟教授认为厥脱证的发生，主要在于人体气机突然逆乱，导致气血运行失常，影响血脉的功能和心主精神意识的作用所致。与现代医学认为的"心力衰竭、心源性休克的发生是由于心排血量减少，不足以维持组织代谢需要而产生的临床综合征，是心脏机械活动、神经体液调节异常的结果"的观点相符合。厥脱证病情危重，张景岳曰："厥逆之证，危证也。盖厥尽也，逆者乱也，即气血败乱之谓也。"强调了厥脱证的严重性，也提示及早治疗的必要性。故而宋欣伟教授认为在厥脱证的抢救过程中，采取合适的中西医结合的诊断和抢救方法，能充分发挥中医辨证论治的优势，肯定能提高厥脱证（心力衰竭、心源性休克）的治疗疗效。

（一）老年重度心力衰竭的临床研究——心至宝口服液治疗老年重度心力衰竭的临床疗效观察

充血性心力衰竭（CHF）为多种心血管疾病末期表现，是内科常见的危重急症之一，预后凶险。CHF是由于心脏舒缩功能障碍，心排血量不足以维持组织代谢的需要的临床综合征，是心脏机械活动、神经体液调节和电活动异常的结果，亦是多种器质性心脏病几乎不可避免的结局。对重度心衰的患者采用利尿剂、血管紧张素转换酶抑制剂和洋地黄合用的"三联疗法"是一种经典的治疗方法，但临床上常常遇到一些棘手的问题，尤其是在诊治老年患者时。因老年人全身多种病理性变化、对药物代谢动力学和药物药理学反应的改变，使得老年人发生心力衰竭时比其他人存在更多的问题，如易于在使用有较强的正性肌力作用的拟交感胺类药物时发生猝死，易于产生洋地黄中毒，易于因利尿剂而致水电解质紊乱，易于在血管紧张素转换酶抑制剂使用中产生低血压等不良反应，有时因此而加重病情，限制了其进一步使用。因此单纯西药治疗效果并不理想，所以仍须继续努力以提高CHF的临床疗效。

宋欣伟教授在长期临床摸索、动物实验研究基础上进行药理研究，将筛选出的药物制成心至宝口服液（以下简称心至宝液）。心至宝液的研究为重症心力衰竭、心源性休克患者的治疗提供了一个新的选择。为了进一步论证

心至宝液的临床疗效，宋欣伟教授对在应用强心、利尿、扩血管综合治疗后仍未能控制心衰的老年重度心力衰竭患者加用心至宝液治疗，并进行了临床观察研究。

全部患者均为 1998～1999 年在浙江省中医院急诊科就诊的重度充血性心力衰竭患者（心功能Ⅳ级），共 60 例，病程 3 个月以上，并正在使用地高辛、利尿剂和血管紧张素转化酶抑制剂（ACEI）类制剂至少 4 周。因急诊入院经内科予强心、利尿、扩血管及改善心功能等对症治疗 24～72 小时后，心衰症状未明显控制或有加重。中医辨证均属心肾两虚、痰（水）瘀互阻：症见颜面及肢体水肿，或伴胸水、腹水，脘腹痞胀，便溏尿少等，舌胖大、质淡边暗紫、苔薄白，脉沉细无力或促结代。

60 例患者被随机分为心至宝液治疗的治疗组和常规西医治疗的对照组：治疗组 30 例中男 19 例，女 11 例；年龄 60～80 岁。原发病：冠状动脉粥样硬化性心脏病（冠心病）17 例，其中伴肺源性心脏病（肺心病）4 例；肺源性心脏病 9 例，其中伴冠心病 4 例；扩张型心肌病 2 例；风湿性心脏病（风心病）2 例。对照组 30 例中男 20 例，女 10 例；年龄 62～78 岁。原发病：冠心病 14 例，其中伴肺心病 6 例；肺心病 14 例，其中伴冠心病 5 例；风心病 2 例。

对照组患者采用西医常规疗法如吸氧、休息、限制钠盐、抗感染、注意纠正酸碱失衡及电解质紊乱。西药：①洋地黄制剂：平均地高辛用量为 0.25 ± 0.47mg，心衰极重时临时用毛花苷 C $0.2～0.4$mg 静脉注射，或多巴酚丁胺 $7.5～15.0$μg/min 微泵注射。②利尿剂：水肿极重期静注呋塞米，每日 1～2 次，每次 20mg；水肿明显消退后改服氢氯噻嗪、氨苯喋啶或呋塞米。③血管扩张剂：根据临床情况用硝酸甘油 $5～10$μg/min 静滴。伴高血压急症者予乌拉地尔针 $12.5～25$mg 稀释后缓慢静脉推注，继以 $12.5～25$mg 微泵静脉推注，持续保持血压稳定。治疗组患者在上述治疗基础上加用心至宝液，每日 2 包（必要时 3 包），频频啜饮。

因急诊治疗、观察条件限制，2 组均以治疗 5 日为 1 个疗程，1 个疗程后对两组患者复查血常规、电解质、肝功能、肾功能、胸部 X 线及心电图，并通过以下指标进行病情评估：①心功能分级：参照 NYHA 分级。② Crackles 心衰积分：观察呼吸困难、心率、血压、浮肿、咳吐泡沫痰、口唇紫绀、肝脾肿大、肝颈静脉回流征等。在治疗疗程结束时做胸部 X 线检查。计算平均动脉压及心肌耗氧指数，心肌耗氧指数＝平均动脉压×心率。

宋欣伟教授对于上述患者病情改善情况的评定参照了《中华人民共和国卫生部中药新药临床研究指导原则》（1993 年）制定的疗效判定标准：以急诊期间症状和体征明显好转，心功能改善 1 级或以上，此后无反复为显效；以症状和体征减轻，但心功能改善未达 1 级为有效；以临床表现及心功能无改善，甚至病情恶化为无效。两组间治疗指标采用两样本均数 t 检验，变化用百分率。

在对两组患者结果进行统计后，宋欣伟教授发现。

临床总疗效比较：2 组相比，服心至宝液的治疗组治疗显效率和总有效率均明显高于对照组，经统计学处理具有显著性差异（P 均 < 0.05），治疗组疗效优于对照组（表 5-1）。其中服心至宝液的治疗组心功能由Ⅳ级转为Ⅱ级 16 例、转为Ⅲ级 3 例；对照组心功能由Ⅳ级转为Ⅲ级 11 例、无 1 例转为Ⅱ级。

表 5-1　2 组治疗后疗效比较

组别	n	显效（例）	有效（例）	无效（例）	总有效率（%）
对照组	30	10（33.3%）	11（36.6%）	9（30%）	70.0
心至宝液组	30	19（63.3%）	8（26.6%）	3（10%）	89.9*

注：与对照组治疗后比较，*$P < 0.01$。

对心率、平均动脉压和心肌耗氧指数的影响：2 组治疗后心率均明显减慢，平均动脉压和心肌耗氧指数降低，治疗前后相比，$P < 0.01$。组间比较亦有明显差异（$P < 0.01$）（表 5-2）。

表 5-2　2 组治疗前后心率、平均动脉压、心肌耗氧指数变化比较

组别	n	心率（beats/min）	平均动脉压（kPa）	心肌耗氧指数（kPa/min）
心至宝液组：	30			
治疗前		106.43 ± 1.00	14.21 ± 0.94	1512.43 ± 203.90
治疗后		$78.23 \pm 10.65^{**\ \triangle\triangle}$	$11.56 \pm 2.10^{**\ \triangle\triangle}$	$902.94 \pm 252.58^{**\ \triangle\triangle}$
		（-22.49 ± 10.30）	（-18.65 ± 1.27）	（-39.07 ± 20.55）
对照组：	30			
治疗前		102.26 ± 12.28	13.89 ± 1.63	1425.25 ± 169.30
治疗后		$87.75 \pm 9.80^{*}$	$12.98 \pm 1.78^{*}$	$1143.78 \pm 141.65^{*}$
		（-12.36 ± 15.71）	（-6.55 ± 1.06）	（-18.48 ± 15.30）

注：与对照组治疗后比较，$^{\triangle\triangle}P < 0.01$。与治疗前相比较，*$P < 0.05$。与治疗前相比较，**$P < 0.01$。

对 Crackles 心衰评分的影响：治疗后 Crackles 积分值呈明显下降（$P < 0.01$），2 组相比，治疗组明显优于对照组（$P < 0.01$）。提示心至宝液有显著的改善心衰症状的作用（表 5-3）。

表 5-3　对 Crackles 心衰评分的影响

组别	治疗前	治疗后
治疗组	≥ 10	$5.9 \pm 0.92^{*}$
对照组	≥ 10	$7.43 \pm 1.07^{* \triangle \triangle}$

注 1：与治疗前比较，$*P < 0.01$。与治疗组比较，$^{\triangle \triangle}P < 0.01$。

注 2：本组病例治疗前因心衰症状明显而不能进行胸部 X 线检查，但其 Crackles 积分已大于或等于 10 分，达到 Crackles 评分的重度心衰范围，已不影响 Crackles 积分的计算，故对治疗前评分均以 ≥ 10 计算。

治疗组强心剂用量的变化：治疗组治疗前 30 例（100%）长期使用地高辛片，日均用量 0.25 ± 0.47mg。治疗后 10 例减量应用，日平均用量 0.125mg，与给药前比较 $P < 0.01$，有明显差异。

在强心、利尿、扩血管治疗相同的情况下，治疗组因加用心至宝液取得了较对照组更为满意的抗心衰疗效，宋欣伟教授认为有以下几点值得进一步深化研究。

（1）在中西医结合治疗 CHF 的实践中，通过结合现代医学的强心、利尿、扩血管疗法，从瘀从肾论治重度心力衰竭可取得更为显著的临床疗效。分析如下：①重度心力衰竭是心不行血与瘀阻脉络互为因果、互相加重的结果，因心不行血而致瘀阻脉络，因瘀阻脉络而加重心不行血，在证属本虚标实，是心不行血与瘀阻脉络互为因果、互相加重的结果，治疗宜护正补虚、活血化瘀。②重度心衰病位在心，其根在肾。从心力衰竭以动辄气喘、严重者甚至连翻身转侧都为之气喘作为典型临床表现来分析，当与肾有关。因肾为气之根，肾亏则肾不纳气而气喘。因此宋欣伟教授在西医治疗基础上，以补肾纳气、活血化瘀为治疗大法，在不断的临床探索中，筛选出具有补肾、活血作用的牛膝、山楂等药物组方使用，取得了良好的临床疗效。在现代药理学研究中，已有牛膝、山楂增加心肌收缩力、增加心输出量、减慢心率、利尿、兴奋呼吸、降低血液黏稠度、抑制红细胞聚集的研究结果，为进一步研究提供资料和佐证。本研究总结的临床结果则进一步证明使用心至宝液的治疗组疗效明显优于采用"三联疗法"治疗的西医对照组，说明采用中西医结合治疗 CHF 具有协同相加效应，且疗效巩固，值得临床进一步推广使用。

（2）运动耗氧量是心输出量与动静脉血氧差的乘积，故在一定程度上运动耗氧量的改变实质上反映了心输出量的变化，采用运动耐量试验和运动峰耗氧量是判断心功能的较好指标。但此种试验在急诊临床中常常受到限制，如不宜于老年人，不能对心功能Ⅳ级（NYHA）的重度心衰的急诊患者进行检查。宋欣伟教授在临床中发现，以心率与平均动脉压的乘积求得的心肌耗氧指数，不失为急诊临床的一种简单、有效的方法，其可作为急诊临床进行心脏作功能力和对治疗效果进行评价的指标。心肌耗氧量反映心脏做功耗能情况，故对心肌耗氧指数的了解，可以对心脏做功情况和治疗效果做出简单、明了的判断。使用心至宝液后宋欣伟教授发现其具有较明确的减慢心率的作用，进而能使心肌耗氧量降低，心至宝液组治疗后心率和心肌耗氧量的改变幅度为（-22.49±10.3）% 和（-39.07±20.55）%，而对照组治疗后心率和心肌耗氧量的改变幅度为 -12.36±15.71% 和 -18.48±15.30%，以心至宝液组下降幅度为大，2 组组间比较亦有显著性差异（$P < 0.01$）。表明心至宝液有较明显的改善心脏的作功能力。

（3）Crackles 积分是根据心力衰竭的临床症状、体征和胸部 X 线发现而设计制定，能反映心力衰竭患者心衰症状和心衰程度的变化情况，心衰症状愈严重，心衰积分愈高；心衰积分愈高，心力衰竭也愈严重。宋欣伟教授选择 Crackles 积分作为心衰治疗前后心衰症状改善的评判标准，以了解心至宝液治疗组与对照组在心衰症状改善程度上的不同。治疗结果表明服心至宝液的治疗组与对照组积分分别下降了 5.9±0.92 分和 7.43±1.07 分，以治疗组治疗后 Crackles 积分下降幅度为大，两组组间比较亦有显著差异（$P < 0.01$），表明心至宝液对临床症状和体征均有改善作用。

（4）与心至宝液相同成分的注射液在麻醉大鼠实验性心力衰竭、心源性休克中，除了对大鼠有明显的增强心肌舒张、收缩性能作用外，尚有明显的升压抗休克作用，而心至宝液在治疗血压升高的重度心力衰竭病人时，并未表现出升压作用，反而能使血压下降、心肌耗氧量降低，宋欣伟教授认为此种结果可用中药的适应原样、双向调节理论来解释，乃是中医药的精华之所在。

（二）急性心力衰竭、心源性休克的实验研究——心至宝注射液抗大鼠急性心力衰竭、心源性休克的实验研究

厥脱重症非单纯的厥证与脱证，而是指因各种致病因素所致的脏腑受损，气机逆乱，阴阳气不相顺接，导致厥脱之变，最后可有阴阳离决、精气竭绝之证。

浙江中医临床名家·宋欣伟

初起一般表现为面色苍白，四肢发凉，汗出，气短，烦躁，或表情淡漠，小便短少，脉象细弱或细数，血压逐渐下降。此时若不及时治疗，或治不得法，则病情可迅速恶化，呈现四肢厥冷，大汗淋漓，唇甲紫暗，小便多闭，脉微欲绝等的脱绝危象。正如《临证指南医案》中说："脱之变，唯阳气暴脱，阴阳相离，汗出如油，六脉垂绝，一时急进之症。" 若抢救不及时可迅速导致死亡。

在厥脱证的治疗中，由于传统中医给药途径的限制，抢救速度和成功率受到了一定影响，疗效欠佳；而且在休克时药物经胃吸收本身就是一个极大的问题。因此进一步寻找抢救厥脱证有效的、可靠的药物和方法，仍是中医急症急需解决的一个重要课题。宋欣伟、杨午鸣教授及其团队经过长期临床和反复药理实验，潜心研究心至宝注射液，期望用于心力衰竭、心源性休克的治疗。

心至宝注射液主要由山楂、牛膝组成。在动物实验中，基于高浓度戊巴比妥钠对心肌有直接抑制的作用原理，用戊巴比妥钠制成大鼠心力衰竭、心源性休克的病理模型。以原血压超过 13.3kPa（100mmHg）降至 9.3kPa（70mmHg）以下，原血压在 70～100mmHg 者以血压降至原水平的 2/3 以下为休克；以血压降至休克标准，dp/dt max 下降 50% 以上为心力衰竭、心源性休克参考标准（一般麻醉大鼠的 +dp/dt max 在下降 60% 后难以再下降，否则极易导致大鼠死亡）。将制作成模型的大鼠分为生理盐水组（A 组）和心至宝注射液组（B 组），两组分别以 0.1ml/min 的速度持续静脉输注生理盐水和心至宝注射液，共 30 分钟。观察自给药开始后 1、5、10、15、20、30 单位：分钟及停药 15、30 单位：分钟各项指标，并将上述观测指标记录于 RM-6000 型八导生理记录仪上。用 PCLab 生物信号采集处理系统进行图像数据处理，对所得数据采用 SPSS 10.0 版本进行统计学处理，并计算造模前后的百分变化率。结果，戊巴比妥钠使大鼠心率、血压及血流动力学指标（SBP、DBP、MAP、HR、LVSP、LVEDP、dp/dt max、−dp/dt max）发生明显变化，各数值表明戊巴比妥钠诱发大鼠出现典型的急性心力衰竭和心源性休克，模型制作成功、稳定。

在上述模型基础上，宋欣伟、杨午鸣教授带领的团队发现心至宝注射液具有以下明显作用。

对心率、血压有很好的提升作用：心至宝注射液组给药后，HR 迅速上升，然后基本维持于高水平。5 分钟时基本达到最高值，与造模后比较上升率为 12.49±9.59%，最大上升速率为 15.78±17.41%，心至宝注射液组给药 1 分钟后 SBP、DBP、MAP 即呈迅速上升变化，10 分钟后基本达到作用高点并持续维持于此水平，最高上升率分别为 109.54±38.34%、110.18±89.07% 和 123.80±66.07%。与生理盐水组比较均有显著性差异（$P<0.01$ 或 $P<0.05$）。

迅速提升 LVSP、LVEDP、±dp/dt max 数值：心至宝注射液组给药 1 分钟后 LVSP、+dp/dt max 即呈迅速上升，LVEDP、-dp/dt max 负值即明显增大；5 分钟后基本达到作用高点并持续维持于此水平，最高上升率分别为 103.64±92.21% 和 131.37±114.40%，最大负值增加率分别为 266.17±216.36% 和 126.17±75.95%。与生理盐水组比较，差异显著（$P<0.05$ 或 $P<0.01$）。

心脏做功性能的改善时间与血压改善时间的比较：心至宝注射液给药 5 分钟时 MAP、dp/dt max 上升率分别为 70.04±27.65% 和 129.10±89.0%，-dp/dt max 的负值上升率为 100.40±63.33%；10 分钟时 MAP、dp/dt max 上升率为 108.79±47.87% 和 143.03±105.07%，-dp/dt max 负值上升率为 126.16±75.95%。明显地 ±dp/dt max 上升速率较 MAP 上升速率为强烈，即心肌做功性能的改善早于血压的变化，由于心脏做功性能的改善、心脏排血量的增加而使血压上升，休克纠正。

通过心至宝注射液对戊巴比妥钠诱发的麻醉大鼠急性心力衰竭、心源性休克实验，宋欣伟教授团队认为以上结果表明，心至宝注射液对戊巴比妥钠诱发的麻醉大鼠急性心力衰竭、心源性休克有明显的药理作用，可通过升高 LVSP、dp/dt max 正值、增加 LVEDP、-dp/dt max 负值而增强心肌舒缩性能；升高 SBP、DBP 及 MAP 而改善组织血液灌注；对 HR 则无明显影响，无心肌耗氧量增加趋势。而且就心至宝注射液本身而言具有下列特点。

（1）显著的增强心肌收缩、舒张性能作用：LVSP、LVEDP 和 ±dp/dt max 是反映心肌舒缩性能的可靠指标，LVSP、+dP/dt max 反映心脏收缩功能状况，正值越大，收缩性能越强；LVEDP、-dP/dt max 反映心脏舒张功能状况，负值越大，舒张性能愈佳。在心至宝注射液对戊巴比妥钠诱发的麻醉大鼠急性心力衰竭、心源性休克实验中，根据戊巴比妥钠可严重抑制心肌，使心肌收缩力和心输出量降低的特点，制成大鼠实验性心力衰竭、心源性休克模型，此时大鼠在静脉输注戊巴比妥钠后，+dp/dt max 较造模前下降达 63.05±10.44%，LVEDP、-dp/dt max 负值较造模前分别上升 68.68±14.55% 和 67.34±12.16%。在模型基础上，生理盐水组予微泵输注生理盐水后表现为各心脏功能指标继续下滑趋势，心衰状态仍然得以维持，而心至宝注射液组则表现为 LVSP、+dp/dt max 正值迅速、明显地增大，LVEDP、-dp/dt max 的负值增大，且此作用在静脉微泵给药期间能持续维持，经统计学分析显示

自身给药前后及与生理盐水组比较均有明显差异（$P < 0.05$ 或 $P < 0.01$），说明心至宝注射液能明显增强心肌舒缩性能，增加心室充盈和心脏射血量，从而使心源性休克得以纠正，故对戊巴比妥钠诱发麻醉大鼠急性心力衰竭及心源性休克有明显药理作用。

（2）升压作用迅速，稳压作用良好：实验表明麻醉大鼠在给予心至宝注射液后，心肌舒缩功能迅速改善，继而出现血压迅速上升，用药 10 分钟后 MAP 上升率达到 $108.79 \pm 47.87\%$，且在此后整个用药期间持续维持于此水平，表明心至宝注射液不但能迅速升压，而且能较好地将血压稳定在正常水平，即具有迅速的升压和持久的稳压作用。

血压的过度波动和血压过高是造成缺血再灌注损伤的原因之一，心至宝注射液升高 MAP 的百分率达到至麻醉大鼠的 80% 左右后，并未再升高血压，这既可避免血压过度波动给机体带来危害，亦可避免和减轻再灌注损伤，表明中医药制剂有适应原样作用，可充分发挥有利于机体康复的作用。

（3）兴奋心脏而耗氧耗能增加不多：心至宝注射液在明显增强心肌收缩力、改善休克症状同时，并未同步增加心率与增加心肌耗氧量，与模型时相比，最高心率增加率仅 $15.78 \pm 17.14\%$。这是因为心至宝注射液并不是通过增加心率来增加心排血量，而是通过增强心肌舒缩性能、增加心脏的作功能力从而增加心输出量而达到升压作用。此外，在兴奋心脏的同时，由于增加心肌耗氧量不多，故心至宝注射液对大鼠心律影响不大，实验中无严重心律失常发生，与儿茶酚胺类药物有明显区别。

（4）稳定的药效：心至宝注射液微泵给药后 5 分钟时，HR、MAP 及血流动力学指标即迅速改善而脱离休克状态，此后在用药期间药效持续维持，停药后作用曲线缓慢下降，但停药 15 分钟时各项数值仍高于生理盐水组（$P < 0.05$），一方面说明由戊巴比妥钠制成的模型具有作用时间长，作用稳定的特点，另一方面也说明心至宝注射液具有作用迅速、药效稳定的作用特点，但以持续静脉给药为宜，只要能保持持续给药就能保持持续、稳定的药效。

最后，宋欣伟、杨午鸣教授及其团队潜心研究用于心力衰竭、心源性休克治疗的心至宝注射液，荣获了浙江省中医药科技进步奖二等奖、浙江省科技进步奖三等奖。

（三）清营汤治疗热盛阴虚型心力衰竭的临床与实验研究

从总体上讲，目前中医界对心力衰竭证型、治法的认识基本一致，认为心气不足是心力衰竭的基本病机，心力衰竭总因是心气虚以致排血无力而无以主血脉。一般认为心力衰竭的本虚主要包括心气虚、心阳虚，而标实为血瘀水停，1993 年的《中药新药临床研究指导原则》将心力衰竭分为 5 型：心气阴虚证、心肾阳虚证、气虚血瘀证、阳虚水泛证、心阳虚脱证。有的医家则进一步认为心力衰竭的本虚证尚有心肾阳虚、心肺气虚、心气阴两虚、阴阳两虚等，标实证还包括痰浊、湿浊。黄平东观察了 102 例充血性心力衰竭病人的中医证型特征及其演变规律，认为心力衰竭总的证候特点为本虚标实，临床上心力衰竭的常见证型依次为气虚血瘀、气虚血瘀水停、阳气虚血瘀水停和阳气虚血瘀，气虚、血瘀为必有证候，其演变过程为：心气虚（隐性血瘀、水停）→心气虚、血瘀（隐性水停）→心气虚、血瘀、水停→心阳虚（心气虚加重）、血瘀水停，故认为益（心）气、温（心）阳、活血、利水是中医治疗心力衰竭的核心所在；汪再妨对 140 例充血性心力衰竭病人进行中医辨证分析，发现气虚痰湿为本病基本病理，其中气虚痰浊为左侧心力衰竭的主要证型，阳虚水瘀搏结为右侧心力衰竭的主要证型，阳虚欲脱、水湿瘀阻、寒凝为全心力衰竭的主要证型，阳虚欲脱、寒凝内生为心力衰竭的危重证型。心力衰竭临床常见的演变顺序为气虚→气阴两虚→阳虚→阳虚欲脱，并由虚致实，心力衰竭程度除本虚外与标实所占比重一致。除了对心力衰竭证型进行研究外，亦有作者对心力衰竭的治疗药物进行了分类归纳，韦衮政对 1985～1997 年中医治疗充血性心力衰竭的 120 篇文章中的药物进行了荟萃分析，结果表明使用频率最高的 30 味中药分别属于益气药、温阳药、活血药、利水药。因此，经过几十年的临床研究，中医学家已经明确提出益气、温阳、活血、化瘀为治疗心力衰竭的基本大法，实践于临床，每每取得良好的治疗效果。

宋欣伟教授也认为心力衰竭的基本病机是心气亏虚、心不主血，终致心阳亏虚，瘀血水液互结，其病理特点为标本具病、虚实夹杂，本虚为心脏气血阴阳亏虚，标实为血脉瘀阻、痰饮水湿积聚。宋欣伟教授根据长期临床观察研究，体会到心力衰竭除常见气虚阳微，痰瘀互阻以外，热盛阴虚者也并不少见，尤其在心力衰竭的急性加重期，如肺源性心脏病因感染诱发加重的患者，采用清热（毒）养（心）阴治法进行治疗常可取得良好疗效，临床常常选择具有清营解毒、透热养阴的清营汤作为热盛阴虚型心力衰竭的治疗方药。

宋欣伟教授对本院急诊科 112 例急性心力衰竭患者辨证分型统计表明，心力衰竭热盛阴虚证者达 48 例（占 42.8%），采用清热（解毒）养阴治法、选用清营汤为主方进行治疗取得了明显的治疗效果。究其原因可能与下述因

浙江中医临床名家·宋欣伟

素有关：①大多数慢性心力衰竭患者在长期治疗过程中，因长期应用西医强心、利尿药物和（或）过用中药温燥（如人参、附子、肉桂之类）、渗利（如泽泻、车前之类）之品，导致热毒炽盛、阴液亏虚；②甲亢或糖尿病合并心衰时，患者心气虚损日久，阴津化生受累，可致阴虚生热（火）；③心脏病患者常常因情绪紧张而致肝气内郁、郁而化火；④热毒之邪直犯心脏，致心营热毒炽盛。临床上表现为平素常见胸闷憋气，动则气喘，口干舌燥，或咳嗽痰黄，或心烦失眠，自汗盗汗，或潮热消瘦尿黄赤，舌红少苔或干，脉沉细数，或促或结或代等症，遇诱发因素时突见气短乏力，心悸怔忡、肢体浮肿显著加剧。宋欣伟教授将以上心衰患者症状辨证为中医热盛阴虚证，并认为热盛阴虚证以热盛（或热毒炽盛）、阴虚并存为特征，因热毒炽盛、心阴不足而致心不主血，治当以清热养阴为原则，清营汤可为其代表方。在既往临床中，往往对心力衰竭病机常局限于衰则必虚、虚则必补的概念，以致在临床上较少对热盛阴虚与心力衰竭的关系及采用清热养阴法治疗急性发作期的心力衰竭进行进一步研究。热盛阴虚型心力衰竭的研究是宋欣伟教授对心力衰竭病机认识的深化，临床对热盛阴虚所致的心力衰竭采用清热养阴、清补结合之法施治，而不再囿于心力衰竭必然采用补气活血的模式。

清营汤出自《温病条辨》，是治疗温病营分证的主方，具有清解营热、养阴活血之功，不仅能"急清营中之热，而保离中之虚"，并具有一定的畅达血行和清心宁神的作用。本方由犀角、生地黄、玄参、竹叶心、麦冬、丹参、黄连、金银花、连翘组成。犀角为清营汤原方用药，现在已禁入药，叶天士将犀角、羚羊角同列为清营热之品，在《温热论》曰"入营犹可透热转气，如犀角、玄参、羚羊角等物"，因此我们改用羚羊角代替犀角。羚羊角为牛科动物赛加羚羊雄兽的角，为咸寒之品，归肝、心经，《神农本草经》曰"益气起阴，去恶血下注……安心气"，因此有较好的清解心营之热（毒）的作用；生地黄"逐血痹"（《神农本草经》）、"消瘀通经"（《本草备要》），麦冬"去心热，止烦热"（《本草拾遗》），玄参"滋阴降火"（《本草纲目》），三药滋心阴、养心血、通血脉、畅血行而与羚羊角同奏清营凉血之功；金银花"主热毒"（《本草拾遗》）、连翘"泻心经客热"（《珍珠囊》）、竹叶心长于清心火，"清香透心，治温以清，专清心气，味淡利窍"，黄连"泻心火"（《珍珠囊》），共同泻心经客热、去上焦热毒；丹参清热凉血、活血散瘀，以防血与热结。诸药合用而达清心热、养心阴及活血祛瘀之功。

现代药理研究认为羚羊角具有降低血浆 ET-1、AT-Ⅱ水平，改善血管内皮细胞功能。地黄小剂量使血管收缩，大剂量使血管扩张，可明显对抗 L- 甲状腺素灌胃诱导的大鼠心肌肥厚，抑制心肌线粒体 Ca^{2+}、Mg^{2+}-ATP 酶活性，从而保护心肌组织，避免 ATP 耗竭和缺血损伤。麦冬含多种甾体皂苷、植物甾醇、豆甾醇等，能提高机体的耐缺氧能力、增强心肌收缩力、扩张周围血管、减轻心脏负荷。竹叶中竹叶黄酮能明显减慢心率、降低血压，降低左室舒张末期压和左心室内压，从而增加心脏的灌注压，使细胞各层都能得到良好的灌注；可降低心脏指数、心搏指数和左室做功指数，降低心肌的耗氧量，防止心肌缺血缺氧的发生；竹叶黄酮亦可减慢心肌缺血，且可增加冠脉流量。黄连的提取物黄连素对心血管系统具有广泛的生理作用，它既可直接作用于心脏，产生正性肌力和负性频率作用，又有扩张血管改善器官血流量，降低血压和抗心律失常的作用等，能使心衰动物产生有益的血流动力学效应，表现为心排血量增加，左室舒张压下降，心率减慢。丹参具有改善微循环，增加局部缺血心肌的微循环灌注量，降低血乳酸含量，改善缺氧引起的细胞代谢障碍，促进缺血心肌细胞的修复，发挥保护心肌的作用。以上研究表明清营汤各组方成分对心力衰竭时的心肌生化、功能等均有较为明显的药理作用。

为进一步深化对热（毒）盛阴虚在心力衰竭的发生、发展中的作用的认识，明确清营汤对急性发作期的心力衰竭热盛阴虚证者的疗效，宋欣伟教授带领的团队在上述临床基础上，通过实验观察了清营汤对热盛阴虚证心力衰竭大鼠心肌细胞因子、心肌病理微结构变化等方面的影响。

首先宋欣伟教授建立了热盛阴虚型心力衰竭大鼠模型，继而在此模型上进行了清营汤对热盛阴虚型心力衰竭大鼠心功能、心肌微结构、心肌细胞因子影响的实验研究。在研究中宋欣伟教授发现：①建立符合西医病名和符合中医证候特点的实验动物模型，即建立既符合心力衰竭表现又符合中医热盛阴虚证的动物模型是进行课题研究的关键，而在这一点上仍需探索。②清营汤对大鼠热盛阴虚型心力衰竭模型影响的研究表明：清营汤在心脏力学方面有显著增强心肌收缩性能、显著增强心肌舒张性能的作用，并与剂量增加成正相关；清营汤对损伤的心肌细胞有保护和修复作用，对心力衰竭过程中心肌重构过程发生影响；清营汤能显著降低热盛阴虚型心力衰竭大鼠心肌的 TNF-α mRNA、IL-1β mRNA 水平含量，从而改善或逆转 TNF-α 对大鼠心肌损害，起到保护心功能的作用。

（1）热盛阴虚型心力衰竭大鼠模型的制备与评价。动物心力衰竭有众多模型，但建立符合西医病名和符合中医证候特点的实验动物模型，即建立既

符合心力衰竭表现又符合中医热盛阴虚证的动物模型仍需要探索，是进行课题研究的关键。异丙肾上腺素（ISO）、甲状腺素（TH）都是常用的损害心肌，建立心肌肥厚、心力衰竭模型的药物，TH 又为中医传统制备热盛阴虚模型的药物。大剂量 ISO（> 85mg/kg）可造成心肌弥漫性坏死和纤维化，产生时间和剂量依赖性心功能损害，并逐渐发展为类似扩张型心肌病的心力衰竭，表现为水肿、肺充血及左室收缩舒张功能改变，这一造模方法已被广泛使用。但这一造模方法造模死亡率高。TH 能使大鼠心肌肥大，心肌细胞线粒体功能下降，能量合成障碍，心肌缺血及心肌肥厚，文献报道腹腔注射 L- 甲状腺素可制备大鼠心肌肥厚模型。同时，使用 TH 又为中医学传统制作动物热盛阴虚证候模型的经典方法，TH 可直接导致机体的能量代谢的增强，造成功能与能量代谢之间的不协调性而形成阴虚病理状态，所造成动物模型具有符合中医热盛阴虚证的临床表现：躁动不安、皮毛光泽度差、体重减轻、体温升高、痛反应敏感，以及对疲劳、低温和缺氧的抗应激能力降低，进食量、饮水量减少。综上所述，无论从理论还是从实践上讲，合理使用 ISO+TH 有制作出动物热盛阴虚型心力衰竭模型的可能。

为了更好地模拟临床心力衰竭发生发展过程和其病理生理表现，并且能表现出热盛阴虚这一证型特点，宋欣伟教授改良了以往 ISO 制备心力衰竭模型的方法，采用具有致心力衰竭的 ISO 联用同样具有心脏毒性、又能制备热盛阴虚证型的 TH 来制备中医证候模型。具体分两步进行，即先用相对较小剂量的 ISO，使心肌受到一定程度的损害，再用相对较大剂量的 ISO 联合 TH 进一步损害心肌，直至达到心力衰竭，同时又表现出热盛阴虚证型的表现。

模型制作成功后，宋欣伟教授对比了空白对照组与 ISO+TH 组大鼠心脏系数、心肌病理、心肌组织中 TNF-α mRNA、IL-1β mRNA 的变化，发现两者之间有明显差异。其表现如下：①大鼠心脏系数增加；心肌细胞核完全溶解、润盘消失、炎性细胞浸润、心肌间质脂肪浸润及纤维组织增生等呈坏死性心肌损伤病变；心肌组织中 TNF-α mRNA、IL-1β mRNA 含量水平明显升高，空白对照组、ISO 组和 ISO+TH 组组间比较有显著性差异（$P < 0.01$）。②空白对照组、ISO 组和 ISO+TH 组大鼠血流动力学的变化结果表明，显示反映心肌收缩性能的指标 +dp/dt max、LVSP、t-dp/dt max 值分别下降 26.66%、25.88% 和 13.38%；反映心肌舒张功能指标 -dp/dt max 绝对值、LVEDP 值分别上升 44.96% 和 70.63%，说明 ISO 组、ISO+TH 组与空白对照组相比均有显著统计学意义（$P < 0.01$），总体表现出心力衰竭时血流动力

学的恶化，与其他心力衰竭造模的文献标准基本一致，说明本方法制备大鼠热盛阴虚型心力衰竭模型基本成功。

（2）清营汤能改善或逆转大鼠热盛阴虚型心力衰竭模型的心脏力学、保护损伤的心肌细胞、降低心肌 TNF-α mRNA、IL-1β mRNA 水平含量，从而起到保护心功能的作用。

1）大鼠心功能测定：对空白对照组、ISO 组、ISO+TH 组、清营汤低剂量组、清营汤中剂量组及清营汤高剂量组大鼠在 90 天实验结束时，将导管插入左心室记录测取心功能、剪取心脏获得心脏系数。大鼠心脏系数 = 全心重 / 体重 ×10^3（表 5-4）。

表 5-4 实验各组大鼠心脏力学指标结果

项目	空白对照组	ISO 组	ISO+TH 组
LVSP（mmHg/s）	140.79±22.5	93±21.05 ▲▲	87.15±14.15 ▲▲
LVEDP（mmHg/s）	-4.88±3.31	0.91±0.68 ▲▲	2.4±3.45 ▲▲
+dp/dt max（mmHg/s）	5911.16±1170.65	4495.01±806.57 ▲	3918.22±820.33 ▲▲
-dp/dt max（mmHg/s）	-6209.95±664.58	-4231.74±842.33 ▲▲	-4052.61±351.21 ▲▲
HR（beat）	351.63±50.78	331.00±64.84	308.88±49.90
VPM	412.05±393.42	220.0±245.63	348.09±337.27
t-dp/dt max	18.55±3.62	14.71±8.06	16.5±5.04
T 值	1.65±0.5	1.22±1.07	1.42±1.11
项目	清营汤低剂量组	清营汤中剂量组	清营汤高剂量组
LVSP（mmHg/s）	120.18±15.26 **	139.39±22.47 **	148.0±17.39 **
LVEDP（mmHg/s）	2.46±3.28 ▲▲	-2.59±2.8 **	-2.22±1.29 **
+dp/dt max（mmHg/s）	4764.49±707.75 ▲ *	5617.28±923.32 **	5821.82±878.84 **
-dp/dt max（mmHg/s）	-4803.95±790.26 ▲▲ *	-5760.98±1137.0 **	-5456.4±1061.58 **
HR（beat）	297.88±40.61 ▲	328.40±33.11	340.90±32.65
VPM	277.40±178.88	350.36±41.03	205.27±65.24
t-dp/dt max	13.13±5.03 ▲	17.91±2.0	20.18±1.66 *
T 值	1.51±0.21	1.51±0.21	1.73±0.29

注：▲代表与空白对照组比较，$P < 0.05$，▲▲代表与空白对照组比较，$P < 0.01$，*代表与 ISO+TH 组比较，$P < 0.05$，** 代表与 ISO+TH 组比较，$P < 0.01$。

清营汤高剂量组：清营汤高剂量组与空白对照组比较，LVSP、+dp/dt max、-dp/dt max、HR、Vpm、T 值（$P > 0.05$）没有统计学意义；清营汤高剂量组与 ISO+TH 组比较，反映收缩功能指标 LVSP（$P < 0.01$）、+dp/dt max（$P < 0.01$）有显著差异；反映舒张性能的指标 LVEDP（$P < 0.01$）、-dp/dt max（$P < 0.01$）有显著差异；T 值、HR、Vpm、t-dp/dt max（$P > 0.05$）无显著差异；清营汤高剂量组与清营汤低剂量组比较，LVSP（$P=0.002$）、+dp/dt max（$P=0.012$）、t-dp/dt max（$P=0.005$）、LVEDP（$P=0.004$）、T 值（$P=0.039$）指标有显著意义；清营汤高剂量组与清营汤中剂量组比较，除 t-dp/dt max（$P=0.023$）有统计学意义外，LVSP、LVEDP、+dp/dt max、-dp/dt max、T 值、Vpm、HR 指标均无统计学意义。

结果表明了通过清营汤对热盛阴虚型心力衰竭大鼠的心脏力学各项指标的观察，清营汤具有良好的改善心力衰竭大鼠心脏力学的作用：①显著增强心肌收缩性能。实验表明，清营汤各剂量组与 ISO+TH 组比较，反映心肌收缩性能的指标 +dp/dt max、LVSP、t-dp/dt max 均有不同程度变化，清营汤高剂量组 LVSP、+dp/dt max、t-dp/dt max 均数分别上升 62.39%（$P=0$）、33.2%（$P=0.001$）、62.03%（$P=0$），说明清营汤有显著增强心肌收缩性能作用，并与剂量增加成正相关。②显著增强心肌舒张性能。LVEDP 降低、-dp/dt max 的绝对值减小或 T 值减少均代表心肌舒张性能降低。清营汤高剂量组 LVEDP 值、-dp/da max 的绝对值、T 值分别下降了 168.42%（$P=0.001$）、62.39%（$P=0.003$）、75.51%（$P=0.003$）。总之，清营汤能改善热盛阴虚型心力衰竭大鼠的心脏舒缩功能作用。清营汤对心衰大鼠心功能的改善呈一定剂量的依赖性，数据表明以清营汤中、高剂量改善大鼠心功能改善效果最为明显。

2）大鼠心脏系数和心肌病理学观察：在测取大鼠心脏系数指标后，再取大鼠左心室组织两块用于组织形态学检查。结果各组大鼠心脏系数（全心重 / 体重 $\times 10^3$）的比较表明清营汤中、高剂量组心脏系数明显低于 ISO+TH 组（$P < 0.01$）（表 5-5）。在大鼠心肌病理学观察中可以看到空白对照组心肌细胞结构组织正常，未见明显病理改变；ISO 组心肌细胞呈灶性坏死性改变，核完全溶解，润盘消失，心肌间质纤维组织增生，炎性细胞浸润；ISO+TH 组大鼠心肌细胞大片坏死，核固缩，细胞核溶解，可见心肌脂肪浸润，纤维组织大量增生；清营汤小剂量组大鼠心肌细胞仍有轻度坏死，心肌间质有炎性细胞浸润；清营汤高剂量组心肌细胞排列均匀，可见完整的心肌细胞核，润盘及横纹，间质无炎性细胞浸润，偶见心肌瘢痕组织形成，心肌细胞呈修复性改变。

表 5-5　各组大鼠心脏系数比较（$\bar{x} \pm s$）

组别	n	体重	全心重	心脏系数
空白对照组	8	350.88±26.52	0.91±0.02	2.60±0.20
ISO 组	8	220.50±12.49	0.92±0.01	4.16±0.23
ISO+TH 组	8	199.88±14.96	0.93±0.02	4.69±0.35*
清营汤低剂量组	8	228.75±15.68	0.95±0.08	4.18±0.42**
清营汤中剂量组	10	247.40±20.66	0.91±0.02	3.69±0.32
清营汤高剂量组	10	264.70±15.59	0.89±0.03	3.29±0.21▲

注：* 表示 ISO 组、ISO+TH 组与正常对照组比较，$P < 0.01$。** 表示清营汤低、中、高剂量组与 ISO+TH 组比较，$P < 0.05$。▲表示清营汤低、中、高剂量组间比较，$P > 0.05$。

结果表明经清营汤治疗后，大鼠心脏系数缩小，大部分发生弥漫性损害改变的心肌组织心肌细胞呈修复性改变，细胞排列均匀，可见完整的心肌细胞核、润盘及横纹，间质无炎性细胞浸润，偶见心肌瘢痕组织形成。上述改变与清营汤低、中、高不同剂量呈正相关。在清营汤高剂量组，大鼠心脏系数、心肌病理变化已趋回复正常状态，说明清营汤对损伤的心肌细胞有保护和修复作用，对心力衰竭过程中的心肌重构过程发生影响。

3）大鼠心肌组织中 TNF-α mRNA 及 IL-1β mRNA 含量测定：对经清营汤干预治疗后的热盛阴虚型心力衰竭模型大鼠，用反转录 - 聚合酶链反应法（reverse transcription polymerase chain-reaction，RT-PCR）测定心肌组织中 TNF-α mRNA 和 IL-1β mRNA 含量表达结果（表 5-6）（半定量分析结果）。清营汤低、中、高剂量组和 ISO+TH 组大鼠相比，清营汤中、高剂量组大鼠心肌组织中 TNF-α mRNA 及清营汤各剂量组大鼠心肌组织中 IL-1β mRNA 含量的表达均有明显降低，具有显著性差异（$P < 0.01$）。

表 5-6　各组大鼠清营汤干预治疗后心肌组织中 IL-1β mRNA 的表达水平

组别	n	TNF-α mRNA	IL-1β mRNA
空白对照组	8	0.11±0.012	0.04±0.004
ISO+TH 组	8	0.36±0.033	0.31±0.038[*]
清营汤低剂量组	8	0.33±0.035	0.16±0.015[▲]
清营汤中剂量组	10	0.23±0.033	0.11±0.006
清营汤高剂量组	10	0.17±0.013	0.07±0.011

注：表中所列数值为基因片断表达强度及比值，* 表示 ISO+TH 组与空白对照组比较，$P < 0.01$；▲表示清营汤低、中、高剂量组与 ISO+TH 组比较，$P < 0.01$。

结果表明清营汤能促使充血性心力衰竭患者的心脏结构改变及导致晚期血流动力学的显著异常。IL-1β 亦有类似 TNF-α 的促进心力衰竭发生发展的作用。本实验研究显示清营汤高、中剂量组 TNF-α mRNA、IL-1β mRNA 水平均较模型组明显下降（$P < 0.01$），说明清营汤能显著降低热盛阴虚型心力衰竭大鼠心肌的 TNF-α mRNA、IL-1β mRNA 水平含量，从而改善或逆转 TNF-α 对大鼠的心肌损害，起到保护心功能的作用。

总之，本实验在采用 ISO 联合 TH 成功制备热盛阴虚型心力衰竭大鼠动物模型的基础上，以大鼠心肌组织病理、心肌组织 TNF-α mRNA、IL-Iβ mRNA 的水平含量等为指标，较为系统地观察了清营汤对热盛阴虚型心

力衰竭的疗效，旨在探讨清营汤对热盛阴虚型心力衰竭大鼠的作用机制，为其进一步的临床应用提供有力的依据。结果表明了清营汤对细胞因子 TNF-α mRNA、IL-1β mRNA 有抑制作用，对损伤的心肌细胞有保护和修复作用，对心力衰竭过程中心肌重构过程发生影响，证明清营汤对热盛阴虚型心力衰竭有较明显的治疗作用，为其进一步的临床应用提供有力的依据。

心力衰竭的基本病机是心气亏虚、心不主血，终致心阳亏虚，瘀血水液互结，宋欣伟教授根据长期临床观察研究，体会到心力衰竭除常见气虚阳微、痰瘀互阻以外，热盛阴虚者也并不少见，尤其在心力衰竭的急性加重期，如肺源性心脏病因感染诱发加重的患者，采用清热（毒）养（心）阴治法进行治疗常可取得良好疗效，临床常常选择具有清营解毒、透热养阴的清营汤作为热盛阴虚型心力衰竭的治疗方药。热盛阴虚型心力衰竭的研究是宋欣伟教授对心力衰竭病机认识的进一步深化，临床对热盛阴虚所致的心力衰竭采用清热养阴、清补结合之法施治，而不再囿于心力衰竭必然采用补气活血的模式。为临床进一步研究心力衰竭的发生发展过程，以及开发新的有效治疗心力衰竭的措施，提供了新的思路与方法。最后本课题成果荣获浙江省中医药科技进步奖三等奖。

三、血证的研究

大剂量参附注射液辅助治疗肝硬化食管曲张静脉破裂出血的临床观察

广义的血证，是指在机体病理情况下，血液本身出现异常，或者血液循行过程中的状态出现异常，更有甚者血液不循常道溢出脉外出现出血证候，具体包括出血证、血瘀证、血虚证等。狭义的血证是指由多种原因导致火热熏灼或气虚不摄，致使血液不循常道，溢于脉外，或上溢于口鼻诸窍，或下泄于前后二阴，或渗出于肌肤所形成非生理性出血性的疾患，属于中医临床急危重症范畴。

消化道出血是现代医学病名，是临床常见的急危重症之一，具有起病急、变化快、死亡率高的特点，传统中医学虽无相关病名记载，但属中医学血证证治范畴。目前在临床研究发现，食道胃底静脉曲张破裂出血是肝硬化、门脉高压所致的一组综合征，占上消化道出血的 2% ～ 10%，许多肝硬化门静脉高压患者在 1 ～ 3 年内有出血征象。食道胃底静脉曲张破裂所导致的上消化道出血在患者中所占的比例有逐年增多的趋势。尽管目前对上消化道出血及出血性休克有多种治疗方法，但由于出血量大而急，其近期病死率仍高达30%～50%，为内科、外科治疗门脉高压症重点关注的问题。目前主要以非手术的内科保守治疗为主，但存在着种种问题：三腔二囊管压迫止血可获即时止血，但仍易反复出血和拔管时有相当高再出血率，且副作用大（气囊滑脱有致窒息可能），患者因痛苦而难以或拒绝接受（尤其是再次插管患者）；内窥镜下治疗（如行硬化剂注射等）虽有较好疗效，但在出血活动期进行操作，因操作者视野模糊而严重影响止血效果；垂体后叶素应用对全身血流动力学有较大影响，特别是对心血管系统的副作用较多，使用时往往受到限制，而且疗效欠佳。奥曲肽是一种人工合成的八肽生长抑素，能使内脏血管收缩，减少门脉主干血流量25%～35%，降低门脉压12.5%～16.7%，还可抑制胃泌素及胃酸的分泌，保护胃黏膜细胞，为目前治疗门脉高压所致食道胃底静脉曲张破裂出血的主要药物，但奥曲肽治疗食管胃底静脉曲张破裂出血止血成功率为70%～87%，停用后再出血率为14.0%～18.8%。

因此，肝硬化食管曲张静脉破裂所致上消化道出血更是内科急诊的危重病症之一，如何迅速控制出血、抗休克、保护脏器，为急诊纤维内镜、手术治疗赢得时间，是内科急诊抢救必须考虑的问题。宋欣伟教授通过查阅相关文献，努力地寻找具有此类作用的中药或中药制剂。相关文献表明参附注射液不但能调节血管、纠正导致门脉高压的梗阻因素，而且具有对抗门脉高压时过多产生的血管活性物质的作用。同时，宋欣伟教授在临床对门脉高压所致出血性休克的治疗中，发现使用参附注射液不但可有效地纠正休克，而且随着休克纠正，患者的出血情况亦迅速、明显改善，最终达到了止血效果。随即体会到在大出血时机体常常会出现气随血脱、津随血泄、阳随血亡的病机变化，因此益气温阳、增液养阴为治疗大出血的基本大法，故将参附注射液作为治疗肝硬化所致的食管、胃底静脉曲张破裂出血的主要用药。为进一步明确参附注射液对肝硬化食管胃底静脉曲张破裂出血的治疗效果，宋欣伟教授对1997年5月～2000年12月就诊于浙江省中医院急诊科的54例肝硬化食管胃底静脉曲张破裂出血患者进行了临床观察研究。

这些患者均符合下列条件：①有呕血和（或）黑便的急性上消化道出血征象，估计出血量在1000ml以上，Hb≤80.0g/L，HR＞100次/分钟，血压偏低或已达休克标准；②症见面色苍白，心慌烦躁，口干尿少，汗出肢冷，畏寒喜暖，或见神志恍惚，舌淡，脉细数或微细；③经内镜检查证实为食管

胃底静脉曲张破裂出血。

　　在进行治疗前将所选患者按随机数字表法分为含有参附注射液的治疗组和未含有参附注射液的对照组，两组分布情况如下：对照组 30 例，男 24 例，女 6 例；年龄 34 ～ 63 岁，平均 46 岁；肝硬化病史 1 ～ 26 年，平均 18.6 年；其中肝炎后肝硬化 22 例，酒精性肝硬化 3 例，原因不明 5 例；18 例有反复消化道出血史；Child 分级：A 级 8 例，B 级 11 例，C 级 11 例；估计出血时间 2.5 ～ 21.0 小时，平均 6 小时；估计出血量 1000 ～ 2500ml，平均 1200ml；Hb 57.0 ～ 80.0g/L，平均 70.0g/L；收缩压 74 ～ 100mmHg（低于 80mmHg 20 例）；入组前行三腔二囊管压迫止血治疗失败 2 例。治疗组 27 例，男 22 例，女 5 例；年龄 32 ～ 60 岁，平均 46 岁；肝硬化病史 1 ～ 30 年，平均 16.4 年；其中肝炎后肝硬化 20 例，酒精性肝硬化 3 例，原因不明 4 例；17 例有反复消化道出血史；Child 分级：A 级 7 例，B 级 11 例，C 级 9 例；估计出血时间 2.5 ～ 19.0 小时，平均 4 小时；估计出血量 1000 ～ 3000ml，平均 1300ml；Hb 52.0 ～ 80.0g/L，平均 72.0g/L；收缩压 70 ～ 98mmHg（低于 80mmHg 20 例）；入组前行三腔二囊管压迫止血治疗失败 1 例。两组病例资料、Child 分级、出血程度等基本相似（$P > 0.05$），具有可比性。

　　对于上述所有患者，宋欣伟教授制定了以下治疗措施和疗效评定标准。治疗措施：每 2 小时观察呕血、黑便、血压、脉搏、胃管引流液等情况 1 次。对于出血的处理程序为所有患者均予胶体、晶体液扩容，输红细胞及其他常规治疗。对照组予奥曲肽，使用方法：①首次用 0.1mg 静脉注射；②然后按 0.025mg/h 静脉滴注维持 72 小时；③止血成功后减半量静脉滴注 48 小时。治疗组中奥曲肽的使用方法同上，另加用参附注射液，使用方法：①首次用 30 ～ 50ml 静脉推注；②第 1 日将参附注射液 200ml 加入生理盐水 900ml 中静脉滴注，滴速为 50 ～ 60 滴 / 分钟；③第 2、3 日将参附注射液 100ml 加入生理盐水 450ml 中静脉滴注，滴速为 50 ～ 60 滴 / 分钟，每日 2 次；④止血成功后减半量静脉滴注 2 天。疗效评定标准：①用药 72 小时内无须输血，复查红细胞压积无进行性减少；②胃镜检查证实出血已停止；③胃管引流液无血性液体。3 条中任何 1 条成立，认为出血已经停止，止血成功。并按 0 ～ 7 小时、7 ～ 24 小时、24 ～ 72 小时的时间分段，对止血成功时间进行回顾性判断。止血成功患者停用奥曲肽或参附注射液后 48 小时内发生呕血或（和）便血为再出血。

　　宋欣伟教授对以上 57 例患者进行结果统计，最后发现：对照组止血成功

23 例（76.7%），其中 7 小时内止血成功 11 例（36.7%），7～24 小时 8 例（26.7%），24～72 小时 4 例（13.3%），失败 7 例（23.3%）。治疗组止血成功 26 例（96.3%），其中 7 小时内止血成功者 20 例（74.1%），7～24 小时 6 例（22.2%），失败 1 例（3.7%）。两组比较治疗组总止血成功率明显优于对照组（$P < 0.05$）。对止血成功后是否发生再出血的情况亦进行了统计，结果发现对照组止血成功后发生再出血 6 例（20%），治疗组止血成功后无再出血发生，组间比较有显著性差异（$P < 0.01$）。对照组和治疗组在治疗中均未见因药物而致的明显副作用。

基于既往临床经验和以上所得的统计结果，宋欣伟教授认为参附注射液为人参、附子制成的注射液，具有益气回阳功能，已广泛应用于各种休克的治疗，并取得良好的疗效，但将其应用于食道胃底静脉曲张破裂出血的止血治疗则尚乏报道。而通过本研究，宋欣伟教授得出以下结论：①参附注射液功能顾及益气温阳、摄血摄津诸方面，照顾全面；②大剂量参附注射液与奥曲肽合用，具有较好的协同性，不但能提高肝硬化食道胃底曲张静脉出血的止血成功率，而且使出血的止血时间明显缩短，再次出血率显著减少，从而降低出血对生命的威胁。本文研究中参附注射液＋奥曲肽对门脉高压出血的止血总有效率达 95%，尤其对使用奥曲肽后止血无效的 8 例病例，在加用参附注射液后，能迅速止血，全部获得成功。较单用奥曲肽组治疗的有效率有明显提高（$P < 0.01$），表明中西医结合治疗门脉高压所致出血效果较为明显，值得进一步研究。药理文献亦支持我们的观点，文献表明参附注射液不但具有调节血管、纠正导致门脉高压的梗阻因素，而且能对抗门脉高压时过多产生的血管活性物质的作用。③尽管本文报道病例数尚不够充分，但已有较多证据表明奥曲肽与超大剂量的参附注射液合用，能治疗门脉高压出血所致的休克，而且对门脉高压所致的出血本身亦具有明显的治疗作用，中西医结合可发挥更大的作用。④我们临床观察亦发现使用参附注射液后，患者在临床症状改善方面（特别是体力恢复）较单纯奥曲肽组亦明显。

四、痛证的临床研究

参附注射液对 65 例急性重度疼痛镇痛作用的观察

中医学对疼痛证的认识和诊疗历史悠久，有其独特的理论体系和丰富的

调治方法。《素问·举痛论》阐述引发疼痛的原因很多，但它的病变都是经脉气血病变、脉气不通所致。气血阴阳是人体生命活动的物质基础，先天体虚或后天调养失宜，久病损及正气，引起气血阴阳不足或偏衰，导致脏腑经脉失去营养、濡润、温煦，进而引发疼痛产生或加重，若能补其偏虚，使五脏六腑气血阴阳平衡则疼痛即止。

在内科急诊中，经常会碰到急性疼痛的患者，如急腹症、肾绞痛、原发性血管性头痛、肋间神经痛、痛经等，而当疼痛程度较重时，使用一般的镇痛药治疗重度疼痛常疗效欠佳，而此时又因有种种顾忌而不敢贸然使用阿片碱类镇痛药。宋欣伟教授在临床摸索中发现使用参附注射液不但能迅速缓解重度疼痛，而且无不良后果发生。为进一步明确参附注射液对急性疼痛的治疗效果，宋欣伟教授对1998年10月～2000年10月就诊于浙江省中医院急诊科的65例重症疼痛病人进行了临床观察研究。

这65例均为急诊疼痛患者，男44例，女21例；年龄17～62岁，平均43岁；疼痛持续时间2～5小时，平均3.5小时。急性胃（肠）炎32例，急性胆囊炎、胆石症12例，急性胰腺炎3例，肾绞痛8例，原发性血管性头痛6例，肋间神经痛2例，痛经2例，其中急腹症者排除有外科手术指征。以上患者使用阿托品、安腹强痛定或颅痛定中一种药物达2次，或分别使用其中两种药物后仍感剧烈疼痛，伴见面色苍白，冷汗淋漓，肢体蜷缩，四肢厥冷，舌淡苔薄白或白腻，脉细。按数字分级法：0为无痛，10为最剧烈疼痛，由患者自己圈出一个最能代表其疼痛程度的数字。1～3为轻度，4～6为中度，7～10为重度。结果65例患者疼痛评分均大于7分，为重度疼痛。

对于上述病人，宋欣伟教授采用参附注射液（三九雅安制药厂）20ml静脉推注，推注时间5分钟以上，必要时30分钟后重复1次。用药后须注意患者的反应，观察心率、心律等情况。

治疗结束后，采用下列疗效标准进行评定：显效为治疗30分钟后疼痛按数字分级法由重度转为轻度或消失，2小时内无反复；有效为治疗30分钟后疼痛由重度转为中度；无效为疼痛无明显改善。最后对65例重症疼痛患者结果进行统计后发现：65例患者经静脉注射参附注射液，显效59例占90.77%，有效4例占6.15%，无效2例占3.08%，总有效率为96.92%。

宋欣伟教授基于本次观察结果和长期的临床经验指出急性疼痛初始病机

多以寒、热、实证为主，但若疼痛过度剧烈、疼痛时间过长，则会导致气伤阳弱、脉络失煦或失荣而见"不荣则痛"，故临床上在见到剧烈疼痛同时，尚可见面色苍白、冷汗淋漓、四肢厥冷等一派气虚阳微的征象。此时病证已由实转虚（急虚证），治疗急宜益气回阳以止痛。参附为回阳救逆之首选，功擅益气壮阳以顺接阴阳之气，使气机通畅、脉络得荣而收止痛效果。药理研究亦表明参附注射液具有镇痛，提高痛阈，对抗组织胺所致平滑肌痉挛作用。但使用过程中须注意：①使用参附注射液止痛，掌握使用指征十分重要，凡疼痛面色苍白、汗出肢冷，或吐或泻等症状愈明显，气虚阳弱愈严重，治疗效果就愈佳。疼痛有虚实之分，在疼痛得到缓解后，宜再视病情进行诊治，以消除病根、巩固疗效。②参附注射液中附子虽为药性猛烈的"大毒"之品，但我们在临床中常于短时间内使用参附注射液至 100ml 以上，并未观察到有辛燥伤阴及其他明显副作用出现，说明参附注射液通过采用附子二步水解工艺后，既保留了附子原有的药理作用，又避免了附子的副作用，减毒增效效果明显，使用更为安全、范围更为广泛。

第二节 伏邪晚发审因机，脾虚机括立治则

伏邪是指机体所感受之邪气，即时不发，伏藏于体内，逾时而发，伏邪学说是中医病因病机学的重要部分。近代以《伤寒论》为代表的"伏气温病"理论得到了很大的发展，伏气学说逐渐扩展到温病系统以外的领域，后世医家统称为"杂病伏邪"，宋欣伟教授认为"伏邪晚发"理论同样适用于 RA，可以有力地解释 RA 病机的复杂性，有助于指导治疗。

一、"伏邪"理论对类风湿关节炎病因病机治疗的指导作用

通过长期中医临床积累，宋欣伟教授逐步领悟到类风湿关节炎属于"伏邪晚发"一类疾病，治疗宜从邪与正虚同时入手方才有效。认为患者多有先天禀赋异常、肾精亏虚，此后风寒湿热之邪杂合而至、侵袭人体，初不发病，常伏匿体内，渐蓄渐长，暗中损害脾胃运化功能，导致水湿痰饮停聚。脾失运化，初期湿聚关节而见关节肌肉重着麻木僵硬，继而湿聚成痰渐浓而见关节肌肉肿胀疼痛，甚则痰泛为饮而见关节肿胀欲脱，直至某一日陡见关节肿胀、游走性疼痛（关节炎）发作，类若风动起病。

为了进一步佐证该观点，宋欣伟教授对 2005 年以后的有关中医对类风湿关节炎辨证分型的文献进行了荟萃分析，共收集文献 136 篇，涉及病例 4098 例，以下为具体分类统计结果（表 5-7）。

表 5-7　2005 年以后的有关中医对 RA 辨证分型的文献分析

组号	证型	频率（篇）	例数	构成比（%）
1	湿热阻络	30	1328	32.41
2	寒湿阻络	28	1070	26.11
3	寒热错杂	6	155	3.78
4	瘀血阻络	19	396	9.66
5	痰湿阻络	11	235	5.73
6	脾胃亏虚	15	371	9.06
7	肝肾两虚	18	343	8.37
8	气阴两虚	9	200	4.88
合计		136	4098	100

从上表中可以看到，病机分类上以湿热阻络、寒湿阻络、瘀血阻络及痰湿阻络等邪实为主的证型占绝大多数，从病邪上看不外乎湿、痰、瘀，占构成比的 79.64%，而脾虚不运、肝肾两虚和气阴两虚正虚为主的证型居次要地位，占构成比的 20.36%。其中"邪实"和"正虚"最多见的证型为湿热阻络和脾虚不运，因此宋欣伟教授认为似乎有理由得出 RA 属本虚标实之病，内有脾胃亏虚、外见湿热阻络是 RA 的中心病机。RA 的伏邪晚发、本虚标实是研究其病机进而指导其治疗的关键点。

现代医学对 CCP 的研究表明，CCP 对 RA 具有较高的敏感性和特异性，是 RA 新的血清标志物。作为 RA 特异性的诊断指标，该抗体可早于临床出现症状两年而被检测到，这也佐证了 RA 属于"伏邪晚发"的疾病。

伏邪发病过程中，如果不能及时根治，邪未透尽，继续伏留体内，暗耗正气，在对正气损伤到一定程度后，即造成正虚基础上的气机进一步逆乱，从而产生多种病理产物，如痰、瘀、浊等。这些病理产物又反过来加重了气机的不调，形成正虚邪伏、寒热错杂、表里同病的恶性循环。因此，RA 伏邪学说以"扶正、透邪"为总纲，为伏邪的治疗原则。一方面，伏邪非透不尽，要用"透"的方法给伏邪以出路，透邪外出，不闭门留寇，同时还要做到除邪务尽，勿伤其正。另一方面，扶正亦是关键，《灵枢·百病始生》云："正气存内，邪不可干"，扶正不仅是补气、滋阴、助阳，更是助正以帮助机体透邪、除邪。

二、类风湿 I 号丸对高度活动 RA 脾气亏虚、湿热阻络证疗效的临床观察

浙江省中医院风湿免疫科已将类风湿 I 号丸作为针对脾胃两虚、湿热阻络证的协定方进行临床应用。类风湿 I 号丸由黄柏、青风藤、海风藤、南星、生晒参、黄芪等组成。具有祛风除湿、清热通络、健脾益气功能。现代医学研究表明类风湿 I 号丸中诸药均有多靶点的抗炎作用，黄柏可降低小鼠血清 IFN-γ 水平，抑制巨噬细胞产生 IL-1 及 TNF-α，从而抑制免疫反应；桑枝有较强的抗炎活性，可提高人体淋巴细胞转化率，具有增强免疫的作用；青藤碱可降低活动性 RA 患者中血清 TNF-α、IL-1β 的含量；也可以通过抑制滑膜细胞恶性增殖及 IL-6 基因的表达来阻断滑膜炎的进程；海风藤挥发油可以抗炎镇痛祛风湿；南星既有直接产生的抗炎作用，又能通过提高垂体 – 肾上腺系统功能而发挥抗炎作用；生晒参片中的人参皂苷可能通过提高 TLR 基因的 mRNA 水平来激活天然免疫系统和发挥免疫调节作用。黄芪总苷能明显抑制中性粒细胞的增生和降低炎症关节局部的细胞因子（如 IL-1）水平。已初步完成类风湿 I 号胶囊抗炎和免疫作用的药效学试验结果表明，类风湿 I 号胶囊对大鼠佐剂关节炎有明显的消肿、抗炎作用，能明显抑制迟发性超敏反应引起的足肿胀和耳部红斑，可使佐剂注射侧与对侧的足爪肿胀度、前肢和尾部病变的严重程度降低，可明显降低模型鼠血清、滑膜及脊髓后角中 P 物质含量，明显降低模型鼠血清及滑液中 TNF-α、IL-1 的含量，与模型组和西药对照组均有显著性差异。可明显减轻 II 型胶原诱导关节炎（collagen-induced arthritis，CIA）模型鼠足趾关节肿痛和继发性耳部红斑结节，降低模型鼠血清及滑液中 TNF-α、IL-1 的含量。可明显降低模型鼠膝关节滑膜组织中 VEGF 和 COX-2 的表达，抑制滑膜血管翳的形成；可明显增加模型鼠膝关节滑膜组织 bcl-2 和 fas 的表达，促进滑膜组织凋亡，抑制滑膜增生。急性毒性试验还表明该药在试剂量所允许范围内口服是安全的。

为了进一步明确其对 RA 脾胃亏虚合并湿热阻络证的中医治疗疗效，及

与西医治疗疗效之间的差异，做出 RA 脾胃亏虚合并湿热阻络证的中西医诊疗最佳策略选择，宋欣伟教授及其团队设计了以下临床研究，对使用类风湿 I 号丸治疗高度活动的 RA 脾气亏虚、湿热阻络证的疗效进行了临床观察。本课题获得省科技厅重大科技专项研究经费支持。

高度活动 RA 是指 DAS28 评分达 5.1 分以上，临床表现复杂、症状严重、治疗困难的 RA，严重影响患者的生活质量，是 RA 治疗中的难点。迄今为止，高度活动 RA 的治疗是较为棘手的。为了提高疗效，现代医学常采用联合用药的方法，MTX、LEF 是常用的最基础的改善病情药物，两者合用习称"黄金搭档"，对轻中度活动 RA 有较好的疗效，但对高度活动 RA 疗效常不令人满意。雷公藤多苷是常用的对 RA 有强大抗炎作用的药物，但因易致血细胞减少、肝功能损害与性腺抑制而难以成为长期治疗高度活动 RA 的主要药物。而且日益增多的依据表明雷公藤多苷治疗 RA 会随着时间的延伸而产生耐药性。我们考虑慢作用药 MTX/LEF 起效较慢，而雷公藤多苷具有较强抗炎作用的药物，对高度活动 RA 治疗疗效明确，其特点是起效迅速，因此宋欣伟教授认为可充分利用雷公藤多苷起效迅速这一特性，让雷公藤多苷在 MTX、LEF 起效前起到一个"先锋""桥梁"的作用，可在其对性腺抑制作用出现前停药以防止其副作用。类风湿 I 号丸具有中医所谓的健脾护正、利湿除邪作用，对"伏邪晚发"时的邪盛正虚有较好的兼顾作用，宋欣伟教授在临床摸索中认为 RA 病机上属于"伏邪晚发"，在按照"扶正、透邪"为总纲的伏邪治疗原则施治时，类风湿 I 号丸能较好地增强雷公藤多苷和 MTX 的作用，也能达到扶正健脾、除湿祛邪的目的。因此选择类风湿 I 号丸、MTX、LEF，阶段联合使用雷公藤多苷作为本临床研究的治疗方案。

（1）临床资料：临床研究时间为 2009 年 10 月至 2011 年 11 月，对在浙江省中医院风湿免疫科门诊就诊的 138 例中医辨证为脾气亏虚、湿热阻络证的患者，按简单随机法分为两组，治疗组 70 例，对照组 68 例。两组患者在性别、年龄、病程、疾病活动度 DAS-28 等方面比较，差异无统计学意义（$P > 0.05$），具有可比性。

纳入标准为符合 2009 年美国风湿病学会及欧洲抗风湿病联盟会（EULAR）修订的 RA 分类标准；按 28 处关节疾病活动度积分（DAS28）判定为高度活动患者；中医辨证为脾气亏虚、湿热阻络证；接受 MTX 治疗的患者进入研究前需用药满 3 个月，且剂量稳定在每周 7.5 ～ 10mg，未使用其他免疫抑制剂，或停用 1 个月以上者。

（2）治疗方法：对照组与治疗组均用 MTX 7.5mg，1 次 / 周；LEF 20mg，1 次 / 日；雷公藤多苷 20mg，3 次 / 日（连服 4 天后连停 3 天），服用满 12 周后停用。治疗组加类风湿 Ⅰ 号丸，5 粒，3 次 / 日治疗；对照组加模拟丸药（谷芽、麦芽），5 粒，3 次 / 日。两组疗程均为 24 周。

（3）观察指标：治疗 0、2、4、8、12、16、20、24 周对关节疼痛数目、关节肿胀数目、晨僵时间（分钟）、握力（mmHg）、受试者疼痛 VAS 评分（0～10 分）、研究者疾病总体状况 VAS 评分及 ESR、CRP、血常规、肝肾功能进行评估。治疗前后测 RF、CCP。

（4）判定标准：以 DAS28、ACR-20、ACR-50、ACR-70 作为疗效判定标准。

1）DAS28 疗效判定：显效，接受治疗后，患者的 DAS28 降低 ≥ 1.2；有效，DAS28 降低 0.6～1.2（包括 0.6）；无效，DAS28 降低 < 0.6 或 DAS28 > 5.1。

2）ACR-20、ACR-50、ACR-70 标准：肿胀及触痛的关节数分别减少 ≥ 20%、≥ 50%、≥ 70%，且在下列 5 个指标中有 3 项分别改善 ≥ 20%、≥ 50%、≥ 70%：①受试者疼痛 VAS 评分；②受试者疼痛 VAS 评分；③研究者疾病总体状况 VAS 评分；④健康状况问卷（HAQ）；⑤ ESR 或 CRP。

实验数据均以均数 ± 标准误（$\bar{x} \pm s_x$）表示，整体疗效评定采用处理等级资料的 Ridit 分析，组间比较采用方差分析，自身前后比较分别采用配对 t 检验。

（5）结果表明

1）治疗后两组患者的临床各项症状、体征均较治疗前明显改善（$P < 0.01$）。治疗组晨僵改善时间、左右手握力、关节疼痛数、关节肿胀数、受试者疼痛 VAS 评分、研究者疾病总体状况 VAS 评分优于对照组（$P < 0.05$）。其中，两组停用雷公藤多苷后，治疗组各指标继续持续改善，而对照组 16 周、20 周、24 周时改善速度较治疗组减慢（表 5-8）。

2）在实验室指标比较方面，治疗后两组患者的 ESR、CRP、RF、CCP 均明显降低，治疗组 ESR、CRP、CCP 明显优于对照组（$P < 0.01$），RF 滴度下降优于对照组，差异均有统计学意义（$P < 0.05$）（表 5-9）。

表 5-8　两组临床指标比较（$\bar{x} \pm s_x$）

组别	时间	左手握力（mmHg）	右手握力（mmHg）	晨僵时间（分钟）	关节疼痛数（个）	关节肿胀数（个）	疼痛 VAS 评分（受试者）（mm）	疾病 VAS 评分（医生）（mm）
治疗组	0 周	52.17±2.72	61.77±2.69	142.86±3.66	9.01±0.30	5.20±0.25	7.60±0.13	7.09±0.14
	2 周	69.03±2.94	80.67±2.77	120.29±3.52▲	8.32±0.21▲	4.76±0.21	6.89±0.10	6.34±0.12
	4 周	88.47±2.65	98.26±2.64▲	97.64±2.99▲	7.69±0.17	4.03±0.15▲	5.79±0.12▲	5.15±0.11
	8 周	99.30±2.35▲	116.43±2.29▲▲	76.43±2.39▲▲	4.63±0.14▲	3.14±0.12▲	4.74±0.99▲	4.12±0.21▲
	12 周	121.97±1.97▲	122.00±2.24▲	54.64±1.49▲	2.56±0.12▲	2.56±0.93	3.53±0.98	3.06±0.90▲
	16 周	130.52±0.37▲	136.51±1.35▲	35.28±1.93▲	1.97±0.11▲▲	1.55±0.26▲▲	2.43±0.41▲	1.95±0.13▲▲
	20 周	135.26±1.92▲	140.87±1.68▲	20.39±2.13▲▲	1.54±0.15▲	1.07±0.93▲	1.63±0.35▲	1.33±0.05▲
	24 周	141.03±2.71★★▲	146.95±1.82★★▲	10.64±1.82★★▲▲	1.35±0.12★★▲	0.97±0.93★★▲	1.06±0.01★★▲	0.85±0.02★★★▲
对照组	0 周	48.12±1.60	56.63±1.77	148.82±3.27	9.06±0.25	5.35±0.21	7.65±0.66	7.14±0.11
	2 周	65.00±2.29	73.66±2.35	131.02±3.08	8.71±0.20	5.14±0.21	7.02±0.99	6.77±0.13
	4 周	83.19±2.61	89.91±2.81	119.32±2.47	8.23±0.19	4.89±0.16	6.36±0.14	5.93±0.08
	8 周	96.59±2.35	101.81±2.55	89.00±2.20	5.88±0.13	4.24±0.14	5.27±0.11	4.69±0.15
	12 周	113.21±2.13	116.82±1.35	73.65±1.90	4.01±0.12	3.08±0.10	4.19±0.98	2.41±0.99
	16 周	120.94±1.89	123.42±3.81	56.29±2.34	3.38±0.23	2.82±0.13	4.13±0.26	3.18±0.52
	20 周	126.38±1.51	130.52±1.92	38.75±1.35	2.41±0.15	2.56±0.12	3.25±0.15	2.36±0.34
	24 周	130.94±1.91★★	131.15±2.63★★	25.06±1.61★★	2.21±0.12★★	2.11±0.10★★	2.39±013★★	1.33±0.11★★

注：本组治疗前比较，★★P＜0.01；与对照组比较▲P＜0.05，▲▲P＜0.01。

表 5-9 实验室疗效指标的变化情况（$\bar{x} \pm s_x$）

组别	时间	ESR（mm/h）	CRP（mg/L）	RF（U/L）	CCP（U/ml）
治疗组	0周	70.33±2.00	76.32±2.62	438.48±48.87	419.98±40.84
	2周	55.79±1.98	58.09±1.97	/	/
	4周	46.03±1.84	20.28±1.33	/	/
	8周	33.00±1.73▲	11.16±1.30	/	/
	12周	18.80±1.32▲	6.83±0.12▲▲	/	/
	16周	13.16±0.54▲	5.14±0.56▲▲	/	/
	20周	10.27±0.36▲▲	5.02±0.24▲▲	/	/
	24周	8.06±0.12★★▲▲	3.83±0.05★★▲▲	83.27±2.01★★▲	57.12±4.53★★▲▲
对照组	0周	70.21±2.35	74.52±2.98	378.21±39.42	388.77±33.65
	2周	62.81±2.41	61.22±2.17	/	/
	4周	49.38±2.30	30.87±1.52	/	/
	8周	38.72±1.83	18.37±1.24	/	/
	12周	28.46±1.72	15.63±0.98	/	/
	16周	28.46±1.72	12.31±0.43	/	/
	20周	28.46±1.72	9.31±0.98	/	/
	24周	28.46±1.72★★	5.63±0.24★★	108.87±8.41★★	135.26±7.90★★

注：与本组治疗前比较，★$P < 0.05$，★★$P < 0.01$；与对照组比较，▲$P < 0.05$，▲▲$P < 0.01$。

3）在临床疗效结果上，治疗后治疗组 DAS28 疾病活动度改善明显优于对照组，差异有统计学意义（$P < 0.01$）（表 5-10）。

表 5-10 两组 DAS28 疗效比较 [例（%）]

分组	n	DAS-28			
		显效	有效	无效	总有效率
对照组	68	40（58.82）	19（27.94）	9（13.24）	86.76
治疗组	70	59（84.29）	7（10.00）	4（5.71）	94.29▲▲

注：与对照组比较，▲$P < 0.05$，▲▲$P < 0.01$。

两组治疗前后 ACR 病情改善比较（表 5-11），治疗后两组患者均达到 ACR20 缓解，治疗组达到 ACR50 与 ACR70 例数均高于对照组，经卡方检验分析，差异有统计学意义（$P < 0.01$）。

表 5-11　两组患者治疗后 ACR 疗效结果

分组	例数	ACR20		ACR50		ACR70	
		例数	%	例数	%	例数	%
对照组	68	68	100	32	47.06	9	13.24
治疗组	70	70	100	48	68.57▲▲	27	38.57▲▲

注：与对照组治疗后比较，▲▲$P < 0.01$。

两组在整个试验观察中，治疗组有 15 例发生不良反应，血白细胞下降 5 例（但不低于 $3.0 \times 10^9/L$），经升白细胞药物治疗好转；ALT 升高 1 倍 3 例，不停药经护肝治疗好转；胃肠不适 7 例，经抑酸、对症治疗后改善。对照组有 23 例发生不良反应，血白细胞下降（但不低于 $3.0 \times 10^9/L$）6 例，经升白细胞药物治疗好转；ALT 升高 1 倍 4 例，升高 2 倍以上 2 例，经停药、护肝治疗 2 周后好转；胃肠不适 8 例经抑酸、对症治疗后得到改善；皮疹 1 例，月经稀少 2 例，对症治疗后好转，观察期间未出现停经现象。

通过临床研究，宋欣伟教授认为可以得出类风湿Ⅰ号丸联合 MTX、LEF、雷公藤多苷对高度活动 RA 有显著疗效，可迅速缓解症状，改善炎症指标的结论：①使用类风湿Ⅰ号丸的治疗组治疗高度活动 RA 疗效显著高于 MTX、LEF 联合雷公藤多苷方案。加用类风湿Ⅰ号丸的治疗组能迅速并持续改善高度活动 RA 患者的多项临床指标，包括减轻关节肿胀、疼痛，缩短晨僵时间，增强握力，降低患者疼痛 VAS 评分及研究者疾病总体状况 VAS 评分；降低 ESR、CRP、RF、CCP 滴度，缓解疾病活动性。②使用类风湿Ⅰ号丸的治疗组治疗高度活动 RA 疗效持续。类风湿Ⅰ号丸组治疗高度活动 RA 疗效显著，即使在治疗 12 周停用雷公藤多苷后对照组出现临床症状改善减慢，但治疗组疗效仍然持续。③使用类风湿Ⅰ号丸的治疗组出现毒副作用更少。治疗组出现胃肠道反应的较对照组多，这与中药的服用有关，但治疗组白细胞下降、肝功能损害却较对照组明显减少（$P < 0.05$），这可能与方中益气健脾、化湿除痰的药物具有一定的保护作用有关。④需特别提出的是在本临床研究中我们采用阶段和间歇服药法使用雷公藤多苷，阶段服药方法如上所述可减少 TWP 的性腺抑制作用、肝功能损害副作用，我们通过长期临床实践探索发现，使用间歇服药法可以使其毒副作用明显下降而药效仍然基本保留。

第三节 六种成分颠倒配，风祛湿除匠心显

中医药治疗 RA 有悠久的历史，具有良好而确实的疗效，在群众中享有较高的信誉。在中医药治疗 RA 的临床实践中，已经有较多的中药被应用于临床。但随着时代进步，有些被确证十分有效的药物如青木香、木防己因含马兜铃酸成分而遭到了淘汰，有些药物确证有效、但其作用强度则尚存疑问，有些药物是否真正有效又未可得知，这就迫使我们进一步寻找有效的治疗 RA 的药物。

与此同时，从中药中提取的、治疗类风湿关节炎的有效中药成分如雷公藤多苷、祖师麻甲素、汉防己甲素、乌头生物碱、青枫藤碱、白芍总苷等，通过基础及临床研究已不断被发现。比如乌头类生物碱动物模型研究表明具有明显抗炎活性，口服乌头碱、苯甲酰乌头碱、苯甲酰中乌头碱、苯甲酰次乌头碱均能明显对抗角叉菜胶引起的大鼠和小鼠炎性后踝关节肿，抑制组织胺引起的皮肤渗透性增加，减少受精鸡胚浆膜囊上肉芽组织形成。半夏总生物碱对二甲苯致小鼠耳郭肿胀、小鼠腹腔毛细血管通透性等急性炎症有抑制作用，对大鼠棉球肉芽肿亚急性炎症也具有较强的抑制作用。半夏总生物碱可使炎症气囊内 PGE2 明显降低，可能半夏总生物碱的抗炎作用与前列腺素的代谢调节有关。这些有效中药成分一部分已被制成新的制剂，作为新药在临床上使用并取得了一定成效，成为近几十年来中医药在治疗 RA 方面进行深入研究取得成果的标志。但总体而言，与现代医学传统抗风湿药物如 MTX 治疗效果近似，即使是目前在临床上应用最广泛、公认为疗效最显著的雷公藤多苷，综合各家文献报道，其临床治疗显效率亦仅 50% 左右，且存在性腺抑制、血液系统、肝功能损害等副作用，因此中医药的疗效仍不能较完整地满足 RA 治疗的需要，尚期待中医药治疗有进一步突破性提高。而且这些中药有效成分进行配伍整合后的效果及量效关系等尚未有较好的研究。

宋欣伟教授除了重点关注 RA 主要证型的中医药治疗疗效外，也很重视中药有效成分的研究。通过长期的临床实践，宋欣伟教授认为 RA 无论从现代医学还是从祖国传统医学角度分析，其病因病机均较为复杂多端，单一用药疗效不佳，单一使用某种中药更明显存在药力不足这一情况，且在短时间内很难有所突破。因此，治疗 RA 获得突破性提高的关键之一，除了证型规范化和治疗规范化研究外，可能在于如何将治疗 RA 的中药包括各有效成分进行有效整合，实行多靶点治疗。多靶点治疗具有多层次、多途径的抗炎及

免疫抑制作用优点，其精髓是利用药物的不同药理作用或作用部位以增加疗效，或分别用较小剂量药物的有效配伍以减少副作用，希望通过联合用药、多靶点治疗以诱导疾病缓解，然后逐渐减少药物的种类和药物剂量，最后选取副作用较少而有效的药物长期维持。就像著名的治疗艾滋病的"鸡尾酒疗法"一样。将目前治疗 RA 有效的几种或更多种中药有效成分加以整合，通过整合提高疗效，通过整合出新效果。因此多靶点治疗、通过整合提高疗效、通过整合出新效果是 RA 治疗的一个亮点，也是宋欣伟教授治疗 RA 上孜孜以求的愿景与目标。

宋欣伟教授总结了自身十几年用药经验，结合目前药理实验结果，初步选定以关附素 A、青藤碱、半夏总生物碱、南星总生物碱海风藤酮、千年健挥发油等作为治疗 RA 的有效药物成分。药理研究文献表明有以下几点。

（1）关附素 A 是乌头的主要有效成分，是一种具有抗炎镇痛作用的新生物碱，分子式 $C_{35}H_{49}O_{19}N$。关附素 A 是不同于草乌甲素、次乌头碱的一种生物碱。其免疫调节作用比草乌甲素强，镇痛作用比草乌甲素弱。它同时具有中枢镇痛和外周镇痛双重药理作用。药理研究认为它能通过抑制前列腺素 PGE 的释放，从而对炎症性疾病引起的疼痛症状有缓解作用。动物实验研究发现它对动物免疫器官有一定的影响，表现为实验对象脾指数有降低趋势，胸腺指数则有显著抑制作用，能抑制致裂原诱导的 T 淋巴细胞、B 淋巴细胞转化，降低血清 IgG 水平。且对巨噬细胞的吞噬功能和分泌 NO 能力均有明显抑制作用。关附素 A 通过以上多重途径影响免疫细胞及其某些分子的功能，从而可阻止关节的持续性炎症反应和病理损伤。

（2）青藤碱是防己科植物青风藤的主要有效成分，其分子结构由氢菲核及乙胺桥组成，类似吗啡，特别是与海洛因（盐酸乙基吗啡）相类似。这可能是它具有强大中枢及外周镇痛作用，而无阿片类镇痛药物类的戒断不良反应的原因。有人应用体外酶反应实验体系，观察青藤碱对离体环氧化酶 -1（COX-1）和 COX-2 纯酶活性的影响。结果提示青藤碱选择性抑制 COX-2 活性，以达到抑制前列腺素 E2 的合成，可能是其抗炎镇痛作用较强而胃肠副作用小的主要机制之一。有实验研究认为青藤碱通过对 RA 患者树突状细胞免疫系统功能的干预发挥抑制免疫炎症反应的作用。认为青藤碱通过抑制 DC 中 NF-κB 的活性和核易位影响了 DC 的分化成熟，进而降低或减弱了 DC 的免疫功能。杨德森等通过实验研究得出青藤碱下调血清及组织液中 NO 水平可能是其抗 RA 的重要作用机制，同时也发现青藤碱干预的实验对象关节液中细胞因子 IL-1、TNF 等有大幅度的下降。陈方军等的实验研究证明青藤碱能抑制滑膜细胞产生 IL-1β、TNF-α，降低滑膜细胞 IL-1β mRNA、TNF-α mRNA 的表达，并恢复 AA 大鼠滑膜细胞的形态。

（3）半夏所含有效成分众多，目前有明确报道的有效成分外源性凝集素有抗肿瘤作用，亦有动物实验表明，半夏有糖皮质激素作用，半夏煎剂对小鼠肾上腺皮质功能有轻度的刺激作用，若持续给药，能引起功能抑制。关于半夏用于关节炎治疗方面报道甚少，周倩等以半夏总生物碱为研究对象的动物实验得出半夏的抗炎作用可能与前列腺素的代谢调节有关的结论。

（4）南星总生物碱味苦、辛、性温有毒，具有燥湿化痰、祛风止痛、散结消肿等功效，植物化学成分的分析及现代药理实验表明，天南星科植物含有多种具有药理活性的生物碱类次生代谢产物，且此类次生代谢产物，即南星总生物碱具有抗肿瘤、抗菌、抗氧化及糖苷酶抑制等活性。Niwa 等从天南星中分离得到的 IpobscurineA（43）可以抑制 IL-1α、IL-1β、IL-6 和 TNF-α 这些促炎细胞因子，并且还可以活化 LPS 刺激人单核细胞中的 NF-κB。

（5）海风藤为双子叶植物药胡椒科植物细叶青蒌藤的藤茎。海风藤味辛苦、性微温，归心、肝、肾经，气香行散，具有祛风湿，通经络，行气止痛，利水消肿的功效；主治风寒湿痹，筋脉拘挛，脘腹冷痛，跌打损伤，水肿，脚气。本次实验使用的海风藤酮来自其提取物（细叶青蒌藤素、细叶青蒌藤烯酮、细叶青蒌藤醌醇、细叶青蒌藤酰胺）中含量最多的一种。具有祛风湿、通经络之效。刘艳菊等通过实验得出海风藤提取物可提高小鼠对热板的耐受力，同时能抑制棉球肉芽组织的生长，从而证明了海风藤有效成分的消炎镇痛及抗风湿作用。Kuo Y-C 等发现由海风藤中分离得到的化合物（pipelactam S）能够刺激 T 细胞增殖，并抑制 T 细胞的炎性因子如 IL-2，IL-4，INF-γ 等的 mRNA 表达，以及减少 c-fos 蛋白的合成；Stohr JR 等通过体外研究表明，海风藤提取成分能通过抑制 COX-1 和 5-LOX 减少前列腺素（PG）和白细胞三烯的生物合成。

（6）千年健挥发油的主要成分系天南星科植物千年健根茎的挥发油，包含 α- 蒎烯、β- 蒎烯、芳樟醇等。药典记载千年健味苦、辛，性温，归肝、肾经，具有祛风湿、健筋骨作用，历来多用于风寒湿痹的治疗，配合川断、狗脊以治疗腰突症，配合土茯苓、蜂房来以治疗 RA。现代药理研究，本品具有较强的抗炎及免疫抑制作用。在抗炎作用方面，它能拮抗和抑制炎症介质的释放、实验性炎症及关节炎的反应程度。在抑制免疫作用方面，它能抑制体液

免疫和细胞免疫反应。临床上可用于 RA、原发性肾小球肾病、肾病综合征、紫癜性及狼疮性肾炎、红斑狼疮、亚急性及慢性重症肝炎、慢性活动性肝炎；亦可用于过敏性皮肤脉管炎、皮炎和湿疹，以及银屑病性关节炎、麻风反应、白塞综合征、复发性口疮、强直性脊柱炎等。

至此，需要特别强调的是本实验的整合中涉及"十八反"，即乌头反半夏，中医典籍素来视作配伍禁忌。然而有人统计，新中国成立以来至少有 175 篇已发表的临床资料证明以乌头配半夏的组合不是绝对禁忌，其中以主治痹症的文献及案例数最多，刘源等的实验研究表明，川乌、半夏的镇痛及镇吐作用不因配伍而降低。

由于 RA 是一种炎性关节炎，TNF-α 和 IL-1 是 RA 发病机理中居中心地位的促炎症细胞因子，MMP-3 的活性可作为对 AA 大鼠关节破坏的影响因子，MMP-3 会在致炎后高度表达，在血清及关节液浓度升高。宋欣伟教授在初步选定以关附素 A、青藤碱、半夏总生物碱、南星总生物碱、海风藤酮、千年健挥发油等作为治疗 RA 的有效药物成分后，开展了治疗 RA 有效中药成分整合对完全弗氏佐剂型关节炎大鼠血清及滑膜多种炎症因子等方面作用的研究。本研究以 AA 大鼠为基础，以血清及滑膜组织中 TNF-α、IL-1β 及血清、关节液中 MMP-3 为观察指标，筛选 6 种中草药的有效活性成分对模型大鼠的炎症改善情况进行分析，并采用正交分析的实验设计进行中药有效成分最佳组合的研究。本研究得到了浙江省自然科学基金委员会的课题经费支持。

共计 324 只大鼠制备成完全弗氏佐剂性关节炎模型，按随机数字表法将其分成 18 组：第 1～16 组为中药整合组，按 L_{16}（2^{15}）正交计划表将 6 种中药有效成分进行整合后给药（中剂量为临床等效剂量，高剂量为中剂量的 2 倍）；第 17 组为雷公藤多苷组，予等容量含有规定剂量的雷公藤多苷片溶液 [12mg/（kg·d），使用前摇匀]，第 18 组为模型组。另设 20 只大鼠为空白对照组。模型组与空白对照组大鼠均以灌胃方式给予等容量生理盐水。

造模成功后，分别将空白组、模型组、雷公藤多苷组及各中药整合组的大鼠，分别在给药前及给药后第 4、8 周进行腹主动脉取血及关节滑膜相应指标检测：①用免疫放射法测定血清 TNF-α、IL-1β 及 MMP-3 含量；②确定各组大鼠滑膜组织 TNF-α、IL-1β 免疫组化染色结果；③测取关节液 MMP-3 含量。通过分析各组大鼠血清 TNF-α、IL-1β、MMP-3 含量，关节液 MMP-3 活性的检测结果，以给药后第 8 周的大鼠血清 TNF-α、IL-1β 含量为指标进行正交极差分析，得出了最优组合为 $A_2B_2C_1D_1E_1F_2$（高剂量的关附素 A、青藤碱、千年健挥发油，及中剂量的半夏、南星总生物碱、海风藤酮）（简称最优整合组 I）；通过对关节液 MMP-3 指标进行正交极差分析，得出了最优组合为 $A_1B_1C_1D_2E_1F_2$（中剂量关附素 A、青藤碱、半夏总生物碱、海风藤酮，高剂量南星总生物碱、千年健挥发油），（简称最优整合组 II）；通过分析各组大鼠滑膜组织 TNF-α、IL-1β 免疫组化染色结果，及对给药后第 8 周滑膜组织 TNF-α、IL-1β 免疫组化染色阳性结果进行极差分析，得出了最优组合为 $A_1B_2C_1D_2E_2F_1$（中剂量关附素 A、半夏总生物碱、千年健挥发油，高剂量青藤碱、南星总生物碱、海风藤酮）（简称最优整合组 III）。

之后，将各最优整合组与空白组、模型组、雷公藤多苷组之间检测指标进行了统计学分析：①以血清 TNF-α、IL-1β 为指标，将最优整合组 I 与各对照组进行组间比较，给药前模型组、雷公藤多苷组、最优整合组 I 之间无明显差异（$P > 0.05$）。而最优整合组 I 的指标在给药后第 4 周、第 8 周均明显低于模型组，但较空白组偏高，组间差异有显著统计学意义（$P < 0.01$）。通过与雷公藤多苷组的比较，发现给药后第 4 周两者在降低血清 TNF-α、IL-1β 的作用上无差异（$P > 0.05$），但是给药后第 8 周，最优整合组 I 的血清 TNF-α、IL-1β 含量较雷公藤多苷组明显偏低（$P < 0.01$）；②以滑膜组织 TNF-α、IL-1β 免疫组化结果为指标，将最优整合组 I、最优整合组 II 与空白组、模型组、雷公藤多苷组进行组间比较，给药后第 4 周最优整合组 I、最优整合组 II 的免疫组化 TNF-α、IL-1β 阳性计数显著较模型组少，但较雷公藤多苷组无明显优势（$P > 0.05$）。给药后第 8 周，最优整合组 I 的滑膜 TNF-α、IL-1β 阳性着色点计数与模型组之间的差异较给药后第 4 周更显著（$P < 0.01$），且较雷公藤多苷组有显著优势（$P < 0.05$）；③以关节液 MMP-3 活性为指标将最优整合组 III 与各对照组进行组间比较给药后第 4 周及第 8 周，最优整合组 III 比空白组、模型组、雷公藤多苷组关节液 MMP-3 活性皆低，有极显著差异（$P < 0.01$）。中药有降低血清及关节局部 MMP-3 活性的作用，实验中最优整合组 III 发挥的效果较好，与模型组、空白组比较都有极显著的差异，血清活性与雷公藤多苷无差异，关节液活性明显低于雷公藤多苷，说明了配比得当的中药组合在一起效速度与疗效上均优于雷公藤多苷。

综上所述，宋欣伟教授在临床研究基础上，证实了筛选出的六种抗类风湿的药物成分的作用，并按正交法设计了方案，即观察这六种治疗 RA 的有效

中药成分在有序整合后，对完全弗氏佐剂性关节炎大鼠血清及滑膜 TNF-α、IL-1β 作用及 MMP-3 活性的影响，从研究结果分析我们可以得到以下提示：①中药成分整合给药在干预 RA 炎症机制中起到显著作用，不仅可以改善大鼠足掌肿胀程度，且能降低血清中相关炎症细胞因子浓度，减少滑膜组织中的阳性细胞数。从 4 种病理改变的总积分分析，中药有效成分整合给药具有多层次、多途径的抗炎及免疫抑制作用，对滑膜炎症的抑制作用较雷公藤多苷更加明显，较雷公藤多苷在不良反应方面更少副作用。②不同的结果给我们有不同的启发作用。最优整合组 I（$A_2B_2C_1D_1E_1F_2$），即高剂量的关附素 A、青藤碱、千年健挥发油，及中剂量的半夏、南星总生物碱、海风藤酮整合时，对 AA 大鼠血清 TNF-α、IL-1β 含量，以及对滑膜 TNF-α 免疫组化染色阳性计数降低最明显；最优整合组 III（$A_1B_2C_1D_2E_2F_1$），即中剂量关附素 A、半夏总生物碱、千年健挥发油，高剂量青藤碱、南星总生物碱、海风藤酮组合时，对 AA 大鼠滑膜组织 IL-1β 免疫组化染色阳性计数降低最明显；最优组 II（$A_1B_1C_1D_2E_1F_2$），即中剂量关附素 A、青藤碱、半夏总生物碱、海风藤酮，高剂量南星总生物碱、千年健挥发油，降低 AA 大鼠血清及关节液中 MMP-3 含量的作用最强。研究中得出不同的三组最优有效成分整合组，可能提示不同炎性细胞因子对关节滑膜破坏的作用程度不同，而不同中药成分组合的作用靶点亦有不同，按照其不同的作用靶点，不同的作用强度，完全有理由开发出新的不同剂量的中药复合制剂，使对类风湿关节炎的治疗作用力量更强大。

第四节　是证不治求先机，防变保元臻化境

系统性红斑狼疮围激素期中西医诊疗最佳策略选择的随机、双盲双模拟临床研究报告

系统性红斑狼疮是自身免疫介导的，以免疫炎症为突出表现的弥漫性结缔组织病。血清中出现以抗核抗体为代表的多种自身抗体和多系统累及是系统性红斑狼疮的两个主要临床特征。几乎各种自身免疫性疾病的临床表现均有可能发生在系统性红斑狼疮上，因此它被众多学者称为自身免疫病的原型。本病属于祖国医学红蝴蝶疮、阴阳毒、痹证等范畴。患者先天禀赋不足，肾精亏损是其发病的内在基础，加饮食劳倦、七情困扰、后天失调，复因外感

六淫、疫毒，导致发病。总之其病机为本虚标实，以肾虚为本（肾阴虚为主），热毒、瘀血为标，虚实互为因果，使病情缠绵难愈。

糖皮质激素是现代医学治疗系统性红斑狼疮的基本药物，迄今为止还没有任何药物能替代激素，然而其副作用有时成为治疗失败甚至导致病人死亡的主要因素。为了能提高激素治疗疗效、撤减激素，以及能减少激素的副作用，国内外寻求联合用药如 MCP（羟氯喹、甲氨蝶呤联合激素）等"减毒增效"方案以治疗系统性红斑狼疮，获得了不错的效果。联合用药具有多靶点治疗的作用。多靶点治疗有利于控制系统性红斑狼疮的活动及减少激素的用量，从而减少激素的副作用。联合用药控制系统性红斑狼疮活动业已得到许多研究的证实并成为临床医生的共识。而中医药在这方面恰恰展示了美好的前景。

宋欣伟教授在使用激素过程中结合中医药的治疗，特别强调是证不治求先机，防变保元臻化境，即是说即使系统性红斑狼疮急性期出现热（毒）入营血分之证，因为必然要使用激素来控制病情，此时可不用清热凉血解毒之品，反而可针对激素使用时所出现的变证，如急虚证进行治疗。避免浪费药物是小事，"拾遗补阙"、多靶点作用才是治疗要事。宋欣伟教授并逐渐摸索形成以下治疗体系和学术观点：①益气养阴、药先于病，对激素治疗可起到减毒增效作用；②正邪兼顾，重视益气养阴与清热利湿解毒间的主次关系。③络脉病变，活血化瘀法贯穿 SLE 治疗始终。

针对 SLE 自身的病机规律及激素治疗后的病机变化，宋欣伟教授制定了不同比例的益气养阴与清热利湿解毒并举，活血化瘀通络法贯穿始终的治则的中药治疗药物——狼疮扶正解毒胶囊，并为进一步证实上述理论，开展了"系统性红斑狼疮围激素期中西医诊疗最佳策略选择的随机、双盲双模拟临床研究"（该项目获得省中医药管理局资助）。临床研究采用狼疮扶正解毒胶囊（由黄芪、当归、川芎、熟地、萸肉、六月雪、积雪草等按比例配制成胶囊），配合 MCP 方案治疗活动期 SLE 患者 [10 ≤ SLEDAI（SLE Disease Activity Index）≤ 19]，通过治疗前后的临床症状和实验室相关指标的观察，客观评价该方案的疗效和安全性，为狼疮扶正解毒胶囊用于临床提供了依据。

研究病例为 2009 年 6 月～ 2010 年 6 月在浙江省中医院风湿免疫科住院或门诊的病例，共计 64 例（其中脱落 4 例），试验组与对照组分配比例为 1：1。SLE 西医诊断标准按照美国风湿病学会（ACR）1997 年推荐的

SLE 分类标准，SLE 活动性标准参照临床 SLEDAI 积分表，SLE 的中医诊断根据《中华人民共和国国家标准（GB/T）中医临床诊疗术语》。各有特定的纳入病例标准与排除病例标准。

试验设计采取随机数字表、双盲双模拟、阳性药物对照临床试验。治疗组与对照组采用不同的治疗方案：①对照组采用 MCP 方案：由糖皮质激素（P）+ 氯喹（C）+ 甲氨蝶呤（M）组成。糖皮质激素使用标准剂量是泼尼松 1mg/kg，每日 1 次，病情稳定后 2 周或疗程 8 周内，开始以每 1～2 周减 10% 的速度缓慢减量，减至每日泼尼松 0.5mg/kg 后，减药速度可按病情适当调慢；如果病情允许，维持治疗的激素剂量尽量小于泼尼松 10mg/d。若出现狼疮性肾炎，甲氨蝶呤改为环磷酰胺冲击治疗。②治疗组用上述 MCP 方案加狼疮扶正解毒方案：MCP 方案同上。狼疮扶正解毒方案，激素大剂量时，服用全部剂量的狼疮扶正解毒胶囊；激素中剂量时，服用全部剂量 2/3 的狼疮扶正解毒胶囊；激素小剂量时，服用全部剂量 1/2 的狼疮扶正解毒胶囊。狼疮扶正解毒胶囊，由黄芪、党参、白术、当归、川芎、熟地、黄肉、六月雪、积雪草等按比例配制成胶囊。

试验周期共 180 天。观测评定相应的指标：①安全性、诊断性、疗效性指标变化及 SLE 中医证候积分（Traditional Chinese Medicine Symptom Score，TCMSS）（参考《中药新药临床研究指导原则（试行）》中系统性红斑狼疮症状分级量化标准）。②系统性红斑狼疮的活动性指标 SLEDAI 积分和疲劳程度指数 [选用国际公认的疲劳程度量表（The Fatigue Severity Scale，FSS），该量表主要用于多发性硬化症（Mutiple Sclerosis，MS）和 SLE 患者及健康人（NHA）的疲劳表现的研究（在 FDA 申请上市的由 Genelabs Techologies 公司研制的 SLE 治疗药 Prasteron（又名 GL701）便使用了该量表]。

疗效评价标准：① SLE 临床疗效评价标准参照 SLEDAI 积分表。②疾病临床疗效判定标准参考《中药新药临床研究指导原则（试行）》中系统性红斑狼疮症状分级量化标准。③尼莫地平法对 SLE 中医证候疗效进行评价。最后使用 SPSS13.0 统计分析软件进行统计分析。所有的统计分析检验均采用双侧检验，不同治疗组的计量资料将采用"均数 ± 标准差"进行统计描述等。

共有 60 例（PPS 集 =SAS 集）完成整个疗程，进入观察的例数为试验组（MCP 方案＋狼疮扶正解毒胶囊）30 例，对照组（MCP 方案＋狼疮扶正解毒模拟胶囊）30 例。两组患者一般资料比较、试验前 SLEDAI 积分、TCMSS、FSS 评分等基线比较均具有可比性。治疗后治疗组总有效率 93.33%，对照组总有效率 86.66%。经 Ridit 分析（$\bar{R}$=0.7288，μ=4.759，P=0.000，$P < 0.05$），治疗组优于对照组。

两组均能缓解 SLE 病情活动变化情况，SLEDAI 积分、TCMSS、FSS 评分、尿蛋白（UPRO）均有改善。治疗后组间比较病情活动度差异有统计学意义（$P < 0.05$，P=0.004），治疗组优势明显（表 5-12 ～表 5-16）。

表 5-12 两组治疗前后 SLE 病情活动变化情况

组别	n	时间点	SLE 病情活动度（例数）			
			基本无活动	轻度活动	中度活动	重度活动
实验组	30	治疗前 ***	0	0	21	9
		治疗后 △*	27	3	0	0
对照组	30	治疗前	0	0	22	8
		治疗后 △	22	7	1	0

注：与治疗前自身比较，$^{△}P < 0.01$；与对照组比较，$^{*}P < 0.01$，$^{***}P > 0.05$。

表 5-13 治疗前后两组 SLEDAI 积分比较（$\bar{x}\pm s$）

组别	n	治疗前	治疗后	差值
试验组	30	13.20±2.29***	2.93±1.68 △**	10.26±2.11
对照组	30	13.16±2.27	4.16±2.00 △	9.00±2.70

注：与治疗前自身比较，$^{△}P < 0.01$；与对照组比较，$^{**}P < 0.05$，$^{***}P > 0.05$。

表 5-14 治疗前后两组 TCMSS 比较（$\bar{x}\pm s$）

组别	n	治疗前	治疗后	差值
试验组	30	41.26±6.26***	10.80±6.65 △*	30.46±8.08
对照组	30	41.00±6.32	19.83±8.48 △	21.16±8.87

注：与治疗前自身比较，$^{△}P < 0.01$；与对照组比较，$^{*}P < 0.01$，$^{***}P > 0.05$。

表 5-15 治疗前后两组 FSS 评分比较（$\bar{x}\pm s$）

组别	n	治疗前	治疗后	差值
试验组	30	4.86±1.04***	1.93±0.58 △**	2.93±0.78
对照组	30	4.40±1.00	2.30±0.59 △	2.10±0.88

注：与治疗前自身比较，$^{△}P < 0.01$；与对照组比较，$^{**}P < 0.05$，$^{***}P > 0.05$。

表 5-16　治疗前后两组 UPRO 定性比较

组别	n	时间点	尿蛋白（UPRO）定性分级（例数）					
			−	±	+	2+	3+	4+
试验组	30	治疗前 ***	11	3	6	5	4	1
		1 个月 △***	17	4	5	3	1	0
		2 个月 △	17	5	5	2	1	0
		3 个月 △	16	7	3	2	2	0
		4 个月 △	17	8	2	2	1	0
		5 个月 △	18	7	2	2	1	0
		6 个月 △***	18	8	2	1	1	0
对照组	30	治疗前	13	5	5	4	2	1
		1 个月 △△△	15	6	4	3	1	1
		2 个月 △△△	15	7	4	2	1	1
		3 个月 △△	18	6	2	2	2	0
		4 个月 △△	18	7	2	1	2	0
		5 个月 △	19	6	2	2	1	0
		6 个月 △	19	7	2	1	1	0

注：与治疗前自身比较，$^{\triangle}P < 0.01$，$^{\triangle\triangle}P < 0.05$，$^{\triangle\triangle\triangle}P > 0.05$；与对照组比较，$***P > 0.05$。

其中对中医证候疗效分析表明：治疗后治疗组总有效率 93.33%，对照组总有效率 80%，经 Ridit 分析（$\bar{R}=0.7711$，$\mu=5.833$，$P=0.000$，$P < 0.05$），两组治疗前后总有效率差异有统计学意义，故可认为两组中医证候治疗效果不同，治疗组优于对照组。

还对激素撤减量进行了统计，组间比较两组治疗后激素撤减量差异有统计学意义（$P < 0.05$，$P=0.027$），提示治疗组优于对照组（表 5-17）。

表 5-17　治疗前后两组激素撤减量（mg/d）比较（$\bar{x}\pm s$）

组别	n	治疗前	治疗后	差值
试验组	30	$50.66 \pm 4.09^{***}$	$13.70 \pm 5.42^{\triangle**}$	36.95 ± 6.89
对照组	30	51.83 ± 4.44	$17.63 \pm 7.80^{\triangle}$	34.20 ± 9.15

注：与治疗前自身比较，$^{\triangle}P < 0.01$；与对照组比较，$**P < 0.05$，$***P > 0.05$。

两组在不良事件、实验室安全性指标分析治疗前后组内及组间比较差异均无统计学意义（$P > 0.05$）。可见两组药物均有较高安全性。

通过上述的临床研究，宋欣伟教授认为有以下几点值得重视。

（一）激素强大的抗炎和免疫抑制作用是治疗 SLE 的基石

系统性红斑狼疮是一种表现有多系统损害、多因素（遗传、性激素、环境、感染、药物、免疫反应各环节等）参与的系统性自身免疫病，其血清具有以抗核抗体为代表的多种自身抗体，主要病理机制为炎症反应和血管异常。迄今为止 SLE 对中西医学仍然是一个挑战，中西医学对 SLE 尚无根治方法。糖皮质激素是现代医学治疗 SLE 的基本药物，具有强大的抗炎和免疫抑制作用，不同剂量的激素药理作用不同：小剂量（相当于泼尼松 7.5mg/d）能够抑制前列腺素的产生，大剂量能明显抑制体液免疫、使抗体生成减少，超大剂量有直接的淋巴细胞溶解作用，治疗 SLE 主要依赖大剂量和超大剂量激素的免疫抑制作用。目前，还没有任何药物在治疗 SLE 时能替代激素，将激素引入 SLE 治疗亦极大地提高了 SLE 的疾病控制率，彻底改变了 SLE 的预后，将原来 5 年生存率仅 20% 提高到现在的 80% 以上，因此认为激素是 SLE 治疗的最基础药物。由于激素并不能对 SLE 的所有主要病理环节起到治疗作用，因此 SLE 病情可以在数月平稳治疗的情况下突然恶化，另外激素治疗的副作用与疾病本身一样棘手，有时候甚至是导致治疗失败或导致患者死亡的主要因素。因此激素并不是万能的。

（二）提高激素治疗疗效、降低激素副作用的最佳途径是联合用药

为了能较快地提高激素治疗疗效，撤减激素、减少激素的副作用，国内外寻求联合用药以治疗 SLE。在应用激素治疗的同时，联合应用氯喹、羟氯喹、甲氨蝶呤、环磷酰胺等进行多靶点治疗。多靶点治疗有利于控制 SLE 的活动及减少激素的用量，从而减少激素的副作用。联合用药控制 SLE 活动业已得到许多研究的证实并成为临床医生的共识。

上海交通大学医学院附属仁济医院在国内率先采用 MCP 方案治疗SLE，一项回顾性研究表明 MCP 方案对没有严重内脏累及的轻到中度的 SLE 患者有效。而最近一项研究发现对于没有严重内脏累及的轻到中度 SLE 患者，0.2mg/（kg·d）的泼尼松，联合羟氯喹和甲氨蝶呤，可有效控制病情的发展及反复，且比单纯使用激素副作用更小，是值得推广的联合治疗方法。宋欣伟教授通过临床实践以 MCP 方案治疗活动期 SLE，取得了较好的疗效，但若 SLE 处于重度活动期或已累及重要脏器（如出现狼疮性肾炎），则换甲氨

蝶呤为环磷酰胺冲击治疗以达到诱导缓解病情的目的。

（三）益气养阴、药先于病，对激素治疗可起到减毒增效作用

SLE 的中医辨证分型有种种不同，各医家依据自己的临床实践，常有不同的分型治疗：张志礼等对 1029 例 SLE 患者分热毒炽盛、脾肾阳虚、肝肾阴虚、气阴两伤、脾虚肝郁 5 型进行辨治。孟如教授将 SLE 分为 5 型：热毒炽盛、气阴两虚、肝肾阴虚、风湿热痹、脾肾两虚型，分别用犀角地黄汤、黄芪生脉饮合二至丸加味、六味地黄汤合二至丸加味、桂芍知母汤合木防己汤、防己黄芪汤合六君子汤加味治疗，疗效显著。1993 年卫生部曾颁发《中药新药治疗红斑狼疮的临床研究指导原则》，将 SLE 分为 6 个证型：毒热炽盛证，阴虚内热证，肝肾阴虚或肾阴亏损证，邪热或瘀热伤肝证，脾肾阳虚证，风湿热痹证。对狼疮活动时表现为面部蝶形红斑，或肢体红赤斑疹状如锦纹，遇热加重，遇冷可变为暗紫色，或呈不规则的片状红斑，壮热烦渴，关节疼痛或肿痛，口舌生疮，脱发，尿赤便干，或有皮下瘀斑、紫癜，舌质红绛，苔黄或生芒刺，脉弦数或洪数，甚则出现神昏谵语、言语失常、手足抽搐等表现，即出现典型的严重的狼疮活动时，与中医辨证的热毒炽盛证还是较为一致。证属热毒内炽，气营两燔，急宜清热解毒、泻火凉血为法，治宜犀角地黄汤、清瘟败毒饮加减，药用羚羊角、生石膏、知母、丹皮、赤芍、玄参、黄芩、升麻、连翘、淡竹叶、生地、生甘草之类。若大便秘结宜急下去火存阴，加用大承气汤。

现代医学对此时的 SLE 活动常采用大剂量激素 [1mg/（kg·d）]、甚至冲击剂量激素（500～1000 mg/d）进行治疗，可使患者体温迅速下降、皮肤红斑迅速转淡，这与中医使用犀角地黄汤清热解毒凉血的治法殊途同归。但临床上在经激素治疗后，虽然中医气营两燔的状态迅速缓解，体温等症状迅速下降，但往往见到患者大汗淋漓，极度神疲乏力，四肢或有厥冷，舌质转淡苔薄黄或薄白，脉细弱，表现出"脉微身静"的状态，中医辨证为气随液脱，甚至出现急性的亡阳证。若患者治疗前发热时间较长（"壮热日久"），"壮火食气"，则更易出现这种变化。这又是激素治疗后现的新问题，因此我们认为中医在标准激素疗法治疗时，即使对最典型的气营两燔证，亦可不用犀角地黄汤、清瘟败毒饮之类，而采用药先于病（此病非病邪，乃病证）的治法，先发制病，投以黄芪、党参、生晒参、白术、石斛、生地、萸肉、怀山药之类，可以较好地预防中医所谓的急性气阴两虚证候的出现，有利于机体免疫功能的修复，有利于预防大

剂量激素治疗时继发的各种感染。这是中西医结合思路下的临床思路与实践。

（四）正邪兼顾，重视益气养阴与清热利湿解毒间的关系

　　激素虽然可使狼疮活动期的热毒内炽证得到缓解，但此时停用激素即会导致疾病反复，因为仍有 SLE 的免疫活动，仍需激素治疗才可达到诱导缓解的目标（当然可根据 SLE 活动程度逐渐撤减激素用量）。此外，SLE 活动期使用激素在诱导病情缓解同时，耗气损阴，表现在激素大剂量治疗时，虽然患者体温迅速恢复正常、面部或肢体红斑等症状随之缓解，但患者反而出现乏力倦态，现代医学称之为激素的副作用，可能与激素的排钾作用、激素性肌病有关。而且易于发生反复难愈的上呼吸道感染、尿路感染、各种霉菌感染、肝炎病毒感染等。对此，中医学常辨证为正虚邪恋。正虚者指气阴两虚，邪恋者指湿热毒留滞。认为此时患者湿、热、毒之邪并未尽净，仍需继续使用清热利湿解毒的方法治疗，故在大剂量激素治疗时由于激素所致的副作用，人体常表现出气阴两虚为主，而湿热毒留滞为次的病理状态；随着病情的好转，当激素由大剂量撤减至中等剂量时，患者的气阴两虚与湿热毒留滞比例渐渐转至大致相当的比例；当激素由中等剂量撤减至小剂量时，患者转至湿热毒留滞为主，气阴两虚为次的比例。据我们对浙江省中医院风湿免疫科 2005～2006 年资料完整的 40 例 SLE 病例分析，基本上呈上述变化规律。而发生这种变化是激素作用的结果。为此，在治疗上我们针对 SLE 本身疾病的病机规律及激素治疗后的病机变化，采用不同比例的益气养阴与清热利湿解毒的治法，即在围激素治疗期，按激素大、中、小三个剂量期配合使用中医药施治，在激素大剂量期以益气养阴为主、清热利湿解毒为辅，在激素中剂量期以益气养阴与清热利湿解毒并重，在激素小剂量期以清热利湿解毒为主，益气养阴为辅进行治疗，充分发挥了中医药在激素治疗时减低激素毒副作用、增加激素治疗效果的"减毒增效"作用。

（五）络脉病变，活血化瘀法贯穿 SLE 治疗始终

　　SLE 临床表现多种，受累器官广泛，SLE 患者常有明显的血液流变学改变，存在血浆高黏滞血症，血浆黏度、血浆纤维蛋白原升高等易导致微循环障碍，进而造成各系统缺血、缺氧，甚至血栓形成。现代医学研究认为致病性自身抗体及免疫复合物所介导的血管炎是导致微循环障碍，甚至血栓形成的主要因素。目前研究显示又与血管内皮、血小板活化及血液成分异常有关。此外

长期激素治疗使促栓、抗栓动态平衡机制被破坏，发生血栓形成倾向，使血液呈血栓前状态（prethrombotic state，PTS，既往称血液高凝状态，是多种因素引起的止血、凝血和抗凝系统失调的一种病理过程），具有易致血栓形成的多种血液学变化，是多脏器严重损伤和功能障碍的重要因素。大量研究表明血栓形成是在抗磷脂抗体、血管内皮细胞、血小板、凝血、抗凝、纤溶系统及血液流变学等多种因素改变的综合作用下发生的。

中医学认为SLE属痹证范畴，既可见周痹，又可见脏腑痹。《灵枢·周痹》曰"周痹者，在于血脉之中，随脉以上，随脉以下，不能左右，各当其所。"此之"血脉"当指络脉，络脉是一网状系统，以经脉为干，别出的络脉由大到小成树枝状、网络状分布于体表、脏腑，将机体从内到外、从上到下构成了一个纵横交错、通达全身的系统。叶天士指出"久病入络，久病多瘀"，而SLE基本病理改变是结缔组织的纤维样变性、结缔组织基质的黏液性水肿及坏死性血管炎，免疫性复合物沉积引起的组织反应是造成病变的主要原因，心包、心肌、肺、神经系统等器官均可出现上述病理变化，这与络病的特点相吻合。SLE起初可见面部红斑、关节疼痛等，后可见多系统损害，与络脉理论所谓的"久病入络，久病多瘀"颇相吻合，络病初起病在四肢络脉，先表后里，由四肢络脉发展至脏腑络脉，病情由轻到重。络脉病理易滞、易虚、易瘀、易毒，SLE以络脉阻滞为特征，邪入络脉标志其发展与深化。SLE存在种种入络致瘀病因病机：先天禀赋不足，元气亏虚，气虚不能推动血液运行致血瘀；热毒迫血妄行，血液离经而为瘀；热毒煎灼津液等导致精血亏耗、血液不充、滞而不行成瘀；内伤七情，肝郁气滞致瘀；外感六淫、药毒可致热入营血，血热搏结致瘀；病变后期，阴损及阳，寒邪客于肝脉，经脉拘急，血液凝滞不畅成瘀血。瘀血可以阻于五脏六腑、四肢百骸等各个部位形成不同症状，故SLE整个病程中均存在血瘀，不论何证均可加用活血药。

宋欣伟教授推崇"络病理论"，认为SLE患者体内始终存在瘀血病理状态，激素应用有进一步加重的趋势，故加用活血化瘀药物符合"久病入络，久病多瘀"的理论，临床使用能达到增效减毒作用。且气为血之帅，益气养阴及清热利湿解毒均能使气行则血行而助活血之功。此外，因SLE常兼有风、热、湿、毒之邪，故兼用祛风、清热、利湿、解毒之品可增强活血化瘀疗效，较多文献中阐述SLE病理关键是瘀血，无论"热壅血瘀、气滞血瘀、痰阻血瘀、久病入络为血瘀、药毒害血为血瘀、寒凝血瘀"，均可因瘀致病，亦可因病致瘀，故治疗 SLE 血瘀证，分清热解毒活血（清瘟败毒饮）、养阴活血（玉女煎合通幽汤）、行气活血（血府逐瘀汤）、健脾补肾活血（参芪左归丸）、止血活血（化血丹合十灰散）、温阳活血（真武汤）六法，辨证加减治瘀，往往奏效，可作资证。

（六）狼疮扶正解毒胶囊解析

（1）药物组成，黄芪、白术、当归、川芎、熟地、萸肉、六月雪、积雪草、乌梢蛇、全蝎等。

（2）功能主治，益气养阴，清热利湿解毒，活血化瘀。

（3）药物作用机理及配伍分析。

黄芪，甘，微温。归肺、脾、肝、肾经。有益气固表、敛汗固脱、托疮生肌、利水消肿之功效，乃补气之圣药。《日华子本草》："助气壮筋骨，长肉补血。"《本草逢原》："黄芪能补五脏诸虚，治脉弦自汗，泻阴火，去肺热，无汗则发，有汗则止。"《汤液本草》："黄芪实卫气，是表药；益脾胃，是中州药；治伤寒尺脉不至，补肾元，是里药。"吴圣农发现黄芪配合桂枝具有温阳益气、通脉祛瘀之功，而配合川芎具有益气活血、祛风通络之功，并发现治疗 SLE 具有益气养阴、清营解毒之功，其功效可谓全能。现代药理发现黄芪能显著增加血液中的白细胞总数，促进中性粒细胞及巨噬细胞的吞噬功能和杀菌能力；从黄芪中提取的黄芪多糖等成分有显著增强的免疫作用，但从黄芪中也提取出有很强免疫抑制作用的成分；黄芪多糖也能刺激 NK 细胞的增殖，黄芪和黄芪多糖均能升高红细胞比容或血红蛋白含量，并有增强肾上腺皮质功能和抗疲劳的作用。有研究发现黄芪治疗 SLE 时在一定程度上增加了激素 / 免疫抑制剂对细胞凋亡的抑制作用，调节 T 淋巴细胞亚群比例趋于正常。目前发现黄芪有改善血液流变学及缓解动脉粥样硬化的功效。

白术，苦、甘，温。归脾、胃经。健脾益气，燥湿利水，止汗，安胎。《医学启源》："除湿益燥，和中益气，温中，去脾胃中湿，除胃热，强脾胃，进饮食，止渴，安胎。"现代药理研究发现白术能促进红系造血祖细胞生成、增强机体免疫功能并有抑酸护胃抗溃疡、利尿等作用。

当归，甘、辛，温。归肝、心、脾经。补血活血，调经止痛，润肠通便。《本草别说》："使气血各有所归。"《神农本草经百种录》："当归为血家必用之药……实为养血之要品。"现代研究发现当归补血汤及其组成药物当归、黄芪能非常显著地提高小鼠红细胞免疫功能及清除免疫复合物的能力。

现代药理研究发现当归能降低血管内皮细胞 PAI-1 mRNA 表达、抗原水平与活性，抑制 P- 选择素、E- 选择素及抗心磷脂抗体的表达，发挥抗血栓作用，抑制血小板聚集作用。当归萃取液高剂量对实验性大鼠血栓形成有拮抗作用。

川芎，辛，温。归肝、胆、心包经。活血行气，祛风止痛。为妇科调经要药。《本草正》："气中之血药也。"《日华子本草》："治一切风，一切气，一切劳损，一切血，补五劳，壮筋骨，调众脉，破症结宿血，养新血，长肉，鼻洪，吐血及溺血，痔瘘，脑痈发背，瘰疬瘿赘，疮疥，及排脓消瘀血。"现代药理研究发现川芎及川芎嗪能增加麻醉兔的肾血流量，并能利尿。川芎嗪能抑制 DNA 合成，抑制蛋白质和抗体生成。有研究发现激素可以导致股骨头坏死，而通过川芎嗪可改善股骨头坏死。川芎中所提取并合成的阿魏酸哌嗪具有抗凝、抗血小板聚集、扩张微血管、增加冠脉流量、解除血管痉挛的作用，目前已经用于各类伴有镜下血尿和高凝状态的肾小球疾病。

熟地，甘，微温。归肝、肾经。补血养阴，填精益髓。古人谓之"大补五脏真阴"，"大补真水"。《珍珠囊》："大补血虚不足，通血脉，益气力。"现代药理发现其可促进骨髓造血，促进红细胞、血红蛋白的恢复，加快多能造血干细胞（CFU-S）和骨髓红系造血祖细胞（CFU-E）的增殖、分化作用。对高脂食物引起的高脂血症，脂肪肝及大鼠内毒素引起的肝静脉出血症，均有抑制血栓形成的作用。且对巨噬细胞功能有明显的保护作用及对抗体形成细胞有抑制作用。有研究表明地黄有兴奋肾上腺皮质功能的作用，其作用部位在垂体或其以上的下丘脑。

萸肉，又名山茱萸，甘、酸，性平。功能养肝肾，敛阴止汗救脱，为滋补肾阴要药。《神农本草经》："山茱萸味酸平，主心下邪气，逐寒湿痹，去浊，久服轻身。"现代研究分析发现山茱萸有防御紫外线危害作用，其所含黄酮类物质和香豆精，黄酮与黄酮苷一般具有降压、抗菌，调节血管、渗透血压作用。研究发现山茱萸总苷对免疫系统具有双向调节的作用：能升高小鼠血清溶血素抗体和血清抗体 IGG、IGM 的含量，对体液免疫有一定的增强作用；又具有免疫抑制的作用，体内外均能抑制淋巴细胞转化、淋巴因子激活的杀伤细胞增殖和 IL-2 的产生，并能抑制小鼠和人混合淋巴细胞反应。山茱萸增加血红蛋白含量的作用极其明显，能增强小鼠体力和抗疲劳能力及提高小鼠缺氧耐受力、记忆力的作用。

六月雪，又名白马骨，苦、辛，凉。归肝、脾经。活血祛风，健脾利湿，清热解毒。《上海常用中草药手册》："活血，消肿，祛风，化湿，又有强壮作用。治女子经闭，白带过多，头晕无力。"《浙江民间常用草药》："平肝，利湿，健脾，止泻。"研究发现其对大鼠蛋清性关节炎有显著性抑制性作用，对甲醛性关节炎亦一定抑制作用。

积雪草，别名落得打，苦、辛，寒。入肝脾肾经，有清热解毒，利湿消肿，活血止血之功。《滇南本草》："治子午潮热，眩晕，怕冷，肢体酸困，饮食无味，男妇童疳，虚劳发热不退者用之，利小便……"现代研究表明其具有滋补、消炎、愈合伤口、利尿通便和镇定作用。可益脑提神，能提高记忆力，减轻精神疲劳，是东方人的长寿药。积雪草既能促进真皮层中胶原蛋白形成，使表皮与真皮之间的连接密切，又能抑制脂肪细胞的增加，防止皮肤水肿、出现肥胖。

本方扶正祛邪并举。以黄芪为君药功专益气，党参、白术为臣，助黄芪益气。三药合用以大补脾肺之气，以资化源，取"无形之气所当急固"之义。中医认为气血同源，方中臣药当归补血活血，以增强黄芪补气补血之功，气行则血行；与川芎相配养血活血，补而不滞，营血调和，使瘀血去新血生。臣药熟地甘柔补血养阴，填精益髓，可润黄芪之燥，与黄芪、党参配可防熟地碍胃。中医认为阴血同源，养血、滋阴应同步进行，当归与黄芪、熟地搭配，有两大好处，一是通过补血达到养阴的目的，滋阴又是补血的有效方法之一；二是当归本身具有非常好的活血功能，补而不滞，熟地和当归、川芎结合在一起用远胜于一药单用。臣药萸肉配熟地滋养肾阴使肾气受益而封藏得度。六月雪、积雪草合用清热利湿而成解毒活血之妙，"邪去则正安"。而所加的清热利湿药六月雪、积雪草与养阴之品熟地、萸肉等，又可制补益之品辛温耗阴伤津之弊。

正如《素问·至真要大论》："形不足者，温之以气；精不足者，补之以味"，诸药合用，共奏益气养阴，清热利湿解毒，活血化瘀之功，扶正祛邪解毒，使气血阴阳重归于平衡。

（七）MCP方案联合狼疮扶正解毒胶囊方案的疗效和安全性评价

通过60例活动期SLE（$10 \leqslant \text{SLEDAI} \leqslant 19$）的临床疗效观察表明，试验组MCP方案＋狼疮扶正解毒胶囊治疗SLE的疗效和安全性，与对照组MCP方案＋狼疮扶正解毒模拟胶囊治疗相比较有明显优势。本研究通过两组药物对狼疮疾病活动度、中医证候及疲劳程度指数、实验室指标的改善进行对照比较，结果显示试验组与对照组疾病临床疗效总有效率分别为93.33%、

86.66%，试验组与对照组中医证候疗效总有效率分别为93.33%、80%，两组总有效率比较差异均有统计学意义（$P < 0.05$）。在观察的6个月里，试验组在改善患者SLE活动指数、中医证候积分、疲劳程度指数方面与对照组相比差异有统计学意义（$P < 0.05$）。因此可以认为两组治疗效果不同，试验组优于对照组。实验室观察指标显示治疗前后两组ESR、C_3、尿蛋白差异均有统计学意义（$P < 0.05$），两组均能降低ESR和升高C_3并改善尿蛋白，且发现试验组在改善ESR、C_3较对照组优势明显。试验组可明显提升WBC、HB、PLT。由此可认为狼疮扶正解毒胶囊有一定的抗炎及抑制免疫反应作用。同时，通过此项研究我们发现试验组治疗活动期SLE在促进激素撤减、减少继发感染发生率、降低血脂等方面都具有良好的作用，明显优于单纯西药MCP方案组，且治疗前后各实验室安全性指标基本正常，药物有良好的安全性。总结以上结果可见，在6个月的疗程中，以MCP方案联合狼疮扶正解毒胶囊方案的中西医结合疗法治疗活动期SLE患者（$10 \leqslant SLEDAI \leqslant 19$），与单纯西药相比更安全有效，具有减毒增效的作用。前者更能有效减少药物对患者的风险/效果比率，更具有良好的临床应用价值。本次试验结果证实了前述。

总之，SLE单予中医辨证施治往往难以控制病情，而纯予西药激素和免疫抑制剂虽可控制病情，但长期应用，毒副作用较大，因此最佳之法就是中西医合用，发挥中西医各自的优势，以达到"减毒增效"的效果。以益气养阴与清热利湿解毒法并举、活血化瘀贯穿始终的中医治则联合MCP方案的中西医结合疗法是目前治疗活动期SLE的有效方案之一。

桃李天下

宋欣伟老师长期工作于浙江省中医院，始专中医急症，研求新药，挽"热、厥、血、脱"急症之危；继又求突破，创立浙江省内中医院中的首个独立建制的风湿免疫科，为众多因病致残、因残致困的风湿免疫病患者排厄解难。始终坚持临床教学相结合，诲人不倦，培养了众多具有诊治心血管疾病、风湿免疫疾病专长的中医人才，并带领宋欣伟全国名老中医药专家传承工作室的成员立足传承，中西并重，推陈出新。宋师一路走来，不求闻达于世，只愿悬壶济世、教书育人，为广大病患排厄解难，让中医传承后继有人。面对博大精深的中医学，宋欣伟对弟子们说："对中医学我才刚刚入门，对中医学的认识还有待深化，如何更好地运用中西医相结合的方法治疗风湿免疫病还有待提高，前面还有很长的路要走。"

第一节　传道重仁德仁心

桃李春风一杯酒，夜雨中，灯光下，我静观所学所感，我静思宋师传道授业之大。

宋师少存岐黄之志，博览群书，又先后师承浙东名医范文甫再传弟子、浙江省名中医范仲明，全国第一批国医大师周仲瑛，师各家之所长。临床崇尚实践，博采众方，胆大心细，常能重剂起沉疴，医名日盛。

由于宋师声名远播，不仅患者众多，很多医生也经常慕名前来学医，甚至有海外医师，他们学习时间少则数月，长则数年。

宋师乐育英才，桃李天下。古语云："师者，传道、授业、解惑也。"宋师不仅重视医道医术传授，还重视医德医风培养。

宋师所工作的浙江省中医院，"医道承吴越，风雨起浙杭"，具有悠久的历史和良好的社会美誉度。"精诚仁和"是院训精神，抱着"融会中西医学，贯通传统现代"的理念，省中医院人执着追求，努力拼搏，仁和济世，呵护人类健康。"医者仁心"，无论在什么时候，宋师都不忘自己从医的初心。

自 2004 年起，宋师创建并担任浙江省中医院风湿免疫科主任，在他的带领下，科室筚路蓝缕，逐渐壮大，成为浙江省中医药管理局重点专科，是省中医院风湿免疫病专科诊疗水平和综合实力的充分体现，也促进了医院乃至浙江省风湿免疫病学事业的快速发展，更好地造福全省风湿病友。

宋师注重医德医风的建设，他带领科室人员怀着仁德仁心、悬壶济世的心，对待患者"皆如至亲之想"，力争做到"大医精诚"，是其他医务人员的楷模。

宋师本人也医名日隆，成为当时最年轻的全国老中医药专家学术经验继承工作指导老师。为了进一步推动风湿免疫病学事业的蓬勃发展，宋师带领团队积极牵头举办继续教育项目等活动，使很多医生受益。

自宋师被浙江中医药大学聘为硕士生、博士生导师以来，担负起了培养高学历中医药人才的重任，至今已培养硕士研究生 30 余名，博士研究生 4 名。这些学生中有的以临床为主，有的以科研为主，有的则以经验传承为主，在他悉心教导下，都顺利完成学业。毕业后大多工作于省内各大医院，不少已逐步成长为临床骨干人才，有些高年资的学生也已成为研究生导师，他们在各自的领域推动着中医药事业的弘扬与发展。

面对众多学生，宋师总是能因材施教，毫不吝啬地将多年临床经验倾囊相授。

宋师授徒甚严，他说成为一名好医生，首先要有高尚的医德医风，其次要有扎实的医学基础，要求学生先打好西医基础，理清思路。

中医方面，宋师赞同孙思邈学医入门前要"读五经、读三史、读诸子、读庄老"的主张，通晓经典就如握攻医之匙，"长风破浪会有时，直挂云帆济沧海"，否则"拔剑四顾心茫然"，学医路上"欲渡黄河冰塞川，将登太行雪满山"，行路难矣。中医经典如内经、伤寒、金匮、温病是必修课，同时推荐《医学衷中参西录》《辨证录》《临证指南医案》《傅青主女科》《本草纲目》及当代朱良春等名医的著作为课外读物。古人云"秀才学医，如笼中捉鸡"，强调学好中医先要学文，现在的学生都是高学历人才，对于现代科学知识所知不少，但是对于中国文化则所知甚少。学好中医，需要熟悉中华文化，有中医整体观念、辨证论治的思维，并在临床上加以实践，得出真知。

中医与西医虽然在技术层面模式有别，所谓"道生一，一生二，二生三，三生万物"，而在医道的层面则是殊途同归，道法归一。治病诊疾，就是讲究"天之道，损有余而补不足"，以期达到"平和"状态。临床诊疾，医道理念就如指路明灯，方向明了则成竹在胸，至于具体诊疗技术，运用之妙，存乎一心，中医西医，内服外用，则如走路、坐车、坐飞机或坐船，择优而取，到岸即可。

学医之道千万条，条条大路通罗马，并无绝对的好坏之分，只有合适与否，要结合学生个人心性喜好。相对于中医西医相争高下喋喋不休，不如"夫唯不争，故天下莫能与之争"，用实践来检验真理。

学医路上自然疑问不少，我曾请教过宋师一些问题，比如目前很多书本，尤其中医，存在很多理论和实际脱节的情况，纸上看来千般妙，临证却不甚灵光。宋师认为这个问题可能有多重原因，一是中医文人喜欢用文学夸张的手法，对疗效的扩大也在所难免。二是多看一些临床医案，在实际中摸索提高，尤其是一些剂量配伍等很多不传之秘，比如四神煎治疗鹤膝风，就像仙鹤的膝部这么严重肿痛积水的膝关节风湿病，中药只四味，临床按常规用量配伍病人效果并不太明显，宋师说这是重剂起沉疴的，以前放在乡下农村可以用，现在医疗环境下就不太能用了，但是现在可以直接手术换关节，而这个组方可以教会我们黄芪银花等几样药的药性剂量组合，在其他处方时就得心应手了。还有比如范仲明老师传授的葛根白僵蚕汤，也是重剂，治疗中风瘫痪成植物人，那时候他就看到病人服了汤药后有眼泪流出，然后瘫痪的人就逐渐能活动了。

有一次我看了朱良春用药经验，想来应该挺有效果的吧，宋师说他年轻时候也用过，还是得分疾病，比如普通的风湿关节痛可能有效，而类风湿关节炎就不行，不掌握"病与体"的关系，不用复法大方则很难奏效，用药如用兵，中医不能单靠围追堵截落人后手，治未病更是中医的优势；联合西药使用时，也可以把西药比拟成某味中药，优化治疗、减毒增效。

宋师经常用重剂峻剂，这是风湿病病情复杂需要力挽狂澜，内科杂病则可以辨证轻剂。比如范文甫的故事，那时军阀张宗昌找他看病。范文甫诊视其湿困中焦，头昏神怠，纳呆便溏，便开出清震汤（苍术、升麻、荷叶）一方。张宗昌接过药方，一看上面药味少，药价低，训斥道："这算什么方子。"范文甫稳稳地回答："用药如用兵，将在谋而不在勇，兵贵精而不在多。乌合之众，虽多何用？治病亦然，贵在辨证明，用药精耳。"

对于科研型的学生，宋师鼓励他们多看文献多做研究，同时也加强和学生的交流，以科研、读书报告会的形式和学生共同探讨学习中面临的瓶颈。

宋师也常以身作则，记得有一次，已经快到下班时间了，宋师自己生病发热还挂着点滴，有个外地来的病人找他看病，没挂上号，我们劝患者明日再来，宋师说患者也不容易，还是坚持看诊。像类似的事情很多，宋师总是不忘患者疾苦，以至于科室里放满了各种锦旗。

他认为这样培养出来的学生，既有扎实的理论，又有丰富的临床实践；既懂西医，又懂中医；既有医术，也有医德，才能真正达到良医标准。

现在学生压力大，宋师传道虽严格要求，也时常教导学生要开阔眼界，放松心态。有一次宋师带我们去吃烧烤，问我们，"朝闻道"下一句是什么，我说"朝闻道夕可死"。宋师说，对的，可是真的愿意死吗，其实不是这样的，首先这个"道"是指比如了悟天道医道、宇宙的规律，不是现在所谓的一个简单道理。古人是讲一种刻苦求索的精神，并没有要去死。况且《金刚经》里说佛不说断灭相呢，空也不是指没有，不是指消极消亡。宋师说，这些道理以后你们慢慢就会懂了。你们求学，既要有朝闻道的精神，要自强不息，也要学会"虽有荣观，燕处超然""不管风吹浪打，胜似闲庭信步"。

与宋师相处，我深深感受到他仁德厚重，他的积极向上、乐观豁达的人生态度，及勇敢霸气、坚韧不拔的品格，我深受感染，奋发图强。宋师能达到如此高的学术成就是与他的高尚品德和人文精神密切相关的。

生活中，宋师是个不拘小节的人。对于学生如亲人，有一次了解到他和师母房顶有片小菜园，种了几颗菜，不亦乐乎。我回老家时带了几株番薯枝条、紫苏、鲜石斛、射干等几种植株过来，宋师愉快收下了，过了几个月，很高兴地跟我提起来这些苗子"今已亭亭如盖矣"。

而今，很多学生毕业了，有在医院者，有读博者，有在高校者，有去公司者，无论远近贫富，无论成败顺逆，风水轮转，寒暑易节，学生们各自经历风雨，也各见彩虹。每年学生们都自发来看望宋师，"忆往昔峥嵘岁月稠""恰同学少年，风华正茂"，或为师生之谊，或为同门之情，再续前缘；也有跟师随诊者，或为回炉再炼，或为更上一层楼。

冰心说："成功的花，人们只惊羡它现时的明艳，然而当初它的芽儿，浸透了奋斗的泪泉，洒遍了牺牲的血雨！"当我们惊羡于宋师春华秋实，桃李满天下的时候，切莫忘记他背后的付出和汗水。西子湖畔勤耕耘，仁德仁心育栋梁！

对于未来，宋师说：老骥伏枥志在千里，他也将不遗余力，开拓创新，为医学事业增光添彩，为更多的后学子弟传道授业。

快雪时晴佳，杏林春日暖。桃李不言，下自成蹊。

第二节　授业溯医源医道

宋师出半天门诊，但每次接诊人数都在 50 人左右，早上 8 时走进诊室，看完所有的病人，最快也要到 12 时 30 分了。为了避免上厕所耽误病人就诊时间，在每次长达五六个小时的门诊时间里，他连喝水的时间都没有，平均每个患者差不多只有 5 ～ 10 分钟接诊时间，但并不影响诊疗质量。他根据大量的临床经验，通过望闻问切，可以在短时间内诊断病情。即便如此，对于初次来诊的患者，宋师会仔细交代服药过程、如何煎药、服药注意事项等，重视细节，患者对他十分信任，非常配合治疗，不仅提高了临床疗效，还形成了医患间的良性互动。风湿免疫病如类风湿关节炎、干燥综合征、红斑狼疮等慢性疾病，个体差异大，治疗周期长，需要一个漫长的治疗过程。因此患者常常问吃几剂药？能达到什么样的效果？治疗要持续多长时间？针对患者最关心的这些问题，宋师会一一给予细致的答复。通过一周或半个月治疗后，患者感受到效果，坚持配合治疗的信心大大增强。他常说要做到这一点，医生首先要心中有数，无论西医、中医，都需要患者积极配合，医生辨证施治，医患双方坚持到底不放弃，这样才能祛除沉疴顽疾。他还常说："无论中医还是西医，要根据患者病情，选择合适的治疗手段"，多年的风湿免疫科及其他内科中西医的临床实践使宋师对中西医疗效有了切身的认识。西医精准的检查诊断手段，可以帮助医生少走弯路，及早开展针对性治疗；中医整体施治的理念，可以让患者最大程度受益，避免不必要的伤害。他坚持中西医结合，探索出一系列治疗风湿免疫疑难杂症的独特方法，慕名前来就诊的患者越来越多。

宋师常说："中医像根雕，要依据材料顺势而为；西医则像现代家具，要的是规范化、模式化，可以批量生产。"传统医学博大精深，一个优秀的中医培养周期长，不仅要学术，还要悟道。中医传统的看病方法即望闻问切，看似很简单，但没有统一的模式，每个人下的功夫不一样，悟性不同，诊断的结果往往大相径庭，这使中医的传承受到了很大限制。中医传承的是整体观念、辨证施治的精髓，不拘泥于传承的形式。作为全国老中医药专家学术

经验继承工作指导老师、浙江中医药大学博士生导师，宋师还肩负着教书育人的重任。除了门诊、查房带教外，每周他都要组织学生召开学习例会，讲讲一周来的学习收获，讨论遇到的疑难病例，共同学习新知识、新技术。

中医是一门实践性极强的学科，由于这一特点，使得"纸上得来终觉浅""少壮功夫老使成"，这也决定了提升能力是人才培养的重要内容。为了达到这一目标，宋师十分重视中医学术的传承和发展，他强调培养优秀的中医人才离不开"读经典、跟名师、做临床"。治学方面，他谨严有序，推崇求实精神，强调理论联系实际。学习方法上，主张循序渐进、博览深求、持之以恒、学以致用。他常说："勤能补拙，知识需要累进，决无捷径可走"。并告诉学生，读书一定要持之以恒，不可半途而废，勉励青年医生和自己的学生，要通晓文史，学有功底，才能精研医典，发皇古义。医和文的关系是非常密切的，必须从医和文两方面入手，才能充分发掘中医药这一伟大的文化宝库。宋师认为医文皆通对一个高明的医家来说非常重要。前人留下了大量的医学文献，这些医学文献中，记载着浩瀚的医学理论和知识。医学所及内容广泛，与天文学、地理学、历法学、气象学、术数学、哲学等均有密切关系。宋师自少年起便养成了喜读书的习惯，由喜读书，进而喜购书，善藏书，他说读书是他生平第一需要。他还说要深入学习现代医学知识，独立思考、不断实践，才能融会新知。因而，他既坚持学有渊源、继承前贤，又重视兼收并蓄、开拓创新。

在教学过程中，宋师既授人以鱼，又授人以渔，非常注重学生能力的培养。在课堂授课和临床教学中，他谈医理，讲文理，深入浅出，循循善诱，深受学生爱戴。现培养的学术经验继承人、博士、硕士等各类人才，大多已成为内科学的学科带头人。

宋师长期从事内科临床工作，擅长风湿免疫疾病的中西医结合治疗，查房时，会教学生根据中医四诊舌苔脉象和现代医学最新进展来分析病人的病情以及如何调整用药，急则治标，缓则治本。宋师经常就会在查房时强调中草药的辨证论治对病人病情的重要性，比如类风湿关节炎的病人侧重益气养阴，化瘀通络，调补肝肾，但是这个病人突然有感冒高热的情况，则不能单纯以补为主而是需要加用清热解表、宣肺止咳的中药。

每当科内收治了疑难病患者，年轻医生们犹豫着无法定夺治疗方案时，宋师总会出现在病床边，认真细致地问诊，及时调整治疗方案。曾经有一个病例让大家记忆犹新，一位老病人因为类风湿关节炎控制不好，经常反复。

宋师查房时，仔细询问了病情，他告诉大家类风湿关节炎病程日久，常出现痰瘀互阻、虚实互见等错综复杂的局面，邪气胶着不去，正气亏虚，邪正相争，病情反复发作。他强调辨证时必须抓住重点，仔细审查，分清寒热偏重或并重，用药时抓住主要矛盾，或散寒为主或清热为主或寒热并用，佐以祛风除湿、通络止痛之法，力求做到重点突破主要环节，次要矛盾予以兼顾，方可达到治疗目的。他给予患者7剂中药后各关节疼痛症状明显减轻，夜间可安然入睡，怕风怕冷减轻，能独自步行。

对医院风湿免疫科各种进修、实习等教育，宋师也是煞费苦心，从头到尾劳心劳神地安排。他不只讲风湿免疫科先进前沿的知识，也讲授如心血管、肾病的并发症情况，不只提高了风湿免疫科的诊治水平，也带动了全院相关科室的专业治疗水平。

跟随宋师学习过的同门师兄弟均能感受到他是对学生要求非常严格的良师。在学习专业知识的过程中，他要求学生读书并及时检查学习效果。所估计的时间很精确，让学生必须以全部精力投入，才能及时交出比较满意的答卷。在研究生毕业论文撰写过程中，他提出必须提前半年多完成撰写初稿的任务，且需经过多次修改，才能定稿。宋师以身作则，"工作狂"是带过的学生的评价，他经常轻伤不下火线，基本上看不到他请假，早早上班很晚下班，从不会听到有任何抱怨。他对所有的学生都能做到言传身教，不仅教好医学生，对来自农村、工厂的基层医疗工作者，也是耐心指导，悉心关爱。

第三节 解惑启新知新学

（1）学府已传道，汲取自修行：学生在高校中以学习及掌握常见病为主要任务，课本中虽有提及类风湿关节炎、痛风等常见风湿病，但仅限于初探门庭，时至毕业，仍难以知晓何为风湿病，甚至同寻常百姓一般，将其视为肌肉筋脉骨骼疼痛不适之症，不值深究。求学后期，听闻宋师德艺双馨，心生向往，后有幸于机缘巧合拜入其门下，至此开启探究风湿病之大门，才惊觉此类疾病之繁杂深奥、晦涩疑难，以及病因、病机、病理的种种"尚未可知"，一则因自己的无知而惶恐不安，终日扑在风湿免疫病的基础教材中摸索，二则感慨宋师不畏艰辛、披荆斩棘开创浙江省中医院风湿免疫专科，投身于常人不愿做、不敢做之事的魄力。

（2）待至临床事，疑惑自然生：学生以宋师孜孜不倦的求学态度为榜样，费数月之精力，自学了多种常见风湿免疫病，终满心欢喜奔赴临床实习工作，却仍是处处不能理解临床实际工作中患者的病症、宋师诊治的思忖，甚至记不住繁杂的药物机理，满心尽是疑惑与困扰，临床所遇之事竟然不是学堂里、课本上学到的学识，可见路漫漫其修远兮，道长且阻。

（3）虽已常温故，少有萌新知，愁眉无处展，恰遇宋恩师，解惑启新知：子曰"温故可知新"，下班回到住所，将师兄、师姐推荐的教材再反复地翻看、记忆、归类、总结，收获却仍有限，次日仍不能将所学融会贯通，几日下来，宋师虽未问及，却已感知学生之疑惑，诊疗期间找准时机，时时点拨，竟是醍醐灌顶、高屋建瓴之效，将学生疑惑顿然扫清，也将学生的惶恐及自卑情绪消去大半，学生已敢于在不解之时，向宋师请教，恩师竟是那般不厌其烦、谆谆教导如我这般愚钝的学生，所谓有教无类大概就是这般境界。

宋师不仅教学方面传道授业解惑孜孜不倦，临床科研方面更是敢于创新，每每总有新思路，想常人不敢想，做常人不敢做，相关事迹不胜枚举，例如在类风湿关节炎的西医诊治思路上，宋师基于类风湿关节炎患者，尤其是年迈者，其自身存在着肾上腺皮质功能欠佳的病理基础，提出了极小剂量激素联合控制病情药物的治疗方案，虽一时不得寻常风湿科同仁的认可，但经数十年临床验证其法有效可行，且罕见激素相关骨质疏松、胃溃疡、高血压、糖尿病等不良反应的发生，较未曾使用或曾短期大剂量使用激素的患者在预后及生存期上更有优势，此见解竟与 2017 年 Roubille C 教授刊于国际风湿病领域排名第一的 *Ann Rheum Dis* 期刊上的一篇长达 7 年的随访研究结论不谋而合，足见宋师见识之深远；又如宋师在雷公藤多苷片的使用方面，基于其长期连续使用更易造成药物在体内蓄积从而产生肝毒性、性腺抑制，且更易诱导药物耐受的机理，首创了间歇疗法，在保证疗效的基础上，既减少了药物蓄积，也提高了药物疗效；此外，宋师倾其数十年精力钻研祖国医学诊治类风湿关节炎，结合绍派伤寒理论，总结了"复法大方"治则的宝贵经验，为进一步探究该理论的正确性及实用性，宋师带领科研团队申报并获得了浙江省自然科学基金委员会、浙江省中医药管理局、浙江省教育厅、浙江省卫生厅、浙江省科技厅等多项科研资助，以现代科学技术理论方法证实了其"复法大方"的可行性，并在此基础上成功研制了"类风湿Ⅰ号丸"作为协定制剂，并凭此广获患者好评，有新疆、黑龙江、内蒙古等地甚至海外患者来求治；最难能可贵的是，宋老并不曾以此"囤货居奇"，独享盛誉，自被评为全国老中医药专家学术经验继承工作指导老师以后，建立起宋欣伟名中医工作室，广招学术继承人，将自己毕生经验毫无保留地传授于学生，包括海外留学生；并在临床工作基础上成功申报了浙江省科技厅重大专项，获国家科研经费资助。宋师不骄不躁，致力于将其多年诊治类风湿关节炎的经验化为有形成果，将其"脾胃亏虚、痰瘀痹阻"乃类风湿关节炎中心证型的理论用之于临床，尽显国医风范。

宋师不单在类风湿关节炎的诊治方面颇有建树，在罕见病、疑难病的诊治上也广受好评，如宋师擅于温通法治疗难治性系统性硬化病，以阳和汤加减有效治疗了数百例辗转于全国医疗机构无果的患者，并于多年来将其理论精髓传授于每位师承其门下的学生，随着门人遍布天下，其经验学术造福患者更是不计其数。

（4）师徒情渐盛，却临毕业离，心中难割舍，不敢轻言起，幸蒙宋师顾，继承攀高峰：跟师实习期间，宋师不仅教会了学生现代医学强调的临床诊治思路，更是传授了国医精髓之望闻问切、辨证施治的技能，然而更难能可贵的是教会了学生严谨治学、认真做事的处事态度。宋师不单注重临床、品格的培养，也注重基础实验技术的训练，在宋师的指导下，我与两位同门一同协助宋师完成了一项浙江省自然科学基金课题，并撰写高质量学术论文刊登于核心期刊，协助宋师结题该项目，从中获益良多，为日后临床、科研工作打下了夯实的基础。

（5）雏鸟羽未丰，时时予提点，一日为良师，终身予荫护：十余年来，宋师培养了30余名研究生，包括硕士生与博士生，期间指导学生在国内外核心期刊发表学术论文数百篇，一字一句均是宋师反复斟酌修葺，篇篇皆是心血之作，其中不乏学生因总结撰写其经验有不恰当之处，但已经被知名期刊收录，亦主动要求撤回修改，直至修改至符合标准方允其见刊，此举当时虽不起眼，其背后的深意却在一代代学生中影响深远。

宋师的学生们毕业之后，无论是远走基层还是回乡造福故里，抑或留在省城，在临床、科研、学习方面仍时时不忘宋师之教诲，出道悬壶之初，内心不免彷徨，实践中难免不时遇到疑难病患，无论深夜还是假日，请教于宋师，总能获其悉心提点，若遇言语信笺不能解决，往往用远程视频竭力施以援手。

而对于毕业后又幸而留在身边的学生，宋师的教导更是无处不在，首先在临床工作中，从汇报病史的基础小事到独自抢救危重病患的死生之决，宋

师均亲自指导，甚至陪同学生参与首次值班，可谓用心良苦；其次在科研工作中，从研究生期间便指导学生撰写课题标书，参与课题开展，同时注重能力与兴趣的共同培养，善于引导学生提出问题，并指导学生查阅文献解决问题，待学生们毕业工作后仍不忘时时督促科研项目的申报及开展，甚至将自己的科研思路分享给学生们，为其成才不遗余力地奉献自己，譬如宋师在学生读研究生期间便引导他们对风湿免疫病累及血液系统方面的兴趣，鼓励学生在门诊跟师抄方期间收集资料，撰文《益气消毒方联合升白胺、利血生治疗干燥综合征粒细胞减少症 34 例》，被国家核心期刊《中医杂志》收录；又譬如鼓励学生整理罕见疑难病例，指导学生在研究生实习轮转期间，撰写《运动过度引起的反射性交感神经营养不良综合征一例》《以多系统损害为表现的皮下脂膜炎样 T 细胞淋巴瘤一例》等病案类论文，均发表于《中华医学杂志》。

毕业工作以后，宋师仍不忘谆谆教诲之念，根据学生在慢性病心理病变方面的兴趣，悉心教导学生申报了类风湿关节炎、干燥综合征等疾病患者焦虑、抑郁状态相关的科研项目，并为进一步提升学生在科研方面的能力，让学生参与到其主持的多项重大科研项目中，在扎实科研基础技能的同时，更深入地了解宋师在祖国医学诊治心得方面的造诣，尤其是其创新性的一面，让学生深深体会到中医虽承数千年精华，但创意革新永无止境，只有不断进步、顺应时代变迁，才能屹立千秋；宋师深知学生在中医中药诊治风湿病方面的缺陷与不自信，每每鼓励学生对就诊患者处以中医中药辨证施治，并于临证处方时从旁指点，让原本平淡无奇的君臣佐使灿然出色，并因此收效显著，大大提升学生的自信心，将"授人予鱼不如授人予渔"的教学真谛发挥到极致。随着日月轮转、星辰交替，学生在中医中药的遣方用药方面也逐渐有了自己的心得，例如临证处方，患者虽为实证，抑或湿热，抑或寒湿，抑或痰瘀，但其本质为正虚，或脾肾亏虚，或肝肾亏虚，或气阴两虚，处以清热化湿、散寒除湿、化痰祛瘀药物时，务必酌加益气健脾、培补肝肾之品，否则收效甚微。

在创新上，也略得宋师真传之一二，譬如近期在学习宋师运用阳和汤法诊治系统性硬化病的经验，同时浏览相关文献，发现 2018 年初 Curtiss P 教授及其科研团队一项研究共纳入了 7 个安慰剂对照试验，包括 346 名患者，其研究结果显示硝酸盐类药物对原发性及继发性雷诺现象均具有中等至强的疗效，内容刊登于《美国皮肤病学会杂志》，影响甚广。基于此，学生尝试将院内制剂中具活血化瘀之效的散瘀膏与具有扩血管作用的硝酸甘油混合外敷于系统性硬化病患者皮损处，临床观察，不仅在患者主观感觉方面，包括皮肤紧绷感、肿胀感、指（趾）端麻木及疼痛感等有所改善，在客观评分指标上也有所改善，尤其是在冷水及握拳激发试验后雷诺现象持续时间有明显缩短，同时甲皱襞微循环改善情况较对照组也有着显著统计学差异。最终，结合诸多相关评判指标的改变情况，提示硝酸甘油与散瘀膏混合物经皮肤渗透方式有改善局部皮肤循环及软化皮肤的作用，此项研究已撰写成文，待医院伦理委员会通过，便可见刊。

总之，跟从宋师学习，在学识上获益匪浅固然重要，但在学术思想上的提高更是难能可贵。

中英文缩写对照表

RA	类风湿关节炎
ANA	抗核抗体
ANCA	抗中性粒细胞胞质抗体
dsDNA	抗双链 DNA
SSA	抗 SSA 抗体
SSB	抗 SSB 抗体
Sm	抗 Sm 抗体
Scl-70	抗 Scl-70 抗体
U1RNP	抗 U1RNP 抗体
IgG	免疫球蛋白 G
IgE	免疫球蛋白 E
CCP	抗环瓜氨酸肽抗体
RF	类风湿因子
ASO	抗链球菌溶血素 O
WBC	白细胞
PLT	血小板
RBC	红细胞
CRP	C 反应蛋白
ESR	红细胞沉降率
PRO	蛋白质
IL	白介素
TNF	肿瘤坏死因子
LEF	来氟米特
CTX	环磷酰胺
SASP	柳氮磺吡啶

宋欣伟与范仲明老师

宋欣伟与周仲瑛老师

2012 年宋欣伟参加美国风湿病年会

2012 年宋欣伟参观美国霍普金斯大学风湿病实验室

宋欣伟全国名老中医药专家传承工作室成员